韓国・朝鮮・在日を読む

川村湊 著

インパクト出版会

『韓国・朝鮮・在日を読む』　目次

外交都市』／李賢世著、岡田理・他訳『純姫（スニ）　ソウルにきた女の物語』／茨木のり子訳編『韓国現代詩選』／小田実著『オモニ太平記』

1991

角田房子著『わが祖国　禹博士の運命の種』／つかこうへい著『娘に語る祖国』／吉岡忠雄著『韓国有情』／李正子著『ナグネタリョン　永遠の旅人』／『週刊韓国』の書評など／金時鐘著『原野の詩』

1992

李文烈著、藤本敏和訳『われらの歪んだ英雄』／高井有一著『立原正秋』／『韓国の現代文学』全六巻／チャン・ジョンイル（蔣正一）著、安宇植訳『アダムが目覚めるとき』／帚木蓬生著『三たびの海峡』／宮塚利雄著『北朝鮮観光』

1993

関川夏央著『退屈な迷宮　「北朝鮮」とは何だったのか』／鄭承博著『鄭承博著作集第四巻　私の出会った人々』／崔吉城著、重松真由美訳『韓国の祖先崇拝』／李良枝著『李良枝全集』／津川泉著『ＪＯＤＫ　消えたコールサイン』／鄭乙炳著、尹学準・金潤訳『北朝鮮崩壊』／金石範著『転向と親日派』／黄民基著『奴らが哭くまえに　猪飼野少年愚連隊』／梁石日著『断層海流』

1994

鄭承博著『鄭承博著作集第一巻　裸の捕虜』／鷺沢萠著『ケナリも花、サクラも花』／任展慧著『日本における朝鮮人の文学の歴史』／角田房子著『悲しみの島サハリン』／許萬夏著、大崎節子訳『柔らかな詩論』／李恢成著『百年の旅人たち』

1995

崔吉城編著『日本植民地と文化変容　韓国・巨文島』／森崎和江著『二つのことば・二つのこころ』

1996
野村伸一著『巫と芸能者のアジア　芸能者とは何をするのか』／金石範著『火山島Ⅲ』
1997
李恢成著『死者と生者の市』／野村進著『コリアン世界の旅』／申英姫著、金燦訳『私は金正日の「踊り子」だった』／イ・ヨンスク著『「国語」という思想』／安田敏朗著『植民地のなかの「国語学」　時枝誠記と京城帝国大学をめぐって』／柳美里『家族シネマ』／徐京植著『分断を生きる「在日」を超えて』／真鍋祐子著『烈士の誕生』／金石範著『火山島Ⅰ～Ⅶ』
1998
ヤン・グィジャ著、中野宣子訳『ソウル・スケッチブック』／姜信子著『日韓音楽ノート』／梁石日著『血と骨』／小田実著『「アボジ」を踏む』／奈良美那著『風に抱かれた鳥』／村田喜代子著『龍秘御天歌』／原尻英樹著『「在日」としてのコリアン』／鄭大均著『日本（イルボン）のイメージ』
1999
李文烈著、安宇植訳『皇帝のために』／金泰生著『骨片』
2000
清水昭三著『夜明け前の物語』／玄月著『蔭の棲みか』
2001
梁石日著『死は炎のごとく』／柳美里著『魂』／チャン・ジョンイル著、大北章二訳・『嘘　ＬＩＥＳ』／崔碩義著『放浪の天才詩人　金笠』
2002
姜信子著『安住しない私たちの文化　東アジア流浪』／梁石日著『終りなき始まり（上・下）』／黄晳暎著・青柳優子訳『懐かしの庭』／玄基榮著・中村福治訳『地上に匙ひとつ』／『現代韓国短篇選

まえがき

一九八六年に、韓国・釜山《プサン》の大学での四年間の日本語教師としての生活を切り上げて帰ってきてから、新聞・週刊誌・月刊誌等で韓国・朝鮮・在日（韓国・朝鮮人）関係の本の書評や、それに関するエッセイの執筆を依頼されることが多くなった。四年間、韓国に住んでいても、言葉もどれほども進歩せず、人間関係にも社会事情にも歴史や文化にも大して通暁することなく帰ってきた私にとって、それは改めて「コリア」を勉強し直す良い機会ともいえた。そのため、ジャンルや種類にこだわらずに、私が勝手に「コリア本」と名づけた本の書評やエッセイは、なるべく選り好みをせずに引き受けているうち、二十年近くたって（韓国へ渡った一九八二年から数えれば）、切り抜きの量もかなりのものになってきた。

そうした片々たる原稿をまとめて本にしようという気持ちはまったくなかったのだが、ある日つらつらと考えてみたら、私が「コリア」「コリアン」について何かをいえるとしたら、これらの本をこのように読みましたという、いわば「勉強（韓国語では「工夫＝コンブ」という）」の過程を示すことが一番手っ取り早いのではないかと気がついたのである。ある意味では、韓国・朝鮮・在日というテーマに対する、日本における〝定点観測〟的な意味を持たせることができるのではないかと考えたのだ。

二十年という時間は、私にとっても、おそらく日韓関係ということにおいても、あっという間だった。一九八八年のソウル・オリンピックを目前に、軍事独裁政権といわれた韓国の政治権力が後退し、民主化が実現された。経済成長、オリンピック、民主化は日本において空前の〝韓国ブーム〟を巻き起こし、それは断続的に続き、二〇〇二年のサッカーのワールドカップ日韓共同開催の時に、一時的に再現された。韓国における日本の大衆文化の解禁や、日本での韓国映画、ポップスの受容という相互間の文化的接近は、おそらく日韓の歴史上、このうえないほど友好的、親和的な関係を生み出しているといえる（料理、スポーツ、エステ、ショッピング、アニメ、コミックなどの多種多様な文化的接触と関心が強まっている）。

それに引き換え、一九六〇、七〇年代には戦後民主主義や左翼的な勢力によって「希望の星」のように語られていた朝鮮民主主義人民共和国（北朝鮮）は、八〇年代の金日成《キムイルソン》から金正日《キムジョンイル》への父子間の権力継承と経済的疲弊、それを糊塗《こと》しようとする核開発を中心とする軍事体制の強化というマイナス札ばかりを切ることで、日朝関係は、二十一世紀に入って、これまた歴史上、例を見ないほどに悪化している。民間人を暴力的に拉致・誘拐し、その多くの人を「殺して」しまい、生き残った人たちを帰すということで恩着せがましく振舞う「金正日」という権力者を、日本人としてというより、人間として私は憎まざるをえないのである（もちろん、国民を飢えさせ、死なせているのに、自らの権力を保持するためになりふりかまわない強権を国民に対して振るい、国際的にも権謀術数を使うことについても）。

だが、同じ半島に住む、同じ民族に対して、これほどまで〝南北格差〟があっていいものだろうか。私たちは、大きく「コリア」に対する精神のバランスを崩しているのではないか。それは朝鮮半島の植民地支配という近代史における「原罪」を帳消しにし、白紙化したいという、日本人の深層心理の〝醜い〟突出に過ぎないのではないか。

日韓、日朝関係だけではなく、日本の中には「在日コリアン」という大きなテーマがある。これこそ、日本の「近代」がその胎内に孕んだ非嫡出子（たとえは悪いかもしれないが）であり、その生まれてきた子供たちに対する責任はあげて日本にある。それらの人々を内側に組み込みながら生きてゆくことができなければ、日本という国（国民）は、二十一世紀を生きてゆく資格がないのである。

二十年近くの間にも、私の考えや立場は、相当ブレて、揺れ動いていることと思う。自分ではあまり分からないことだが、いっていることが逆になっていたり、矛盾撞着《どうちゃく》しているところも多いかもしれない。しかし、私は声高に思想を語り、イデオロギーを主張しようということだけは、避けてきたつもりだ。つまり、どういう意味でも人を自分の力で動かそうとはしなかったということである。

二十年間、私が〝三つ子〟の「コリア」（韓国、北朝鮮、在日コリアン、本当はこれに在中国の朝鮮族や在ロシアの高麗人、在米韓人などが含まれる）に対して持続的に実行してきたことは、その関連の本を読むということだけだった。その喜びと楽しみを伝えるために、私はこの本を編んでみた。インパクト出版会の深田卓さんが、それに協力してくれたのは、このうえない幸いなことだった。

文章は発表順に並べ、時代の移り変わりの中で、私のスタンスが揺れ動いてゆくことも、そのまま見えるようにしたつもりだ。前述したように「コリア」に関連した本ならば、個人的な好みや評価とは別に、書評として依頼されたものはなるべく書くようにし、自分で選択する場合でも、その時期に合わせて「コリア」関係のものを取り上げるようにした。もちろん、これらがこの間出版された「コリア本」の大部分でもないし、私が読んだ「コリア本」の全部でもない。本当は言及したいと思ったものもいくらでもあったが、たまたま、タイミングや契機を失したものも少なくない。書評として取り上げたものは、大袈裟にいうと氷山の一角でしかないのである。

表記や用語は特に統一せず、原則的に発表時のままとした。ごく一部、誤植等を正しただけである。註には、書いた内容に対する補足や間違いの訂正等と、現時点での書き込みを行った（蛇足も少なくないかもしれない）。なお、これまで単行本に収録した書評、エッセイは再収録していない。また、確かに書いたはずの文章でも若干の切り抜きの欠落があり、それらはもとより収録できなかった。

二〇〇三年五月二十日　（ソウル・東小門洞《トンソムンドン》のオピステルにて）　川村　湊

I

コリア本を読む

伊藤亜人他編著『朝鮮を知る事典』
平凡社（一九八六年三月刊）

朝鮮語と呼ぶか韓国語と呼ぶか。「ハングル語」といった奇怪な名称が定着しつつある現在は、朝鮮（韓国）を学ぼうとする人間にとっては、それほど良い環境とはいえないかもしれない。確かに「ハングル」語専門の語学雑誌、語学放送、数多くの現地ルポ、旅行案内の類など「韓国ブーム」に乗って関連書の出版は盛んに行われているのだが、別の意味での「偏向」や「タブー」もこのブームの中で醸成されつつあるかも知れない。それは一見公平であり、広く知識や意見を並べたてたような書物の顔をしているだけに、ちょっと始末に困るのである（たとえば別冊・宝島の『朝鮮・韓国を知る本』の中の記述の一部にはややイデオロギー的偏向が混じっていると思われる）。

本書はこうした、ともすれば「偏向」し、イデオロギーの草刈り場となってしまう朝鮮半島の歴史、政治、経済、文化の基本的な項目を簡単にまとめ、紹介したもので、そのバランスのとれた編集方針は信頼に足るものだろう。監修の伊藤亜人（文化人類学）、大村益夫（文学）、梶村秀樹（歴史）、武田幸男（歴史）は、現代の朝鮮研究のレベルでは最適の人選といえる。むろんそれは不偏不党の清浄野菜的な記述ということではなく、みずからの立場を明らかにしな

がらも、異なる立場を排除しないという基本的な原則が守られているということである。だからキムチから酒、金日成《キムイルソン》から金大中《キムテジュン》、李退渓《イテゲ》からキム・ジハに至るまでのさまざまな項目を、知識の不足を補い、その知識を整理・確認するために役立てることができるのである。ただ、望蜀《ぼうしょく》の言をいえばやはり項目の数をもっと増やしてもらいたいということ、またそれに、印刷の都合もあっただろうが、各語にハングル表記をほどこしてもらいたいということは、増補・改訂版を期待する意味でいっておきたい。

（『図書新聞』一九八六年四月）

※　「ハングル語」は、さすがにまだ市民権を得ていないが、使用例は増えている。最近は「コリア語」が増え、「在日コリアン」という言い方が普及してきた。ところで、『朝鮮を知る事典』は、増補の新版が出たが、やはりハングル表記はない

李起昇著「風が走る」

（『群像』一九八六年十一月号）ほか

「群像」十一月号に「風が走る」という小説が載っている。作者は李起昇《イキスン》。昨年の同誌新人賞を「ゼロはん」で受賞した在日朝鮮人（韓国人）作家である。ヤクザの下請けとしてポルノ・

ビデオを作っている老人（朝鮮人）と若い日本人のチンピラ、売りとばされた元ソープ嬢の在日朝鮮人の娘という三人の同居生活を中心に、現在の日本社会の底辺ですれあって生きている日本人、朝鮮人のかかわりを描き出した作品といえよう。やや風俗に流されたストーリーのつくり方、通俗的な表現など、新人作品としての欠陥や〝甘さ〟をいくつか指摘できるが、いわゆる在日朝鮮人文学の新しい流れを予感させるものとして注目せざるをえない。

金達寿《キムダルス》を在日朝鮮人文学の第一世代とすれば、金石範《キムソクボム》、李恢成《イフェソン》、金鶴泳《キムハギョン》は第二世代、そして「かずきめ」「刻」を書いた李良枝《イヤンジ》やこの李起昇などは第三世代ということになる。

この新世代の特徴としては、第一、第二世代の作品に色濃くあらわれていた「政治」の影がないこと、また民族、国家に対するアイデンティティーが希薄な点などがあげられるだろう。李良枝の「刻」、李起昇の「ゼロはん」は、韓国に渡った「在日」の若い世代が〈祖国という名の異文化〉につきあたって違和感をおぼえたことを書きとめている。これらの違和感の感情は、韓国、日本への反発だけではなく、国家や民族そのものに〝閉鎖〟されてゆく思考法（指紋押捺問題に示されるような〝国籍〟の思考）への批判的視点を持つことをうながしてゆくだろう。

知識人として民族、国家という大問題を論じるのではなく、現実の日本という社会の底で〝共生・共存〟している「在日」の朝鮮人と日本人の姿を描き出すこと。第三世代の在日朝鮮人文学は、こうした国家、民族の枠からはみ出した人間像を模索していると思われる。

（『読売新聞』一九八六年十月二十日）

※　李起昇は、この後『小説現代』にいくつかの短篇小説を書いただけで、ほとんど文芸雑誌に登場し

なくなった。「在日文学」のテーマ性、政治性偏重が、彼を「純文学」の世界からはみ出させていったと思わざるをえない。ただし、彼の作品の方向性は、梁石日《ヤンソギル》や玄月などの在日作家によって引き継がれているということも可能だ。その意味で、彼は先駆者だったのである。

金洪信著『人間市場』

朝日出版社（一九八六年四月刊）など

韓国のベストセラー小説がこのところ続けて翻訳出版された。金洪信《キムホンシン》の『人間市場』（朝日出版社）、鄭飛石《チョンビソク》の『孫子の兵法』（光文社）、金正彬《キムジョンビン》の『丹』（八幡書店）の三冊である。いずれも韓国で百万部を突破したといわれる驚異的なベストセラーだ。『人間市場』は現代のソウルを舞台に、張総賛《チャンジョンチャン》というヒーローが都会の暗黒部分に巣食う「悪」を退治するピカレスク小説。『孫子の兵法』は春秋戦国時代の孫武、伍子を主人公とした歴史小説。『丹』は実在の仙道修行者が韓国の秘められた過去、近未来の話を語る仙道小説で、一見何の関係もないようだが、この三冊の背後に現在の韓国（韓国人）の社会的、精神的状況の一面がうかがえそうだ。

一つは、「漢江《ハンガン》の奇跡」といわれる高度成長を経て、韓国が経済中心の産業社会になりつつあ

ること、もう一つは経済的自信に裏付けられた〝ナショナリズム〟の台頭ということができよう。『孫子の兵法』が経営や人事管理の〝極意〟を語った一種のビジネス書として読まれたことは、経済社会に乗り遅れまいとするサラリーマン層の拡大を意味しており、また『人間市場』の主人公の〝ゴミ掃除〟の対象となるのが、悪徳医者、新興宗教、売春組織、ワイロの授受者たちであることを見れば、経済（金融）中心の社会に対する庶民的なプロテストが、社会的テーマとなっていることがわかるだろう。

『丹』が、高句麗の領土が現在の中国東北部まで広がっていたことを主張し、南北統一をはたし、韓民族の失地を回復するという〝ナショナリズム〟に貫かれていることは、「大東亜戦争」の悲惨な教訓を持つ日本人にとっては、やや不気味に見えるだろう。世界が東洋中心となり、韓国が現在のアメリカ以上の「世界最高の強大国」になるという〝予言〟が、韓国の経済発展の底にある欲望を表現しているとしたら、小説の中の荒唐無稽な妄想としてかたづけるだけではすまない問題をはらんでいると思われるのである。

（『読売新聞』一九八七年二月二日）

※　韓国や北朝鮮の「ナショナリズム」については、日本でほとんど語られることがなかった。日本の植民地支配によって「民族国家」を簒奪《さんだつ》された彼の地では「民族主義」は絶対的なものだったからだ。朝鮮半島のナショナリズムは、東学や統一協会のように宗教的な衣装をまとって主張されることが多い。日本では単なる「仙人」のおとぎ話だが、彼の地では、現実政治の欲望を孕んでいることも少なくないのである。

室谷克美著
『〈韓国人〉の経済学　これが「外華内貧」経済の内幕だ』
ダイヤモンド社（一九八七年二月刊）

「外華内貧」――うわべは華やかで裕福そうだが、中味は貧弱である。著者が現在の韓国経済をとらえるキーワードとして持ち出してくるのがこの言葉だ。これに限らず、著者はこの本の中でいろいろなキーワードを繰り出す。いわく、〝滅公奉私〟、いわく、〝膨《ふく》み志向〟、いわく、〝ケンチャッタの思想〟……

耳慣れない言葉だが、著者のいわんとするところはよくわかる。〝公《おおやけ》〟（たとえば会社での会議）を滅して〝私《わたくし》〟（たとえば子供の授業参観）に奉ずる韓国人サラリーマンなどは、特に捜すまでもなく、身のまわりで容易に目につく（韓国に住んでいればの話だが）。あるいは、西暦よりはるかに古い〝檀紀〟を使って「三千年の民族史」といっていたものが、最近では「韓国五千年（半万年）」にまで〝膨んでいる〟という現象がある。さらに、水道のメーターが逆さまに取りつけられ、煙突のすぐそばにガス・ボンベが置かれ、ケーキが箱に重ねて入れられるのを注意すれば、〝ケンチャナヨ〟（かまわない、大丈夫）といった声が返ってくる……

日常茶飯のことなら、これもまあご愛敬のうちだが、国家的規模、社会的レベルでこうした「滅公奉私」「膨み志向」「ケンチャッタ」が横行するとしたらどうなることだろう。そして、こうした心配は実は杞憂《きゆう》ではないのだ。

著者によれば「昇竜の国」などといって、韓国経済の躍進ぶりをルポし、持ち上げているいわゆる〝韓国通〟のジャーナリスト、経済学者たちは〝膨み志向〟による誇張された数字を鵜呑《うの》みにして、その高速度の成長、発展をバラ色に描いているのであり、それは砂上楼閣にしかすぎないのだ。たとえば「フォーチュン」誌の企業ランキングの鉱工業部門で、韓国の三星電子《サムソン・チョンジャ》が一〇三億ドルの売上げで世界三十八位とある（アメリカ企業を除く）。しかし、それは三星電子一社だけではなく、三星財閥内の商社、建設、保険、製糖、デパート、病院、ホテル、三星ライオンズ球団に至るまでのグループ各社の売上げの合計であって、まさに水増しによる〝膨んだ〟数字にほかならないのである。

まさかそんなことが、と思われるが韓国社会に身を置いてみると、これが別段〝不思議〟なこととは思えなくなるのである。大学進学率がついに日本を追い越し、失業率が三％台だというのに、街へ出てみると、大学にも行かず（行けず）、仕事にもつかず（つけず）ブラブラしている若者たちが、かなり目立つのだ。

こうした目の前の現実と、発表された数字の間には、まさに越えることのできない〝三八線《サンパルソン》〟が横切っている。

著者をして、かくも過激で危険な書（この本はおそらく韓国内では発禁となるだろう）を書かしめるに至ったのは、こうした現実と観念との落差に対する苛立ちであったのだろう。

だが、著者のジャーナリストとしての〝真実追求〟への熱意は、その観察の正しさ、緻密さにもかかわらず〝空転している〟という感がしないでもない。それは著者のキーワードがこれまでの日本的なテーゼ（滅私奉公、〝縮み志向〟）を単に逆転しただけのものであり、そこでは基準としての「日本人の経済学」の原理はほとんど疑われていないからだ。「外華内貧」――それはGNP世界二位でありながら、ウサギ小屋、ワーク・ホリック（仕事中毒）のわれわれ日本人にこそ、ふさわしいのではないか。

（『週刊文春』一九八七年四月九日号）

※　韓国内で発禁になるだろうと予測したが、結果的には翻訳版が出たらしいが発禁にはならなかった。韓国社会がそれだけ成熟したか、著者のいうことが当たっていて、否定のしようがなかったのか、よく分からない。韓国経済はこの後IMF管理体制に移り、苦境から脱したといわれるが、経済のことは予測も予想もつかない。しかし、巷《ちまた》ではそれで昔に戻って貧乏暮らしをしているわけではないようだから、「外華内貧」という言葉は当たっていないような気がする。

趙基天著・許南麒訳『白頭山』

れんが書房新社（一九八七年四月刊）

朝鮮人にとって「白頭山《ペクトウサン》」はどんな意味を持った山なのか。これは日本人など、外国人には容易にうかがい知れない民族的な〝魂〟に触れる問題であると思う。趙基天《チョウギジョン》の長編叙事詩『白

頭山』が、現代朝鮮文学の古典として遇されているのも、この白頭山というモチーフ自体が、まず朝鮮民族に与えるインパクトを勘定に入れる必要があるかも知れない。これは、北朝鮮（朝鮮民主主義人民共和国）についてだけ言えることではない。韓国においても、毎夕に流される「愛国歌」の歌い出しは、「東海の水と白頭山が…」というものだし、趙基天の文学とはまったく相いれないはずの、韓国の反共的愛国主義小説『丹』でも、主人公の鳳宇道人《ボンウドイン》は、〝霊峰白頭山〟に登って神秘に触れるのである。

白頭山が、古朝鮮の開祖である檀君《タングン》神話にゆかりの深いものであることは、金日成《キムイルソン》将軍のいわゆる〝白頭山抗日パルチザン神話〟と必ずしも無縁なことではないだろう。いや、それだけではなく、たとえば、金日成—金正日の〝世襲王朝〟に関わる次のような文章は、積極的に桓雄《ハンウン》—檀君という白頭山へ降臨してきた朝鮮の建国神話と金父子の〝革命建国神話〟を結びつけようとする意図を隠してはいないのである。

「わが党とわが人民の親愛なる指導者・金正日《キムジョンイル》様は、わが人民とすべての人々の尽きることない祝福の中で、二月十六日、白頭山で誕生なさいました。白頭山はわが国の祖宗の山です。わが国が生じたのも白頭山から始まり、わが国最大の川である鴨緑江《アムノクガン》と豆満江《トゥマンガン》も白頭山から流れ下りるのです」（『親愛なる指導者・金正日先生の幼少年時代の話』）

趙基天の『白頭山』では、エピローグに白頭山自身が、白髪をなびかせ、さかだてながら〝語る〟という擬人的な表現がある。「北に燦然《さんぜん》と輝くウラルを眺め」「憎悪にみちた一瞥《いちべつ》を太平洋の荒き波濤と富士山に投げ」るというわけだ。白頭山神話は、ここで親ソビエト・ロシア、抗日、反日という〝神話〟に置き換えられているのである。

文学は神話を再生させる。そうしたテーゼを社会主義国の文学ほど、体現してみせてくれるものは少ないだろう。北朝鮮においては、文学はまったく神話のために奉仕しているように見える。書き割りのような場面、芝居めいた台詞、〃革命的ロマンティシズム〃。だが、だからといって、それを放てきしてしまうことは早計であると思える。そこに息づく民族の神話、民族、民俗のイメージが、深いところで民族の〃魂〃を鼓舞することは否定できないからだ。そういう意味で、白頭山と金日成のパルチザン神話を重ね合わせてみた趙基天の『白頭山』は、神話の解読にうってつけのテキストといえるだろう。そして、このテキストの刊行が金日成の生誕七十五周年を記念したものであるということは、まさにこの作品の〃神話〃的性格を明らかにしたものと思われるのである。

（『図書新聞』一九八七年六月六日号）

※　金正日が、白頭山ではなくロシア領内で生まれたことは、現在では紛れもない事実として定着している。革命博物館に、金正日が生まれた時、白頭山の山の中の木に、革命の代を継ぐ後継者がお生まれになったと刻んだ字が見つかったとして、それが展示されているが、そんないかにもウソくさい「物」を見せるというところに、北朝鮮の徹底した愚民政策が見え、とても悲しくなった。

金両基著『韓国仮面劇の世界』

新人物往来社（一九八七年四月刊）

李朝時代に編集された歌集『龍飛御天歌』の中にある「根の深い木」という歌を時々思い出すことがある。「根の深き木は、風に倒れず、花良し、実良し。源深き水は、ひでりに涸れず、川となりて海へ至る」という内容の歌だが、この〃根の深い木《ブリキプンナム》〃という言葉が、韓国の民俗芸能、民衆文化の巧みな比喩となっているような気がするのだ。

ちょっと誤解されそうな言い方だが、たとえばこの本の中でも取り上げられている、韓国の伝統的な人形劇である〃コクトゥ闍氏《カクシ》ノルム〃と、日本の文楽とを比較したら、まさに韓国が「根」であり、日本が「花」であることがわかるだろう。もちろん、この「根」と「花」という比喩には、どちらが優れているか、といった価値判断は含まれていない。プリミティブで素朴な大道芸と、洗練され、磨き抜かれた舞台芸術を同じ土俵で、論評することなどできないからである。ただ、この本で著者も主張しているように、ユーラシア大陸の漂泊の芸人たちによる芸能が、朝鮮半島でその「根」をしっかりと降ろし、それが日本という島で花開いたということは確かなことであると思われるのだ。

むろん、逆に韓国が「花」で、日本が「根」のケースもある。簡単な楽器の演奏で演者がカタるという〝語りもの〟芸の伝統は、日本では浪花節を最後にほとんど滅んだといってもよいが（琵琶語りや説経などは、まさにそうした芸能の「根」を保存したものだろう）、韓国ではパンソリ、およびその一種のミュージカル化である唱劇《チャングク》というジャンルとして、見事に「花」となりえているのである。

韓国の民衆芸能を語る時は、その過去と現在の両方の現れを見なければならない。それは単に過去の滅びた伝統芸を、文献や無形文化財から演繹することでもなければ、それを追慕することでもない。現在でも生き生きと演じられ、行われている民衆芸能の活力を感じとり、それをただ保存、伝承したりするだけでなく、新しい息吹を吹き込まなければならないのだ。そして、そのためにこそ、それらの民衆芸能が持っていた宗教的な基層、階級的な諷刺意識を再現してみなければならないのである。

日本の民俗学などに較べて、韓国の民衆芸能の研究が、遅れたスタートを切ったことは確かだが、宋錫夏《ソンソクハ》、金在喆《キムジェチョル》、李杜鉉《イトヒョン》、崔常寿《チェサンス》などの先覚者たちの活躍によって、ほぼその基本的な道筋はつけられたといってよいだろう。今後これらの研究業績をもとに試みられねばならないのは、日本での芸能と宗教との関連の研究を踏まえた上での、アジア的世界という舞台における〝漂泊民・底辺民〟による芸能世界の構築ということになるだろう。この書物はその第一歩として、汎《ひろ》く推奨するに価するものであると思う。

（『読書人』一九八七年六月）

※　朝鮮の民衆芸能、民衆信仰については、いずれ一書にまとめたいと想っている。その時に「花」と

「根」という考え方は、重要なタームになると思う。

姜晶中編・訳『韓国現代詩集』
土曜美術社（一九八七年四月刊）

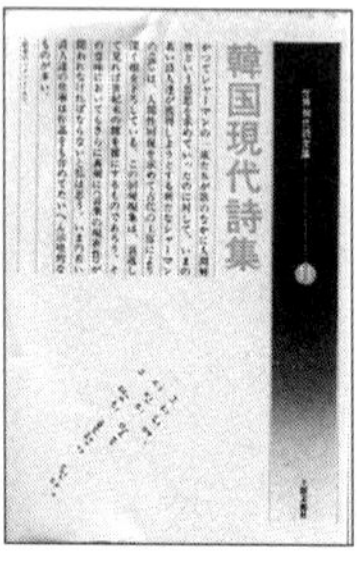

波乱万丈、毀誉褒貶の生を終えた金素雲《キムソウン》（今でもその渦中にあるのかもしれないが）が『朝鮮詩集』を出したのは、一九四三年、今から五〇年近くも前のことである。この後やはり金素雲による韓国詩のアンソロジーが『現代韓国文学選集』の一巻として出され、今ようやく私たちは新しい韓国詩選集『韓国現代詩集』を手にすることができた。李箱《イサン》、李陸史《イユクサ》といった〝日帝時代〟の詩人から、姜恩喬《カンウンギョ》、崔勝鎬《チェスンホ》などの〝解放・分断時代〟の詩人に至るまで八〇人、一六六編の詩編を、である。

咲き乱れた花園のような〝詞華集《アンソロジー》〟の印象を一言で語ることは難しい。私の好きなものだけをあげていっても、盧天命《ノチョンミョン》、韓何雲《ハンハウン》、金洙暎《キムスヨン》、姜恩喬といった詩人のそれぞれ独自な感性と個性的な表現力を持った作品がいくつも収録されており、これらの詩編全部にあてはまるような評言などありえないのである。だから、このアンソロジーの編訳者であり、また筆名竹久昌夫として日本語詩の実作者でもある姜晶中《カンジョンジュン》にならって、この詩集からはさまざまな詩人たちの「ソリ（声）と国訛りの激しさだけが聴こえる」と言っておこう。

韓国語ソリは、日本語では声、音、言葉、歌といった意味を包括する言葉であり、日本語の〈声〉の繊細さ、柔らかさと同時に、〈音〉の力強さ、逞《たくま》しさを兼ねそなえた語なのである。

ここにはさまざまのノレソリ（歌声）があり、ウヌンソリ（泣き声）があり、そしてムルソリ（水の音）、パラムソリ（風の音）、ナムソリ（木の音）がある。森羅万象《しんらばんしょう》が〈声〉をあげ、姦《かしま》しいほどに言葉を交わしあっていた古代の神話的世界に似た〝多様性〟と〝差異〟のざわめき、祝宴がここで繰り広げられているのだ。

純粋派と参与派として思想的、政治的に鋭く対立した詩人たちが並んでいる。モダニズム詩と民謡詩とが仲良く場所を分けあっている。虚無を見据える呟きの声と、希望を歌う力強い叫び声とが入りまじって聞こえてくる。

これは雑然としたゴッタ煮であり、収拾のつかない単なる混乱なのだろうか。それとも混沌のままにある種のハーモニーを醸《かも》しているものなのだろうか。この答えはわれわれ読者一人ひとりがそれぞれに答えるべきものであるだろう。そしてこう反問してみてもいい。日本の現代詩がこれだけの多彩な人間的な〈ソリ〉を響かせているだろうか、と。

ひとつだけ、無念さを記しておけば、金素雲以後の半世紀を経ても、まだ日本人による包括的な朝鮮語詩のアンソロジーが編まれていないという事実である。

（『朝日ジャーナル』一九八七年六月五日号）

※　姜晶中こと詩人・竹久昌夫は、二〇〇一年の暮れ、誰にも看取られずに東京のアパートの一室で死んでいた。コタツに入ったまま病死し、数日後に発見されたという。洋服仕立業が本職で、故郷の韓国

との関係も疎遠だったと聞く。私は、一時期知り合いだったが、私にはよく分からない理由で彼の不興を買い、関係が途絶えた。数年後、その孤独な死を知り、暗澹たる思いがした。詩人は日本でも韓国でもいつも不遇である。

卜鉅一著・川島伸子訳
『京城・昭和六十二年——碑銘を求めて』
成甲書房（一九八七年九月刊）

一九〇九年、ハルビン駅頭で伊藤博文は、朝鮮人・安重根《アンジュングン》に狙撃されたが、一命をとりとめた……。

一九五三年、東条英機首相は、米議会で演説し、日米の衝突を回避し、自由世界を擁護することを訴えた……。

一九八七年、朝鮮は日本に併合されたまま七十七年を経過、朝鮮語、朝鮮文化は〝半島〟の各地でほとんど滅び去っていた……。

太平洋戦争で日本が負けず、軍政が続き、朝鮮を領有したまま現在に至ったという想定の下に、韓国の新進作家・卜鉅一《ボクコイル》の書いた小説「京城・昭和六十二年——碑銘を求めて」がこのたび日本語訳された。

主人公は半島出身の木下英世。彼は〝京城〟の大企業の有能なビジネスマンであり、かたわら日本語で詩を書く詩人でもある。朝鮮人の彼は、「内地人」と「半島人」の間にある差異に敏感にならざるをえず、ある日偶然に昔、朝鮮語という言葉があり、それを書き表す朝鮮文字（ハングル）もあったことを知る。彼は失われた民族の歴史を取り戻すために、朝鮮語の文字、文学を尋ね求める旅に出る……。

韓国では珍しいSF的手法を使った架空の朝鮮現代史。一昔前ならばフィクションとしてでも、まず許容されそうもなかった主題であり、〝日帝植民地時代〟がすでに過去の歴史となったことを逆証明するものといえるかもしれない。面白いのは〝朝鮮総督府〟に支配されている昭和六十二年の〝京城〟が、現在のソウルと酷似していることだ。闇金融、汚職、コネ優先の社会、学生デモ、反体制思想、表現への厳しい弾圧、拷問など、ほとんど現代韓国の陰画であり、そういう意味では手の込んだ現実批判の小説ともいえよう。

作者の卜《ボク》氏は一九四六年生まれの純粋な〝解放後〟のハングル世代。日韓の間のねじれた歴史をテーマに据えた長編小説の登場は、日韓双方の社会でのタブーを破る、新しい試みの一つといえるだろう。

（『読売新聞』一九八七年十一月二十八日夕刊）

※　近未来小説だったものも、今では昔の話となってしまった。ソウルから出張してきたビジネスマンが、「上野」のホテルに泊まるという設定には、ちょっと違和感を覚えた。やっぱり銀座や赤坂、六本木でなければカッコウがつかないだろう。著者の卜鉅一氏は、韓国では珍しい職業経験を経て、三十代で小説家になった人だが、日本のことはあまり詳しくなかったようだ。

戸田郁子著『ふだん着のソウル案内』

晶文社（一九八八年二月刊）

阪東真澄・朴浩美著

『バージンごっこ――ソウル発韓国女子大生白書』

太田出版（一九八八年四月刊）ほか

ソウル・オリンピックが近づき、日本の「韓国ブーム」も高潮しているようだ。それにつれ、これまで見られなかったような韓国・朝鮮ものの本が増えてきた。歌謡曲、映画、料理などの本は今さら珍しくないが、温泉、女子大生、キムチなどの専門書となれば、これまでの政治・経済に偏向したジャーナリズムでは何とも評価できかねる代物だろう。向こうが変わったのか、こちらが変わったのか。昨今の韓国・朝鮮ものを読んで、そんなことを考えてみるのも悪くない。

一九七〇年代初期に、等身大の韓国社会と韓国人を描いて、それまでの政治優先の風潮の転換の源流となったのが、長璋吉《ちょうしょうきち》の『私の朝鮮語小辞典――ソウル遊学記』（河出文庫・四四〇円）だったことは定説化しつつあるが、その八〇年代女性版というべきなのが、戸田郁子『ふだん着のソウル案内』（晶文社・一、六〇〇円）だろう。

ソウルの大学で語学と文学を学んでいる〝ウッチャ〟（郁子の韓国語読み）は、下宿の三角部屋に住みながら、大家の家族、学校の友人、近所のおばさんたちといっしょに食べ、飲み、考える。好奇心旺盛で、語学の堪能な彼女は、デモのキャンパスへ、原子力発電所へと行き、韓国の社会を問題点も含めてじっくりと見る。とりたてて目新しい視点や意見が書かれているわけではないが、新しい〝感覚〟で書かれたウッチャの個人的なソウル案内は、魅力的である。

阪東真澄・朴浩美《パクホミ》『バージンごっこ――ソウル発韓国女子大生白書』（太田出版・一、〇〇〇円）は、やや品がないが、韓国の女子大生についてのユニークな〝フィールド・ワーク〟だ。処女率九四％という韓国の〝処女《チョニョ》〟（＝未婚女性）の生活と意識とを知れば、日韓の似て非なる部分が、どんなに大きいか驚くだろう。百パーセント興味本位の本だが、韓国の女優のヌードを眺めるよりは、こちらのほうが勉強にはなるのである。

「新人類」感覚のものをもう一セット。稲葉裕『ソウルの塀の中』（朝日新聞社・九二〇円）と、高野生『20歳のバイブル――北朝鮮の200日』（情報センター出版局・八八〇円）の二冊。いずれも、まず普通の日本人の行かないソウル拘置所と、朝鮮民主主義人民共和国（北朝鮮）の招待所へ行ってきた体験を書いたもので、その意味ではユニークで刺激的な内容である。

だが、この著者たちが「新人類」的である由縁は、自分のそうした貴重で奇妙な体験を、少しも内在的に問いつめようとはしないということだ。何もしない人間が拘置所に入れられたら、なぜそうなったのかと考えるのが普通だろう。また、北朝鮮に「全共闘」的な思想など通じないことは、別段行かずともわかることだ。内省と歴史感覚の欠落が、新人類の感性の特徴というのだろうか。

歴史をさかのぼり、じっくりと韓国・朝鮮を考えるためには、角田房子『閔妃暗殺《ミンピ》』（新潮社・一、五〇〇円）が薦められる。近代の日韓の歪んだ関係の原点となった閔妃暗殺事件を、加害者側の日本人はあまりに知らなすぎた。この本によってその空白が埋まることが期待される。だが、著者の韓国・朝鮮に対する〝申しわけなさ〟の感情が、ややその史観を甘くしていると感じられなくもない。

現代史の分野としては、菊池正人『板門店』（中公新書・五四〇円）が、南北分断の歴史と現状とを、明確に分析、解説している。現場を知る者の強みのよく出た、コンパクトにまとまった本だ。

滝沢秀樹『韓国社会の転換――変革期の民衆世界』（御茶の水書房・二、二〇〇円）は、韓国民主化の鍵となる韓国民衆に焦点をあてた社会学的論文集。韓国の民衆史を、新しい視角でとらえようとする試みは新鮮だが、従来の民衆・民主という概念に引きずられすぎている部分も見受けられる。

文庫本では、日本ペンクラブ編、関川夏央選『韓国読本』（福武文庫・五五〇円）と、アサヒグラフ編『韓国再発見』（朝日文庫・七二〇円）の二冊がよくまとまっていて、内容も豊富である。

（『朝日新聞』一九八八年五月二日）

※　ソウル・オリンピックを三ヶ月後に控え、朝日新聞で書評欄で「韓国もの」の本を特集を行った時に書いた文章である。稲葉裕や高野生など〝新人類〟の本は、批判するまでもなく、歴史的資料としても姿を消してしまった。

荒川洋治著『ぼくのハングル・ハイキング』
五柳書院（一九八八年六月刊）など

「言葉」について軽妙に書くことは難しい。なぜなら、「言葉」こそファナチズムとフェティシズムの源泉なのであり、人を狂気へと誘ってゆくものだからだ。わずかな言い間違いや書き間違いが、「言葉」の世界では致命的なものとなる。アクセントや抑揚の違いが、時には血生臭い惨事までをも引き起こすのだ。

　隣国語と私たちの言葉との関わりは、さらに歴史と政治とのしがらみがからんで、複雑になっている。そもそも同じものを意味している「韓国語」と「朝鮮語」との距《へだた》りは、私たちの言葉ではあまりに大きいのだ。こうした隣国の言葉の世界こそ、『ぼくのハングル・ハイキング』の中に引用されている茨木のり子の詩のように、蛇《ペーム》やお化け《トッケビ》たちの棲みついている〝鬱蒼とした、暗い森〟なのである。

　だが、そんな〝森の中の小道〟であっても、軽薄ではなく軽快に、衒学《げんがく》的ではなく勉学的に、悲劇としてではなく喜劇として歩き回り、踏破することも不可能ではないはずだ。たとえば、長璋吉氏の『ソウル遊学記――私の朝鮮語小辞典』や茨木のり子氏の『ハングルへの旅』、そしてこの『ぼくのハングル・ハイキング』のように。

そこにはまずハングルというユニークな表音文字の体系が登場する。茸《きのこ》や小枝のような形をしたこの文字は、漢字のように意味との強固なつながりは持たず、仮名のような一字一音節という固着性もない。子音は母音と縦横に結びつき、さらに下支え（パッチム）としての子音を呼び込む。そうして組み立てられた一文字は、前後の文字の響きによってなめらかにリエゾンする。こうした音と音とのつながりが、「マリエヨ」といった美しい響きを生むのである。

荒川洋治氏の〝ハングル・ハイキング〟が軽快なのは、ハングルの音や文字の形への関心が先行して、意味がワンテンポ遅れてやってくるからだろう。マリエヨ？　と聞かれる。マリ、マリエ、リエ、マリヨ、リヨ。これらの語音は私たちの語感では女性の名前ということになるだろう（それも特に異国風の響きを持った）。言葉の意味は「ということでしょう？」と念を押す言い方にしかすぎないのだが、「イエヨ？」という語の連なりが言い知れぬエロティシズムを感じさせる。マリエよ。それは幻の恋人マリエに対する呼びかけであり、幻の少女が自分の名前を秘密に教えてくれる時の言葉なのである。

幻のエロスがあって、意味はそれから一歩も二歩も遅れてたどりつく。日本人のわかりにくい韓国語に対して、彼女たちは聞き返す。マリエヨ？　このワンテンポのズレが音と意味とのズレに重なり、そこに幻の女性の面影をたちあらわせるのだ。もちろん、そうした幻影は言葉の音や文字と、意味とのズレが小さくなるにつれて消滅していってしまうものだろう。いわば初心者の特権とでもいうべきものなのだが、詩人はいつも言葉の生成する瞬間の幻のイメージを的確にとらえるのである。

もう一冊の本についても語っておこう。『人気の本、実力の本』（五柳書院）は、文字と言葉と文章と本についての、フェティシズム的興趣に富んだ書物である。ここでも言葉（文章）は音と文字の形と、意味と文意という二つのカテゴリーに分けられ、前者と後者との時間的なズレが作品と読者との、イメージと思想内容との小さくない乖離《かいり》を決定づけるのだ。

もちろん、それは決定的に固着的なものではない。読者は作品をその作者の思惑から離れたところで、余裕をもって受けとめてよい。言葉や作品がそうした〃ゆとり〃や〃あそび〃を持ったものであることは自明である。著者は一瞬の余裕を手離さずに、その「本」の可能性の世界を垣間《かいま》見せてくれるのだ。「人気」と「実力」の複雑に交差し、交錯する〃本の森〃を、ここでも軽快にハイキングする著者の後ろ姿が見えるのである。

（『読書人』一九八八年九月二十六日号）

※　ハングルを勉強する詩人は多い。荒川洋治氏や茨木のり子氏のように。日本語と似ていて、それでいて違っている。言葉に敏感な詩人だけに、そうした共通性と差違とがとても新鮮に、感覚的に感受されるのだろう。小説家でハングルを勉強しているという人はあまり聞かない。なぜだろうか？

大村益夫・長璋吉・三枝寿勝編訳
『韓国短篇小説選』
岩波書店（一九八八年九月刊）

日本と韓国には本来時差はない。しかし、列島より西の半島の国は、日が昇るのも沈むのも、実際は日本よりも三十分ほど遅い。今年の夏は、韓国ではサマー・タイムと称し時刻を一時間早めた。おかげで、日本の時刻の観念では、日の出と日の入りを基準にして、二時間近くも実感的にずれることになった。オリンピック放送のため、アメリカ時間に少しでも合わせようとしたせいだという。

日本と韓国の「文学」を読み較べると、どこかこうした時差のような感覚がつきまとうと感じずにはいられない。本来的な三十分ほどの時差と、人為的、政治的にそのたびに作りだされる時差。そのことが相俟《あいま》って、互いの隣国の文学を疎遠なものにしていると考えずにはいられないのだ。

『韓国短篇小説選』の中のどの一編をとっても、それが日本の植民地支配、民族分断の内戦、市民・学生革命からクーデターといった、韓国現代史の生々しい政治、社会状況と関わらないものはない。韓国の現代小説は、政治や国家に翻弄される人間の姿を本質的に描き出そうとしているといってもよいほどだ。

金東里《キムドンリ》や黄順元《ファンスンノン》のように避難民（朝鮮戦争の）を扱ったもの、朴泰洵《パクテスン》や河瑾燦《ハグンチャン》、趙世熙《チョウセヒ》のように都市細民の生活を描いたもの、圧倒的な政治の影に押しひしがれる人間たちの姿を書いた金源一《キムウォニル》や玄基栄《ヒョンギヨン》の作品など、文学が社会、時代状況と切り離せないどころか、積極的にそうした状況に関わってゆかないことには、文学そのものの自立もありえないというのが、韓国人作家の〝コモンセンス（共通感覚）〟なのである。

たとえば、李浩哲《イホチョル》の「いらだつ人々」は、三十八度線の北にいる長女が夜中の十二時に帰ってくると思い込んだ家長の父親を囲む娘、息子、嫁などの一幕ものの心理劇のような作品である。帰ってくるはずのない長女、姉を待ちながら〝いらだつ〟人々。この〝いらだち〟はむろん、不条理劇や実存劇として私たちにも共有されうるものだろう。だが、その原因としての南北分断は、きわめて現実的で、状況的なものだ。つまり、そこには個人の状況は常に家族、血縁、社会、国家、民族の歴史の関数であるという、暗黙の前提があるように思われるのだ。そこに日本と韓国の、目に見えない時差のような〝差異〟がある。この翻訳書はそうした〝差異〟をはらんだ両国の文学のスリリングな橋渡しの役目をはたそうとしている。

（『朝日新聞』一九八八年十月二十四日）

※　岩波文庫に『朝鮮短篇小説選』二巻があり、岩波書店から単行本として『韓国短篇小説選』、さらに『現代韓国短篇選』二巻が出された。これによって韓国近・現代文学の流れが、ようやく一つの「流れ」として日本でも認識されるようになったといっていいだろう。『現代韓国文学選集』『韓国の現代文学』など、もちろん数量的にはまだまだだが、網羅的な作品集も出されている。今後は個別の作家の作品の翻訳、および翻訳の質の向上を目指さなければならないだろう。

長璋吉著『普段着の朝鮮語』
河出書房新社（一九八八年十月刊）

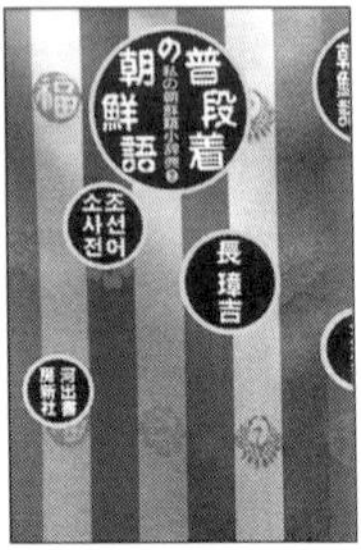

ヤンコさんが笈《きゅう》を負ってソウルへ出掛けたのは、二十年も前のことだった。ヤンコとは〝洋鼻〟、すなわち西洋人の鼻ということで、長璋吉氏にたてまつられたあだ名である。

さて、ソウルでヤンコさんが出会ったのは、黒メガネの独裁者でもなければ、反体制の英雄でもなかった。向こう三軒両隣にちらちらする〝ただの人《ポトンサーラム》〟（＝普通の人）である。下宿のおばさん、街角のポン引き、犬をも煮て食うという学生下宿の書生たち、妖艶で、しかも生活力たくましいキーセン美女たち……。

ヤンコさんは、せっせと彼（彼女）らの言動を観察し、政治・経済を高所大局から論じるにはほとんど役に立たないが、韓国の庶民の精神と文化を知るためにはこの上なく重宝《ちょうほう》な語彙集をまとめて一本を編んだ。名付けて『私の朝鮮語小辞典――ソウル遊学記』である。

以来十数年、このたびようやくその続編である『普段着の朝鮮語』、すなわち私の朝鮮語小辞典パート2が発刊の運びとなったのだ。この続編も前編に負けず劣らず、経済発展だの、NIESの優等生だの、南北クロス承認だのといった政治面、経済面とはほとんど縁のない語彙ばかりが収録されている。糞尿語、悪口雑言、幼児語、学生言葉、日本語起源の隠語といった、まさに庶民の生活の臭いのぷんぷんする「朝鮮語」が、そこではソウルの地下鉄一号線の車内のように、ぎゅうぎゅう詰めになっているのだ。

ソウルに初めて行った人は、あの丸と棒とで、規律正しい軍人の行列のようなハングルの洪水を見て〃ハングル酔い〃にかかるそうだが、わがヤンコさん、こと長璋吉氏は、〃人酔い《サーラムモルミ》〃になってしまった。何しろ、そこは「性善説そのままとしか思えない人物、喜怒哀楽・妬《ねた》みそねみ・欲望その他人間的なあらゆる感情の生地が、生地そのままに露呈しているような人物」が「露天掘り現場」のようにごろごろしているところなのだから。

人間への関心が、言葉への関心となり、言葉への関心が、文学への関心となる。当然のことのようだが、これまでこうしたまっとうな経路をたどって「朝鮮文学」へとたどりついた日本人は、ほとんどいなかったのである。長璋吉氏は、その数少ないパイオニアの一人であって、「韓国ブーム」などという、一過性の〃パラム〃（風）の吹き去った今こそ、前面において活躍してもらいたい人だったのに……。

残念ながら本書は、本年十月末、享年四十七歳で亡くなった長璋吉氏の遺著である。

（『朝日新聞』一九八八年十二月十二日）

※　原稿では正しく書いたのだが、紙面では冒頭の部分が「ヤンコさんが簗（やな）を負って」と誤記された。誤植でないことは、わざわざ「（やな）」というルビを入れていることから明らかである。勉強をするのに、わざわざ魚取り用の「やな」など持ってゆくはずはない。追悼の文のつもりであったので、この「誤記」にはがっくりきた。朝日新聞の学芸部長から丁重な詫び状を貰ったが、覆水〃盤（ばん）〃に返らず、である。

李良枝著『由熙』
講談社（一九八九年二月刊）

いわゆる在日韓国人作家の中で、今までに芥川賞を受賞したのは、李恢成《イフェソン》と李良枝《イヤンジ》の二人だけである。芥川賞受賞者は今回でちょうど百人、その二パーセントだ。この数字が多いか少ないか一概にはいえないが、これまでにも金史良《キムサリャン》、金達寿《キムダルス》、金鶴泳《キムハギョン》などが芥川賞候補になったことを思えば、正直なところもう少し在日の受賞者がいてもいいように思う。

李恢成が受賞の時、金史良が戦前にもらうべき賞を戦後自分がもらった、という発言があったと記憶するが、まさに彼は初めての在日韓国人の芥川賞作家ということで、さまざまな意味において在日（文学）の代表のように見られ、本人もそうした役割をある程度は自覚していたと思われる。同時受賞の東峰夫『オキナワの少年』と並べ、「沖縄」「朝鮮」問題をテーマとした作品の受賞として当時のジャーナリズムは話題としたのである。

李良枝の『由熙《ユヒ》』は、では「韓国・在日」問題を新しい形で再提起したということだろうか。時代は変わっても〈在日〉の問題は生き残る。彼女は韓国に戻った〈在日〉の立場を、あるいは日本と韓国に戻った〈在日〉の立場を、日本と韓国のはざまにある存在の〝問題〟として文学的に表現したのだろうか。

早計に読めば、そう読めなくもない。在日韓国人の女学生・由熙は、〝母国〟である韓国に留学に来ている。しかし、日本生まれ、日本育ちの彼女は、ウリナラとしての韓国に違和感を感じ続け、韓国語、韓国文学を学びながらも自分を「偽善者」だと思い込む。彼女は悩んだ末に、卒業前に韓国を離れる。作品は、そんな由熙の姿を下宿先の、由熙からオンニ（姉さん）と呼ばれる韓国人の女性の視点によって描いている。

これを、韓国あるいは日本という社会についての告発と読むことも、これまでの在日文学の文脈ではありうるだろう。日本では韓国人として差別と偏見の対象となり、母国である韓国でもパンチョッパリ（半日本人）として、その韓国語の発音のおかしさを笑われ、韓国語の習熟度で〝韓国人性〟の度合いを計られ、ともすれば民族性の希薄さを批判される。彼らの存在は、それだけで日本と韓国（北朝鮮も含め）との関わりの過去と現在における過誤、罪責を告発するものといえよう。

だが、こうした〈在日問題〉の文脈だけでいえば、それだけ作品を貧しくすることになる。李良枝は前作『刻』において、やはり韓国に言葉と音楽を学びに来た在日女性の母国での違和感、日本と韓国のはざまにあって、どちらにもアイデンティティーを持てない不安定な自意識を鋭い感受性で描き出した。それは在日としてできるかぎり「韓国」へ肉薄しようとしながら、そこに自分の意識の鏡の迷宮を見る主人公の物語だったのである。

それに対し、『由熙』は、韓国の側、すなわち韓国人のオンニの側から由熙を見る。そこには自意識の迷宮や、由熙のような存在を生み出した日本や、あるいはそうした日本へ由熙を帰させてしまう韓国の社会への批判はない。由熙にとって、日本語と韓国語という、二つの言葉、二つの文化の重なり合う境界に生きることが重要なことであって、どちらか一方を目をつぶって選択したりするようなことではないのだ。

もちろん、オンニには、由熙の日本語や二重言語の部分での悩みや痛みは、そのままの形では分かることはできない。しかし、言葉がその人間の生の根幹に関わるものであり、その意味での苦しみが「言葉」について普遍的な違和と親和のからみ合いであるのを理解するのは、不可能ではないはずだ。

『由熙』は、〈在日韓国人〉の立場を声高に主張した作品でも、韓国、日本への糾弾でもない。言葉と自分との関係に、社会が、国家が、歴史がからみつく。それをさらに「言葉」によって解き明かしてゆこうという意志こそ一編のテーマといえるだろう。それは韓国人にも、〈在日〉にも、日本人にも（他の外国人にも）最も重要なことであるのに違いないのである。

（『東洋経済日報』一九八九年二月三日）

※　李良枝の『由熙』が芥川賞を受賞した時の、いわば〝お祝い記事〟である。受賞が決まってすぐに、当時彼女が住んでいたソウルへ『文學界』の編集長といっしょにインタビューをしに行ったことを思い出す。『東洋経済日報』は、韓国・在日系の経済新聞で、文化欄にはよく「在日文学」や「在日作家」の話題が載っていた。

尹興吉著、安宇植・神谷丹路訳
『鎌』
角川書店（一九八九年四月刊）

妻と息子二人を連れ、亡母の遺言に従い、父祖の墓参りに故郷の山村へやって来た平凡なサラリーマン、厳貴秀《オム・ギス》は、村人たちの驚きと敵意のまなざしによって迎えられねばならなかった。草刈り用に買った一本の鎌。それが村人たちに朝鮮戦争時代、人民共和国突撃隊のリーダーとして鎌を振りかざし、村を恐怖と死とで埋め尽くした悪魔〝ペクナッチル〟（貴秀の父、ナッは韓国語で鎌の意）による、村中を巻き込んだ陰惨な事件の記憶をよみがえらせたのだ。

　主人公の貴秀は、父の顔も知らず、故郷の村も知らない世代で、養父の姓を継いだ彼は、実の亡父が村にどんな災厄と恐怖をまき散らしたかも知らず、ナッチルの息子と知って彼ら親子に襲いかかろうとする村人から、訳《わけ》も分からずに逃げ回るばかりだ。

　事件の体験者の徐《ソ》団長、崔《チエ》校長から、戦争中にイデオロギーの違いにより、村が〝南北〟に二分され、血で血を洗う抗争があったことを教えられた彼は、ようやく自分がナッチルの息子である以上、村人たちの怒りから逃れられないこと、過去を村人たちと話し合う必要があることを理解するようになる……。

　著者は、韓国を代表する作家の一人。いま四十代で最も脂《あぶら》が乗り切った小説家である。南北分断が続く朝鮮半島の現在を、彼らは「分断時代」と呼び、自らの文学を「分断文学」と定義する。韓国の現代史の原点は、この分断を強《し》いた朝鮮戦争にあり、それは民族を二つに分けただけではなく、村落共同体、親族や家族、親子や兄弟さえも二つに分けた。骨肉同士で戦い合った悲劇の傷跡は、四十年後の今日でも決して癒えてはいない。

本書は、日本の読者に向けて書き下ろされた長編小説であり、亡父の犯した事件を知らず、またそれを知ろうともせずに逃げ回ることばかりを考えていた主人公には、都合の悪い過去を忘却し、独り経済的繁栄をむさぼる日本人の姿が、いくらかは重ねられているのかもしれない。

（共同通信系、『河北新報』一九八九年六月五日）

※ 尹興吉《ユンフンギル》氏のお宅に一度お邪魔したことがある。雑誌のインタビューをする約束をしたのだが、決められた日時に来なかったというのでキャンセルされてしまった。どうも、こちらの意志がうまく伝わっていなかったらしく、一日中待っていて、神経的に疲れてしまったという。とても神経質な人らしい。今でも申し訳なく思っている。

安宇植編訳『アリラン峠の旅人たち』

平凡社（一九八二年五月刊）

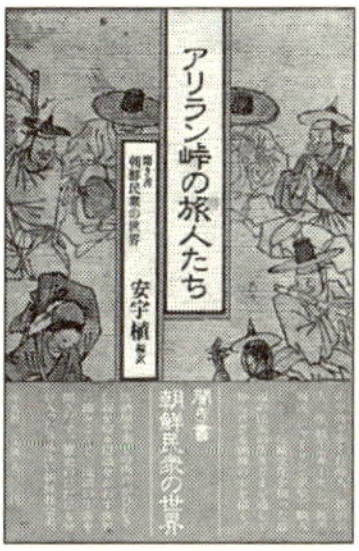

副題に「聞き書・朝鮮民衆の世界」とある。収録されているのは、行商人である褓負商《ポブサン》、被差別民である白丁《ペクチョン》、老妓生《キーセン》、放浪の大道芸人の男寺堂《ナムサダン》、シャーマンの巫堂《ムーダン》、墓相を占う風水師《プンスサ》など、韓国社会にあっても、なかば歴史の中に埋もれてしまったような人々の〝生の声〟である。私は、この本を読むまで、褓負商や男寺堂は、もはや韓国の現代社会では滅んで、文献や記憶の中にだけあるものと思っていた。だから、これを読んで、高麗、李朝のような中世や近世が、韓国にはまだ生き残っているのだと知って驚いたのである。

この本の原題は、韓国の「プリキプンナム」という雑誌に連載されていた「隠れて暮らす独りぼっち」という聞き書シリーズをまとめたもので、一集と二集が出されていた。しかし、私が韓国へ行って住み始めた一九八二年には、もうこの雑誌は出ていなかった。時の政権に忌避されて、停刊の憂き目にあったのだ。私は日本に帰省した折、この訳書を手に入れた。そして、自分の見ている韓国社会の裏側あるいは下層に、こうした〝隠れて暮らす〟人々がいるのを知り、この本を導きの糸として、韓国の〝民衆（文化）の世界〟に分け入りたいと、真剣に思ったのだ。

この本にその聞き書が収録されているシャーマンのリーダー（家長）であるK氏と知り合ったのは、知人の紹介によるものだが、私は「本」の中に登場する人物に出会うという感激を味わった。K氏はその後、私を何度かシャーマンの神祭りであるクッに誘ってくれた。私はわけもわからずにシャーマンたちの歌い、踊る場所で、自分は今韓国の〝プリキプンナム（根の深い木）〟に触れているのだと、自分に言い聞かせたのである。

日本語訳は、一、二集の全訳ではない。それで私は街の本屋を捜し回って原書を手に入れた。それを辞書を引き引き、読んでいるうち（読み終わらないうち）に、六年ぶりに続編「聞き書・朝鮮職人の世界」が出た。

（『朝日ジャーナル』一九八九年九月）

※　これは新刊の書評ではなく、旧刊書評である。今は亡き『朝日ジャーナル』にあった「旧刊書評」の欄に書いたものである。

大村益夫編訳『シカゴ福万　中国朝鮮族短篇小説選』

高麗書林（一九八九年九月刊）

中国には二百万といわれる朝鮮族が住んでいる。北朝鮮と豆満江《トウマンガン》によって隔てられた、旧

「間島《カンド》」地方には、十九世紀後半から朝鮮人が移住し、日本植民地時代には、この地方を中心に反日、反〝満州国〟のパルチザン・ゲリラ部隊が活躍したことで有名だが、現在は中国吉林省「延辺朝鮮族自治州」となっている。この作品集はその延辺地方を中心とした中国の朝鮮族の作家たちの小説を、日本で初めてまとめたものである。

民族的には朝鮮人で、戦中の一時期は日本籍、〝満州国〟籍、解放後は中国籍といった「国家」と「民族」のはざまで苦難を強いられてきた朝鮮族は、北朝鮮、韓国の「朝鮮文学」とも、漢族中心のいわゆる「中国文学」とも違った独自の文学を作りあげてきた。それは編訳者の大村益夫氏の言葉を借りれば「中国文学と朝鮮文学の入会地《いりあいち》」のような景観を示していて、しかもその双方にない少数民族としての独特の経験を色濃く反映した作品世界を作り出しているのである。

たとえば、標題作の「シカゴ福万《ポンマニ》」（張志敏《チャンチミン》）は、子供の頃からアダナで呼ばれてきた福万《ポンマニ》という農民を主人公に、彼が「ジェット機」「シカゴ」と呼ばれるようになった由来と顚末とを、ユーモアたっぷりに物語っている。「ジェット機に乗って上海へ行く」という〝奇想天外〟なことを口走った福万は、その時から村人たちから「ジェット機」と呼ばれる。だが、手塩にかけた牛を売った金で、妻の目の手術費用を稼ぎ出した福万は、手術を成功させ、本当にジェット機に乗って上海から帰ってきた。それ以来、彼を「ジェット機」と呼ぶ者はいなくなった。しかし、今度は「シカゴ」というアダナがついた。妻の兄のいるアメリカのシカゴへ行くと言い始めたからである……。

ここに時代や社会状況の変化に、単に抵抗したり屈服したりするのではなく、それを受け入れながらしたたかに生きる農民の姿を見ることができるだろう。植民地支配、朝鮮戦争、文化大革命といった政治の嵐は、容赦なくこの地域に住む朝鮮族たちに襲いかかった。しかし、それをしなやかな柳（ポドナム）の枝のように耐えてきた彼らは、また多民族国家の中で、少数民族がどう生き抜くかという〝知恵〟をも示しているのである。

評者が先日訪れた延吉市（延辺地方の中心都市）のホテルの庭には、真っ赤なトウガラシが干してあった。近代的な高層ビルのホテルとトウガラシ！ そこに「近代」と「伝統」、民族的なものと経済発展との、好ましい調和があると思われたのである。

（『朝日新聞』一九八九年十月二十九日）

※ 延吉に行った時には、ちょうど長期滞在中の大村益夫氏に会い、一夜夕食を奢ってもらった。だからといって、書評として甘くなったということはないが。中国の朝鮮族の文学が初めて日本に紹介された。韓国での紹介はさらに数年を経なければならなかった。

若槻泰雄著『韓国・朝鮮と日本人』

原書房（一九八九年十月刊）

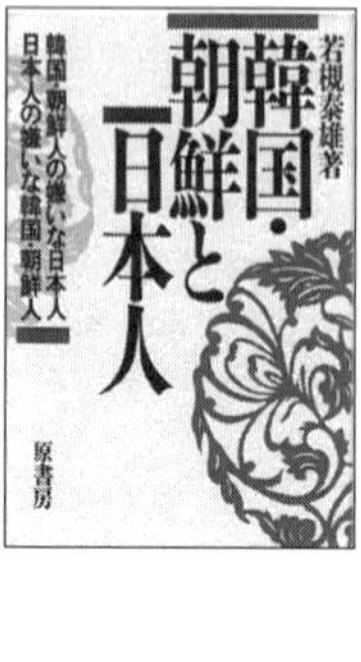

韓国・朝鮮と日本との精神、感情面での関わりを考えると暗い気持ちにならざるをえない。

互いに一番嫌いな外国として筆頭あるいは次点にあがるのが、日本と韓国・朝鮮という〝一衣帯水〟の隣国同士であるのだから。

なぜ、韓国・朝鮮人は日本人が嫌いで、その逆もまたしかりなのか。鶏が先か卵が先かの論議となりそうだが、近代史においてその責任の過半は日本人側にあることは明らかだ。〝属国臣民〟たることを強要し、徴兵、強制労働、従軍慰安婦として朝鮮人を利用、酷使しながら、日本天皇と日本国民は、戦後の天皇の人間宣言によって、〝朕《チン》ト爾《ナンジ》等国民〟との間の現人神《あらひとがみ》や皇国といった「神話」や「架空の観念」を否定したが、その神話や観念への跪拝を強制した元の〝臣民〟たちへは一片の謝罪も反省の言葉もなかった。戦争責任とともに、植民地責任をもうやむやにしてしまったのが日本の戦後なのであり、その意味で日本人側の非は明らかなのである。

しかし、韓国・朝鮮人が日本側の非を唱えるときの、紋切り型の糾弾調、告発調の非難に、にわかに同調し難い人間も多い。〈世界史に類例を見ない悪虐、卑劣、残酷な植民地支配〉とか、現在までの韓国・朝鮮の近現代史のマイナスが、すべて日本の責任、日本人の悪辣《あくらつ》な意図によるものと決め付けるに至っては、逆の意味で〝事大主義〟〝他律史観〟ではないかと反論したくなる。ことは修辞上だけの問題ではない。歴史を客観的に、冷静に見なければ、結局は論理性を持ちえず、説得力を失うことは自明なのだから。

この書物は、世界植民史上における日本の朝鮮半島に対する植民統治を考究し、さらに世界各国の移民、少数民族政策との比較において日本の在日韓国・朝鮮人に対する施策を検討している。そして韓国・朝鮮人側（それに同調する日本のいわゆる進歩的知識人）の主張に、論理的な根拠がなかったり、あるいは、その根拠が薄弱であったりする例をいくつも挙げている。

これらは、たとえ韓国・朝鮮人側から感情的な、政治的な反発や誹謗があったとしても、また論理性や合理性を貫く学者として、言わねばならないことだろう。感情やレトリックや政治的功利主義に走る主張や意見が、日本の韓国・朝鮮に関する各分野にはあまりにも多すぎるのである。

しかし、日本人からのこのような植民地支配、在日差別に対する〝客観的な現実認識〟を聞かされても、韓国・朝鮮人は単に自己正当化か言い訳を聞くような気にしかなれないだろう。なぜなら、被植民支配や被差別の感覚は〝客観的認識〟よりも、まさに感覚的、感情的だからこそ根強くあらゆる場面に生き残ってきたのだ。こうした感情のわだかまりを解きほぐす便利な処方箋などない。誠実で、真摯な歴史認識を双方で深めることと、互いに親愛と敬意を持って相手と自分の立場を理解しようとすること。本書を読んで平凡ながら、そう思わざるをえなかったのである。

（『世界日報』一九九〇年二月十二日）

※『世界日報』は統一協会（原理運動）系の日刊紙である。その文化部に知り合いがいたので、この新聞にはよく書かせてもらった。ただ、念のためにいっておくと、内容の検閲、チェックはほかの新聞よりも少ないくらいであった。もちろん、そんなことがあれば寄稿したはずもないが。

佐藤健志著『チングー・韓国の友人』

新潮社（一九九〇年六月刊）

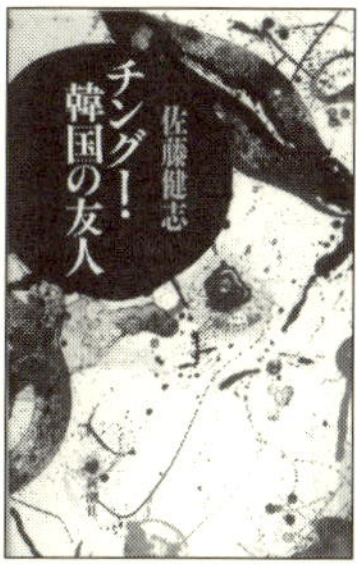

「韓国は日本と較べて何年ぐらい遅れてますか?」。韓国に四年住んで来た頃、よくこんな質問を受けた。そのたびに、経済は十五年、政治は二十年、風俗・文化は五年ぐらいかな、とその場限りの答えでお茶を濁してきた。経済学者でも社会学者でもない私に、韓国と日本との計量的な比較ができるわけがない。田舎へ行けば近代以前の李朝時代がそのまま残っているような気がするし、永東《ヨンドン》や狎鷗亭洞《アプグチョンドン》ならば日本より進んだ未来都市的な景観もある。何年遅れている、進んでいるなどと一概に言えるはずがない……。

何故、人は二つの国の差異を〈時差〉によって語りたがるのだろうか。佐藤健志の『チングー・韓国の友人』を読んで、この小説もまた、日韓の〈時差〉をテーマとした作品だと思わざるをえなかった。ここに書かれているのは、一九八八年のソウル・オリンピックを控え、急激にそのスタイルを変えた八六年当時の韓国の学生運動を背景とした日本人と韓国人との友情の物語である。投石、火炎瓶が登場し、タオルでの覆面姿が現れ、アジ演説、アジビラが出てきた当時の大学キャンパスの中で、私はそれが昔懐かしい全共闘スタイルだと思わずにはいられなかった。二十年前私は、その渦中にいて、そして日本人の教師として今「傍観者」の立場でその行く末を眺めている。私にはその運動が、孤立し、内ゲバ、殺人、爆弾闘争とエスカレートしてゆき、最後には自滅状態となる過程が、まるで古いニュース・ビデオを見るように予見されてしまうのだ。

作中の里美健と治俊《チジュン》との関係は、こうした〈時差〉によってそれぞれの立場に引き裂かれている。韓国の民主化運動にのめり込む治俊と、それを冷ややかに見る健との間には、日本と韓国との距離的なものよりも、時間的な隔たりが介在している。いわば健は二十年後の視点で「日本の学生運動がたどった道そっくり」の治俊たちの〝今〟の運動を見つめているのだ。その情熱には共感しながら、運動そのものに批判的な健。それは韓国と日本との間に、経済、政治、文化、社会運動といった様々な面における時差があり、それが日韓の差異そのものだと作者が考えているのではないか。

だが、はたして本当にそんな〈時差〉はあるのだろうか。もし〈時差〉を前提としなかったら、この小説はどんな風な展開を遂げただろうか。「子供になりたかったんです」と健は韓国の警官の前で告白するが、これはむろん二十年前に戻れるものなら戻りたいという、レトロな感情を表現したものだ。こうした〈時差〉の視点からではなく、私たちは「韓国」という隣りの国を見ることができないのだろうか。つまり、この小説を挫折や喪失や自殺の物語というパターンではなしに書く道筋はなかっただろうか。複雑で大きな「韓国という物語」というテーマにあえて挑んだ作者だけに、そうした〈時差〉の壁こそを打ち破ってもらいたかったのである。

(『波』一九九〇年六月号)

＊＊＊

チングー、漢字では「親旧」で、韓国語で友達のこと。ごく普通によく使われる言葉だが、最近の若者たちの間では、フォークシンガー金敏基《キム・ミンギ》のヒット曲の題名として知られている。「青黒い海辺に雨が降れば、どこが空で、どこが水だろう／その深い海の中に静かに沈めば、何が生きていて、何が死んでいるのだろう」

死んだ友達をテーマに、感傷的な気分の中に社会や世間一般の価値観に対する抵抗を歌った曲として、学生運動の渦中の学生たちに愛唱された。この小説も金敏基の歌に似て、感傷的に友達の死を嘆く青春の友情の物語であるとひとまずは言えよう。

やや異色なのはこの友人同士が日本人と韓国人の大学生であり、その二人にかかわるのが在日韓国人の女学生ということだ。健と治俊とはインターナショナル・スクールで同級の幼なじみ同士だった。外交官の息子の治俊は韓国に帰って大学へ入り、健は大学院の研究生として韓国へ留学し、治俊と二人でアパートの部屋を借りることにした。折からの韓国の学生運動の盛り上がりにのめり込む治俊。そうした学生運動を無意味だと思いつつ、どこかあこがれを持つ健。

破局は治俊が追ってきた警官を夢中で殺してしまうことから始まる。罪の意識にさいなまれる治俊。友人の精神的な危機に対して救いようもなく見守るだけの健。治俊はやがて自殺という決着をつける。

日韓の若者同士の友情と言えば、善隣関係、国際化の意味からも奨励され、称賛されるべきことだが、実際にはなかなか埋め難い懸隔があることも確かだ。歴史意識の違い、政治状況とそれへの参加の意欲の違い、もちろん兵役などの現実的な面での立場の相違もある。

こうした〝差〟を超えることは果たして可能だろうか。日本人と韓国人との間にある〝海峡〟を若者たちは本当に超えているのか。新しい胎動はあるが、日韓の友情はそう簡単ではない。そんな感想を抱かせる新人作家の処女長編小説である。

（共同通信系、一九九〇年九月十九日）

※　ある歌手たちのように、作家にも〝一発屋〟というのがいそうである。作者の佐藤健志は、経済学者を両親に持つ学者一家の息子だったが、小説はこの一作で止め、米国へ留学して学者となったようだ。特にうまい小説家だとは思わなかったが、もう少し頑張るかなとは思っていた。

三宅理一著『江戸の外交都市』

鹿島出版会（一九九〇年六月刊）

鎖国中の江戸時代に、唯一の外交関係として朝鮮通信使の往来があったことは近年よく知られるようになったが、その通信使の往来が当時の日本社会にどんな社会的、文化的影響を与えてきたのかということは、まだ研究進行中の段階にあると言える。

本書は通信使の漢城（ソウル）―江戸に至るまでの経路の途中にあった「御馳走」（接待）のための宿所として、特異な町並みを整備した牛窓の都市論的研究である。

牛窓は対馬から江戸までの行程の中間とも言える瀬戸内海に面した岡山藩の港町である。通信使の一行だけでも五百人前後、それに案内役、接待役、作業役の日本側千五百人を下らない人数を収容するためには、その施設の建設、受け入れ体制の整備が必要とされる。

「御茶屋」と呼ばれる正使の宿泊所をはじめとして、下級官吏に至るまでの朝鮮側の宿舎としての客館、さらに動員された日本側関係者の宿泊所確保のためには、平時の人口四、五千人程度の牛窓の町にとって、現代風に言えばまさにオリンピックや国際的博覧会並の大がかりなプロジェクトが組まれなければならず、それは牛窓の住民にとって、まさしく「異国」との遭遇だった。

「朝鮮通信使は単にそこを通過するだけの存在ではなく、その町の岸壁や荷揚場を利用し、客館に分散宿泊することになり、それはそのまま町全体が異国と一体化した華やかな舞台となる。（中略）牛窓のような港町ではむしろ住民の方が異国に住み込むような気持に襲われたことだろう」

本書は通信使一行の受け入れのための町並みの整備、建設の沿革を丹念にたどり、江戸期の〝善隣友好〟の外交が、地方都市の武士から町民に至るまでの社会共同体の相互協力によって実行されたことを証明している。そして外交都市としての牛窓が、その基本的な町並みの構造を残しながら近代化してゆくプロセスまでも丁寧にたどってゆくのである。そこには牛窓という小さな〝窓〟を通して眺めた、近世から近代に至る日本社会の変ぼうのありさまが描かれている。

（共同通信系、『福井新聞』一九九〇年八月十一日）

※　朝鮮半島と「牛」との関わりというのは、比較民俗学的な意味でも興味のあるところである。「牛の窓」という地名と朝鮮通信使との関連も、別のレベルで面白く感じられる。牛窓には唐子踊りという民俗芸能も保存されているようで、江戸の「外交博物館」のような街だといえる。一度訪れてみようと思っているが、まだ、その夢は果たしていない。

李賢世著、岡田理・他訳
『純姫（スニ）　ソウルにきた女の物語』
三修社（一九九〇年八月刊）

今回紹介したいのは劇画である。

韓国の現代劇画界の第一人者ともいえる李賢世《イ・ヒョンセ》の初めての成人向け劇画『純姫《スニ》』だ。

彼の作品はすでに『弓』という歴史物が訳出されているが、この作品はスニという韓国の現代女性の火花のような、短くはかない〝一生〟を描いたものである。

明るく、働き者のスニの田舎での生活、だが幼馴染みの若者と関係して妊娠した彼女は、義父の折檻や周囲の目に耐えられず、ソウルへ出る。

水商売女たちの部屋での家政婦生活、さらに彼女は町工場や大工場の縫製工を経験し、組合運動と組合潰しの争いの渦中で、かつての恋人の手によって誘拐、暴行され、売春街へ売られる。娼婦と用心棒、ヤクザ組織とそれを使う企業家たちといった現代韓国の〝暗黒面〟がリアルに描かれるのだ。

この劇画を見ながら私は、〝女子《ヨジャ》イヤギ（物語）〟と呼ばれる、韓国映画によくある〝女の転落もの〟のパターンを思い出した。

日本の『赤線地帯』のような社会派リアリズム作品もあったが、韓国では七―八〇年代に李長鎬《イチャンホ》監督の『暗闇のこどもたち』や金鎬善《キムホソン》監督の『英子《ヨンジャ》の全盛時代』のような売春街の女性を描いた映画がいくつも作られた。『スニ』はそうした〝女子イヤギ〟の定型を十分に意識した物語となっている。

しかし、九〇年代の現代の韓国女性であるスニは、それらの先輩の女性たちよりも、もっと活動的で、先鋭的だ。彼女は自ら社会的な「悪」に立ち向かおうとする。むろん、結局は「運命悲劇」というパターンを、それほどはずれることなく、この女の物語は主人公の死によって終わるのだが、それでもただ運命に忍従していたこれまでの〝スニ〟（田舎出の女性といった感じの、ありふれた女性名）に較べると、より自立的であり、積極的な姿勢を保っている。

この劇画を読むことで、私たちは現代のソウルという都市をもっと身近に、生々しくとらえることができるのである。

（『週刊読売』一九九〇年十二月九日）

※『週刊読売』にこの頃、書評のコラム欄を持ち、四、五人の持ち回りで執筆していた。筆者のまったくの選択でいいということになっていたから、韓国コミックなども取り上げることができた。『週刊読売』は、後にリニューアルして『Ｗｅｅｋｌｙ　Ｙｏｍｉｕｒｉ』となって、書評コラムはなくなった。

茨木のり子訳編『韓国現代詩選』
花神社（一九九〇年十一月刊）

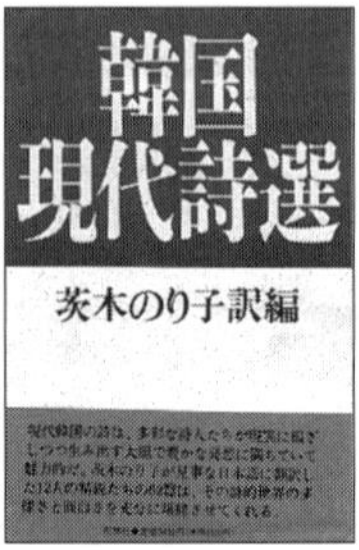

茨木のり子訳編による「韓国現代詩選」（花神社）が刊行された。詩誌「花神」に連載したものの中から、六十二編を選び、選詩集としたものだ。

一言で言ってしまえば、詩人・茨木のり子の〝自分一人だけの〟韓国現代詩アンソロジーと言うべきだろう。もちろん、これは批判的な意味など含んでいない。自分の好きな詩人を選び、その中からさらに好きな詩を選んでノートに書き写す。「あとがき」で書かれたそんな韓国の学生のように、訳者は自分のお気に入りの詩を日本語に直してゆくことに、無上の喜びを感じていたのだろう。そうした喜びと、選び、訳した詩編、詩人に対しての訳者の愛情が、一冊の中に確かな温かみとして感じられるのだ。

韓国の詩壇地図や詩の状況についてまったく顧慮していないので、韓国詩壇を二分する、いわゆる参与派（文学の社会参与を主張する）と純粋派（文学の純粋性を強調する）の双方の詩人が同居しているし、李海仁《イヘイン》のような〝生活派〟とでも言うべき、専門詩人以外の詩人も交じっている。さらに崔華国《チェファグク》のような在日詩人の作品も取り上げられている。

これまでの日本の韓国詩（韓国文学ということでも同じだが）の紹介が、反体制運動で発禁となったり、収監されることで有名になった詩人の詩作品に偏《かたよ》っていたということもあって、こうした〝詩本位〟で訳詩集が編まれるということは実はほとんどなかった。詩集がベストセラーとなり、詩人が社会的に敬愛される韓国の、その隣の国で、韓国詩の紹介については極めて〝非詩〟的な態度が取られてきたと言わざるをえない。

それにしても、詩はやはり詩人が訳出すべきだと改めて感じるのは、その訳詩が日本語の詩として優れているからだ。姜恩喬《カンウンギョ》のような訳者と比較的感性が近いと思われる詩人はもとより、金芝河《キムチハ》、河鐘五《ハジョノ》の社会派的な作品も見事に〝茨木のり子〟の詩たりえている。「詩集」そのものとして推薦したいのである。

（共同通信系、『信濃毎日新聞』一九九〇年十二月十九日）

※　この訳詩集の中で「木」という詩を書いている姜恩喬さんは、釜山の大学で私と同僚だった詩人教授である。研究室が近くで、エレベーターの中でよくすれ違った（挨拶程度しか言葉を交わしたことはないけれど）。茨木のり子さんとはお目にかかったことがないのだが、姜恩喬さんのような方ではないかとひそかに思っている。姜さんは、静かで、凛《りん》とした雰囲気のある方である。

小田実著『**オモニ太平記**』

朝日新聞社（一九九〇年十月刊）

うちの近くにガス・タンクエメチプがあったから、ケイボ団ドゥリカランはよはよソカイせ言うて、アボジが田舎へ探しに行って、見つかったんが今の家や。高取山エメクンクナン防空壕に行ったら、ワングランフングランしたから、びっくりして出て来たら、高取山がゆれとった。地震や思うたら、バクタンやった。ケイボ団は大ヘンタイが来る言ったけど、バクタン落とせへんと言うたから、地震やと思うた。びっくりして上見タラ、アイゴー、電信柱に人とフトンがひっかかってた。……

「オモニ語」の一例である。「オモニ語」とは、主に日本列島の本州のやや西南寄りの、いわゆる近畿地方、とりわけ大阪の旧イカイノ近辺において使用頻度の高い言語で、朝鮮語のうちでも特に済州島《チェジュド》方言と、日本語の中でもとりわけ大阪方言をミックスした語彙、文法構造を持ち、さらに独特の修辞法をそなえた、いわゆるクリオール語である。

「オモニ語」あるいは「イカイノ語」とも呼ばれるこの言語に、特別な文字も表記体系もなく、もっぱら生活言語として口頭で使用される。近年、文学語としての使用も試みられ、元秀一《ウォンスイル》

『猪飼野物語』、小田実『オモニ太平記』などの実作がある……。

この世の中には、言葉にうるさい人がいる。日本語には鼻濁音というのがあって、これは美しい音なのでもっと教育しろとか、旧かなづかいは論理的なのでこれを守れとか、外来語の使用は目に余るとか、日本語は美しくないからフランス語を国語にしろとか、バカは差別語なので使っちゃいけないとか、いろいろ口角泡を飛ばす議論が巻き起こるのが〝言葉〟についての言葉のやりとりなのだ。

おそらく美しい日本語や〝倭色《ウェセク》（日本風）〟を排した純然たるウリマル（朝鮮語、韓国語）を主張する人たちにとり、オモニ語は、聞けば卒倒しかねないほど歪曲され、侵略され、変形され、グロテスクに混ぜ合わされた下等で、二級の日本語・朝鮮語の擬《まが》いものにほかならない。そこでは日本語も朝鮮語も原形はかろうじてとどめてはいるものの、無残に混淆され、融合・癒着しているのだ。

著者〈わたし〉の「人生の同行者」の母、自分の娘のお祖母さん、普通にいえば「義母」であるオモニは、済州島出身の在日朝鮮人である。この本は、このオモニと〈わたし〉と家族とのやりとりを中心に描いたものであり、ある意味では、オモニの「オモニ語」と〈わたし〉の日本語、〈わたし〉の「人生の同行者」の朝鮮語との、言語的葛藤を描いたものともいえる。何しろ、このオモニは、日本人と結婚した在日朝鮮人の娘に、まだチョウセンジンでニッポンジンになってないのか、というようなチョウセンジンなのである。

ドイツは釜山の少し先だと思い、飛行機の中ではトイレも食事も我慢して、孫の顔を見にベルリンにまでやって来たハルメ（お祖母さん）である。いくら〈わたし〉が思想家《ササンガ》だとしても、このオモニの口から出る言葉の含蓄と真理とリアリズムには、まったくカタなしなのだ。オモニの言動を語り、伝える場面にいかに生彩があり、逆に〈わたし〉の思想を語る部分が、どうしても凡庸にしか見えないのは、ひとえに「オモニ語」と日本語の格の差によるものといわざるをえない。「人生の同行者」などという舌をかみそうな言い方ではなく、家内、女房がイヤなら、つれそい、つれあい、みちづれ、生きづれとか、何とか別な言葉を工夫できそうなものだが、〈わたし〉はいかにも思想家らしく、インテリくさい言葉を選んだ。「思想家」の〈わたし〉が「人生の先達者」オモニにかなわないのは、そんな日本語のこわばりから、思想家が自由になれないところにあるのかもしれない。言葉に使われるのではなく、言葉を使うこと、オモニの教えはこれに尽きているように思われるのである。

(『中央公論』一九九〇年十二月号)

※ この「オモニ語」は、私の言い方では「イカイノ語」ということになる。「オモニ語」「イカイノ語」が「クレオール言語」であるといったのは、たぶん私が最初だと思う。Ⅱ章に収録した「クレオールとしての日本語」を参照してもらいたい。

角田房子著『わが祖国　禹博士の運命の種』

新潮社（一九九〇年十二月刊）

禹長春《う・ながはる》——父は閔妃《ミンビ》暗殺に関わった韓国人の軍人で、母は日本人。父の国と母の国の複雑で錯綜した近代史の変転に巻き込まれるように、この日韓の混血児は母の国で育種学者となり、日本人の妻との間に二男三女を設けながら、五十代で独立後の国造りに邁進する父の国へ渡り、農業指導に残りの生涯を捧げた。この本はそうした農学者の歩んだ道を、家族の思い出、弟子たちの証言、知人・関係者たちの記憶や記録を博捜してまとめあげたヒューマン・ドキュメンタリーである。

だがそれだけなら、科学者として祖国の農業発展などに貢献した偉人の伝記でしかないだろう。しかし、著者はこれを単なる偉人伝とはしなかった。博士の父・禹範善《ウボムソン》は閔妃暗殺に加担した〝民族の裏切者〟として亡命先の日本で刺客に殺された。この父と、その国、その民族について彼はどう考え、それが彼の行動や思想にどのように関わっているか。そうした謎を追いながら、著者は日韓の近代史を改めて検証するという前著『閔妃暗殺』以来の主題を、追求しようとしたのである。

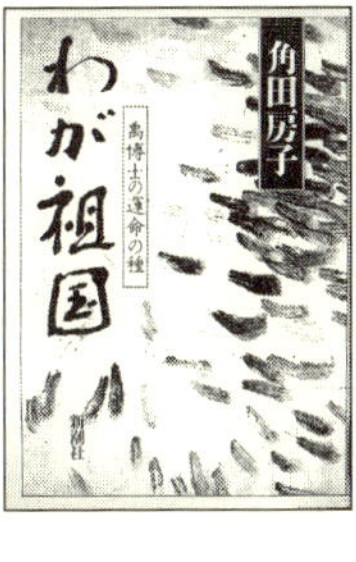

しかし、基本的に文章で自分を語り残すことのなかった一農学者の民族意識や父母の国への

愛情を描き出すというのは、やはり容易ではないようだ。博士が日本の家族とはほとんど無関係に朝鮮半島の親戚と交流を持っていたこと、また、晩年の現地妻のように女性の存在など、著者自身の作りあげてきた博士像にも、うまく当てはまらない事実が付加されている気がしてならない。彼の博士論文は「種《しゅ》の合成」という題目だ。種の異なる両親をかけ合わせて新しい種の植物を作るための理論であるという。日韓の〝両親〟から生まれる新しい〝種〟としての自分を、博士はそこにイメージしていたのだろうか。この寡黙な植物遺伝学者は、むろんそんなことを一言も残してはいないのだが。

（『日本経済新聞』一九九一年一月二十七日）

※　北朝鮮の平壌《ピョンヤン》近郊の農場へ行った時、酸っぱい林檎と虫喰いの葡萄とを出された。農民出身の日本人の詩人が私に耳打ちした。「ここには品種改良という考え方がなさそうだ」と。つまり、北朝鮮には一人の「禹長春」もいなかったのである。あるいはいたとしても、みんな粛清されてしまったのか。農業を知らない者が、偉そうに一知半解の「現地指導」をして、壊滅的な打撃を農業に与える。私は、酸っぱい林檎を涙とともに嚙みしめた。

つかこうへい著『娘に語る祖国』
光文社（一九九〇年十月刊）

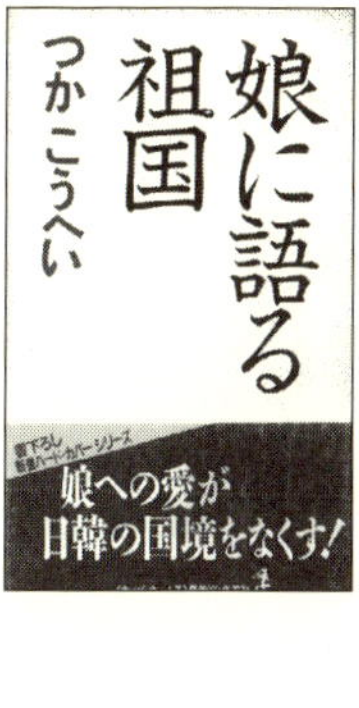

数年前、未だ私が韓国の釜山《プサン》で日本語の教師をしていた頃、ある日の新聞の文化欄に、在日僑胞《ジェイルキョッポ》（在日韓国人）の戯曲家が故郷で凱旋公演を行うという記事が載っていた。私はそれをたどたどしい私の韓国語の読解力で読んだ。

日本で活躍中のキム・ボンウンという戯曲家が、「熱い海」という評判作を持って、韓国に錦を飾るために公演を企画、準備しているといったものだった。

キム・ボンウンという名前も、「熱い海」という芝居も私にとってまったく初耳で、そんな名前の戯曲家が日本で活躍中だとか、作品が評判になっているなど聞いたこともなかった。

どうせ日本の事情をろくろく知らない記者が、針小棒大に書いたのだろうと思ったのが、当時の私の正直な感想だった。左傾作家・金達寿《キムダルス》だとか、在日韓国人であるために芥川賞を貰えなかった李良枝《イヤンジ》とか、どうも日本の文壇事情、文学状況を誤解しているとしか思えない記事の多い韓国の新聞なので、さほどその信憑性にこだわろうとは思わなかったのだ。

日本に帰ってきた時、つかこうへいが「韓国版・熱海殺人事件」を公演するので見に行かないかと誘われた。全部韓国語でやるんだと聞かされ、へえーっと思った時、ようやく金峰雄がつかこうへいの韓国名であり、「熱い海」が「熱海」のことであることに気がついた。

何のことはない。所変われば、人の名前もモノの名前も変わってしまうのである。

つかこうへい、本名は金原峰雄、韓国名・金峰雄。単純にいうと、彼は日本にいる場合はつかさん、あるいはかねはら・みねおさん、あるいはきん・ほうゆうさんと呼ばれ、韓国ではキム・ボンウン氏と呼ばれるのである。

筆名まで入れたら四つの名前を彼はそれぞれ使いわけなければならない。これはまったくご苦労なことだといわざるをえない。なぜ、こんなことになっているのか。その来歴をまだ幼い娘のために、やさしく語り下ろしたのが、本書『娘に語る祖国』なのだ。

これは感動的な書物である。日本人と結婚し、子供を自分の国籍ではなく、日本国籍に入れた父親の悲しみと娘を思う気持ち、そしてそうした孫娘の姓と国籍のことを思って悲しむだろう母親のことを思って、さらに苦しむ在日韓国人の父親であり、夫であり、息子である著者の誠実な悲哀、悲愁がまさに読者を感動的な涙に誘うのである。だが、そうした感動の中で、私は何か微妙に引っかかるものを感じないわけにはゆかなかった。

それはいったい何だろう。

一つは今まで「民族」のことはほとんど口にしなかったつかこうへいが、正面切って「祖国」や「国籍」や「民族」について語っていることについての違和感だ。それはどうも自分の娘の誕生と、彼女の国籍取得についての葛藤が動機となっているらしい。

しかし、在日韓国人が「民族」や「国籍」について改めて思い悩むのは、進学、就職、結婚といった人生の節目節目には必ず引き起こるもので、逆にいえば子供の誕生まで「民族」の問題に触れずに過ごしていられたというのはいったいなぜなのか、ということだ。彼はこう書いている。

「パパは、たとえば川端康成の『雪国』以上に、雪がしんしんと降りつもる描写が書けるようになってから韓国のことを書いても、遅くないと思うのです」

揚げ足を取るようだが、それでは川端以上の文学者にならなければ、一生彼は「韓国」のことは書かないし、また書けないということだろう。

これは、日本人以上の日本人となって、それから彼らを見返してやるのだ、といった立志伝中の在日一世の言い方と、どれほど距離のある言葉なのだろうか。

偏見でいえば、私はつかこうへいに「祖国」や「民族」のことなど、書いてほしくなかった。決して「祖国」や「民族」や「差別」のことを書かない在日韓国人文学者の存在が、逆に日本の中の在日韓国人の存在とその「国籍」と「差別」の問題を際立たせているように思われるからだ。

たとえば、立原正秋のような存在を、私は全面的に肯定するわけではないが、つかこうへいがまさに「日本人文学者」より以上に「日本人文学者」であったことに、〝熱い海〟と〝熱海〟のはざまに生きた文学者の不幸さと、決意を見たかったと思うのだ。

つかこうへいの本名なんて、知らない。

（『知識』一九九一年一月号）

※　今は亡き月刊誌の『知識』は、統一協会系の総合誌だった。ただ、あまり「原理運動」や「勝共運

動」の色合いは出さないように、学術誌的な色合いにしようとしていたようだが。発行元の「世界平和教授アカデミー」とは、統一協会系の学者を組織したものである。

吉岡忠雄著『韓国有情』

皓星社（一九九一年五月刊）

著者は六十を過ぎ、韓国の釜山にある私立大学の日本語教師として赴任した。新聞記者として長く特派員を勤め、退社後に最初の赴任地だった韓国のソウルで、韓国語を勉強し直したという経歴の持ち主である。

家族を残しての釜山の単身赴任生活。二十代の学生からすれば、まさにハラボジ（おじいさん）世代の著者と教え子たちとの〝友情〟の記録。それがこの随想集の基本的なテーマなのだ。八六年から八八年までの二年間は、オリンピックに向かって韓国社会が、高度成長のラスト・スパートをかけていた時代だった。しかし、著者はこの時期に日本で出版された多くの韓国滞在記や体験記によくあるような、政情分析や異文化体験のカルチャー・ショックをことごとしく書こうというような志向性はいっさい持たない。

ただ、韓国の生活の中に入り込み、男子学生と酒を飲み、女子学生とディスコのダンスで手を取りあい、そして場末の食堂、居酒屋で一人焼酎のグラスを傾けるだけだ。

　私はそんな著者の姿に、軍隊経験を持つ日本の〝戦中世代〟の背筋の正しさと哀愁あふれた後ろ姿を見る。著者が〝復学生《ボクハクセン》〟（徴兵義務期間を終え、キャンパスに戻ってきた大学生）にこよなく温かく、同情的なのも、自らの〝青春〟が彼らの青春と二重映しになっているからだろう。

　だから、著者の文章は限りなく優しく、感傷的で、しかも一本の筋がぴいんと張りつめた剛《つよ》さを持っているのだ。

　これは韓国を知るために読む本ではなく、むしろ日本人を知るための本であり、しかも現代の、戦後の日本人が何を心の中で失おうとしているかを知るための本ではないだろうか。「クレド・サラヤジ……」（でも、生きていかなくちゃ）と、韓国の下積みの庶民たちは呟く。この言葉を聴きつける著者は、現代の日本人がこうした底のほうから発する「生」の言葉を失っていることを暗に語っているようだ。韓国有情の裏に〝日本無情〟がなければ幸いなのだが。

（『週刊読売』一九九一年六月九日）

※　吉岡氏は毎日新聞社を定年退職した後、韓国で日本語を教えることを希望して私のところに訪ねてきた。その頃、非常勤講師として勤務していた東義大学校の日語日文科に紹介して、そこの先生として二年間勤務した。教授用食堂で食事を取ることを潔《いさぎよ》しとせず、学生食堂でキムチとご飯だけの昼食を取り、給料はそのほとんどを学生のために使っていた彼は、学生の間では人気があったが、教師仲間には少し困った存在であったかもしれない。自分で必ず洗濯し、掃除も自炊もするという元〝海軍軍人〟的な振る舞いは窮屈過ぎるように思われたようである。

典型的な韓国に対する贖罪型の日本人だが、もちろんこれには非難的な意味は含まれていない。日本に帰国してからも、教え子が時々訪ねてきてくれることを喜こび、楽しんでいたが、帰国後、数年して亡くなられたと聞いた。「韓国」のために燃え尽きたとしかいいようがない。

李正子著『ナグネタリョン　永遠の旅人』

河出書房新社（一九九一年五月刊）

ナグネは旅人、タリョンは口癖や身の上話。第二歌集に『ナグネタリョン』という題名をつけた李正子《イチョンジャ》は在日朝鮮人二世の歌人である。和歌とも呼ばれる三十一音のリズムは、日本的情緒、日本的詠嘆や抒情と切っても切れない詩歌型式だと考えられてきた。それは朝鮮人のシンセタリョン（身勢打鈴＝身の上話の嘆き節）が、アイゴーというリフレインを挿し挟みながらおのずと独特のリズムを持っているように、その民族語、民族文化の持つ固有な韻律だと思われてきたのである。そうしたいかにも「日本的」な抒情詩の型式によって、日本や日本語、日本的な情緒への〝違和〟の感覚を歌おうとする歌人。李正子の歌の世界は、最初から二つの矛盾点を綱渡りするような迷宮的世界にほかならないのである。

李正子は、日本語と朝鮮語の両方の母国語に引き裂かれた心情を歌う。「抑揚のあわき私の日本語をかさねしぐれの夜ふたりいる」、また「いさかいて言葉うしなう父のつねの呪文のごとき朝鮮語」。あるいは「祖国」と「日本」という二つの地は、それぞれ彼女の中で互いに否定しながら支え合っているような場所なのであり、その境目にこそ、彼女の立っている立場がある。「靴ぬぎてひとりたたずむすすき野のむこうは祖国ふりむけば日本」。この歌の中で作家が立っているのは、祖国でも日本でもない孤立した、ごく狭く心細い「すすき野」の一点なのであり、歌人はそうした場所を選んだのだ。

しかし、そこから作者はさらに「祖国」にも「日本」にも帰属しない「ふるさと」を見出す。「〈生まれたらそこがふるさと〉うつくしき語彙にくるしみ閉じゆく絵本」。もちろん、これは歌人が確固とした日本や祖国といった具体的な居場所を見出したということではない。人はすべてナグネ。そこからナグネタリョンが始まるという述志なのである。

（『産経新聞』一九九一年八月五日）

※　在日韓国人文学者で、和歌とも呼ばれる短歌というジャンルを選ぶ人は珍しい。戦前に『月蔭山《タルウムサン》』という歌集を出した尹徳祚《ユンドクジョ》という人と、李正子氏ぐらいしか思い浮かばない。俳句はもっと少なく、たぶん川柳作家は皆無ではなかろうか。ただし、植民地支配下の朝鮮半島では短歌、俳句、川柳の結社があり、朝鮮人の作者も含めて結構隆盛していたといわれる。植民地文化の一つだったのである。李正子の短歌には、そうした「植民地文学」としての短歌というジャンルへの問い直し（自己批評）が含まれていると思う。韓国にはずっと日本語による短歌を作り続けてきた孫戸妍《ソンヘヨン》という女性歌人がいる。

『週刊韓国』
一九九〇年七月二九日号の書評など

下剋上と権力争奪戦が百余年間、続けられていた日本の戦国時代、一五世紀後半から一六世紀後半までの乱世を勝ち抜いてきた二人の不世出の英雄が繰り広げる、荘厳な歴史大河小説、全四巻中の第一巻。

教師生活を経て文壇に登場したカイオンジ・チョウゴロウが書いたこの作品（ムン・イルヨン訳）は、すでに日本では一〇〇万部以上売れたベストセラー小説の二人の主人公・タケダ・シンゲン、ウエスギ・ケンシンが繰り広げる智略、戦術、美人計《ミインゲ》（訳者註・女性を囮《おとり》とする作戦）、権謀術数は、オダ・ノブナガ、トヨトミ・ヒデヨシ、トクガワ・イエヤスに引き継がれる日本の歴史の脈絡をわからせる古典として、興味と感動を紡ぎ出す。智と勇とで名声を轟かした二人の名将が、エチゴとシナノにおいて展開した名勝負は赤壁《せきへき》の大戦を連想させる。（ヨンウン・三二〇ページ・三八〇〇ウォン）

『週刊韓国』九〇年七月二九日号の「新刊案内」のページにあった海音寺潮五郎の『天と地と』の書評（というより、文字通り紹介）である（なるべく直訳調にした）。韓国では週刊誌は新聞

社系列のものが多いが。この『週刊韓国』も韓国日報社刊。朝鮮日報の『週刊朝鮮』、京郷新聞の『週刊京郷』などもそうだが、いわゆる大手出版社系列の週刊誌のない韓国の週刊誌は、政治、経済、社会のニュース、解説中心のオーソドックスな誌面構成だ。「新刊案内」「新刊紹介」などの見開き二ページの書評欄もこうした誌面を反映し、硬軟とりまぜた各分野の本が多いが、日本と比べると断然硬派本が目立つ。

『週刊韓国』九一年五月五日号の「新刊案内」が取り上げた本一二冊を全部あげてみる。まず『恐れとおののき』「イスラエル民族の信仰の祖先であるアブラハムとその息子イサクの関係を倫理―宗教的実践の霊域から分析した」キルケゴールのいわずとしれた古典的名著。『現代中国の現実主義文学史』、これも翻訳書。『中国朝鮮族独立運動史』、「延辺を中心とした韓民族が、日本帝国主義と中国封建軍閥を相手に繰り広げた戦闘史のうち、重要な事件と人物を中心に編んだ研究書」で、中国・延辺大学教授キム・ドンファ著。

『ああ!キム・ジハ』は、日本のカトリック正義と平和協議会が編集した詩人・金芝河《キムジハ》の法廷闘争記録。七九年に日本で発刊されたが、韓国では発禁図書となり、このたび一二年ぶりに「国内では初めて公開される問題作」。『李御寧の文化主義』は、小説家、文芸評論家で、さらに現文化部長官の李御寧《イオリョン》氏のエッセイ集。

『ポケットの中の小さな経済学』は、「日常生活ときわめて密接な関係を持ちながら、難しく思われている経済学を、生活周辺の話とたとえばなしを引用し、コミカルなタッチでわかりやすく」書いた経済学入門書。『ソウルは安寧か』は、「最近、深刻な問題として認識され始めた生態環境問題を集中的に取り扱ったコ・ヒョンリョルの四冊目の詩集」。エコロジー問題専門の詩集ということだ。『心がさせること一つ』は、小説家ペク・フンウィの処女詩集。『百万人の自動車生活』は、自家用車族のための運転技術、マナー、法律などのガイドブック。『創造的生の楽しみ』は、梨花女子大のキム・ジェウン教授のエッセイ集。

『国よ！わが国よ！』は、「朝鮮朝（李朝）末期から日帝治下の暗鬱な時期を布衣で生きた古斎・崔坤述《チェコンスル》の文集（漢文）の翻訳。『敬菴李瑾先生文献録』は、「一九一〇年に天道教に入教、『開闢』誌を創刊して新文物の紹介で国民を啓蒙する立場の前面に立った嶺南の大学者・敬菴・李瑾《イチャン》先生が生前に発表した文を集めて編んだ文集」。すでにあまり一般的ではなくなった漢字題の本だ。

こうして見ると、研究書、学術書、古典翻訳、エッセイ集と、きわめてバラエティーに富んでいる。詩集がよく読まれるという文化嗜好も表われている。日本と比べ少ないのは、小説、それもミステリーなどのエンターティンメントの紹介で、『天と地と』も、日本の歴史を知るための教養書という側面から紹介されたということがわかってくるだろう。これは月刊誌でも同様で、たとえば『新東亜』九一年八月号では沈之淵《シムジヨン》著『人民党研究』（慶南大学校出版部）を取り上げ、三ページにわたって、本格的な論評を加えている。内容量から言えば日本の総合誌四～五ページに相当する。新聞の文化欄は文化界の話題、文壇の動きといった記事のほかはベストセラーの現象的な解説、新刊書の紹介記事が中心だ。女性週刊誌には固定的な書評頁は見あたらない。韓国の書評はきわめて生真面目で硬派的なのである。

（『よむ』一九九一年十月号）

※『よむ』は岩波書店から出ていた書評月刊誌。いろいろな「書評」的実験を行っていたが、数年で潰れた。「世界の書評」というシリーズがあり、それに韓国編として寄稿した。なお、「美人計」は「つつもたせ」という意味だが、まさに文字通りという感じ（漢字？）がする。

金時鐘著『原野の詩』

立風書房（一九九一年十一月刊）

昔、金時鐘《キムシジョン》氏からうかがった話が、時折よみがえってくることがある。それは、在日朝鮮人の問題をなかなか実感できないという日本人の素朴な発言に対して
「電車に乗る時があるでしょう。その時に一つの車両にいる人間たちの中に、必ず一人の朝鮮人がいると考えればいいのですよ」
と答えた言葉だった。

おおざっぱな計算だが、日本人百七十人に対して一人の朝鮮人がいるという人口比率の数字がある。百七十人に囲まれた一人の異邦人。それは、朝の体をこすりあう電車の中での百七十分の一の孤独なのである。

上海やソウルや平壌《ピョンヤン》やバンコクを歩いていて、こうした圧倒的な異民族の中にいる自分に気がつき、ふっとまわりを見回してしまうことがあった。「在日」の実感をかすかながらでも体験できたような気がするのは、そんな時なのである。

金時鐘の全詩集というべき集成詩集『原野の詩』は、大冊である。重さ一キロはあるゴツイ本である。しかし、この本が並べられる本棚には、たっぷりと「抒情」の蜜（毒？）を仕込んだ日本語の詩集がたくさん並んでいるはずだ。そうした日本語詩集に対抗するためにも、金時鐘の詩集はこんなにも力んで、その存在感であたりを圧倒しなければならないのである。

ここには「地平線」「日本風土記」から、長編詩集として高い評価を受けながら入手の難しかった「新潟」を経て、「猪飼野詩集」「光州詩片」そして最近作「季期陰象」に至る金時鐘のすべての刊本の詩集と拾遺作品とが収録されている。

「日本語」で書かれたもっとも〝反〟日本的抒情の詩作品。詠嘆や悲哀や感傷に満ち満ちた日本語による詩歌の中で、この詩の言葉は異相をきわめている。

しかし、うねり、とどまるところを知らないこれらの言葉の源は、はっきりしている。

それはあくまでも「在日」という場所であり、日本という帰着点も、朝鮮半島という〝故郷〟も持ってはいないのである。

（『週刊読売』一九九一年十二月二十二日）

※　大学を卒業してすぐに勤めた会社の関係で大阪に転勤した。そこである人を仲立ちに金時鐘氏と知り合った。大阪谷町にあった居酒屋でみんなといっしょに酒を飲みながら、いろいろとお話をうかがったことが懐かしい。「日本の文学者は朝鮮語を勉強しないといかんといって始めるが、本当にちゃんとものになったのはほとんどいない」。これは今思い出しても耳の痛い、その頃の金氏の言葉である。

李文烈著、藤本敏和訳『われらの歪んだ英雄』

情報センター出版局（一九九二年三月刊）

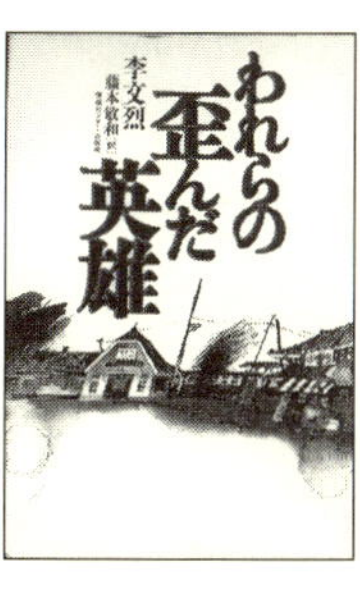

私が日本語教師として韓国にいた八〇年代半ば、李文烈《イムニョル》は英雄だった。東仁賞や大韓民国文学賞を受賞した純文学の旗手であり、ベストセラー作家である李文烈。八〇年代半ばにはまだ三十代で、長編小説『人間の子』や『英雄時代』は驚異的なベストセラーだった。とりわけ、後者は自らの親族をモデルに韓国の一家族の波乱の現代史を書き綴った大河小説で、植民地からの解放も束の間、南北に別れて激烈に戦った〝南北戦争〟と分断の冷戦時代を〝英雄時代〟として描いた小説として、賛否両論を呼んでいた。

彼は、精力的できわめて剛毅な文章力を持つ若手作家として、新聞や週刊誌に華々しく登場していたが、また一方では民主化や統一を至上命題とする反体制の側から「保守反動」の批判を受けた。反体制運動の象徴ともいえる金芝河《キムチハ》とは違った意味で、彼は韓国の文学世界の〝英雄〟だったのだが、それはいく分か彼が書いた小説の題名どおり〈われらの歪んだ英雄〉という感じを抱かせたのだ。

「われらの歪んだ英雄」という中編小説を読めば、これを韓国の現代史における政治状況を風刺した作品として、読みたくなる欲求を抑えきれない。

国民学校（小学校）の五年生の一クラスを〝恐怖政治〟で抑えつけていた同級生のオム・ソクテ（厳石大）。都会の学校から転校してきた〈私〉は、その教師をも巻き込んだソクテの教室支配に抵抗しようとするが、彼の権力によって孤立化させられ、硬軟を使いわける彼の支配力についに屈服する。権力に庇護され、〝目〟をかけられることによって、〈私〉はそれまで教室や校外で失ったすべてを、回復することができた。独裁権力に、頭を下げることで、すべての不自由や不満や不安は解消される……。

しかし、クラス担任が替わることによって、オム・ソクテの権力も崩壊する。彼が暴力や世間的な悪知恵によって支配していた教室は、教師の変革への誘導で、今までソクテの忠実な部下だった生徒によって〝革命〟される。彼は教室から逃げ出し、二度と学校へ現われることがなかった（海外亡命し、暗殺され、山寺へ追放された独裁者たちのように）。

このオム・ソクテが韓国現代史における〈独裁者〉の戯画化された姿だとしたら、「あの年の冬」の〈私〉と刃物研ぎの男は、政治的挫折者のその後の姿を描いたものといえるだろう。若い日の政治活動と、その裏切り者に対する復讐の熱意。韓国の寒い冬の荒涼とした風景の中を、若い男と中年男の二人が、荒んだ心を抱えて歩いてゆく場面は印象的だ。

あるいは「金翅鳥」の書芸に全精神を傾けた放浪の芸術家の生涯など、李文烈の小説は、韓国の現代社会が生み出した〈英雄〉たちの、その〝歪んだ肖像〟を書き留めている。そこでは独裁者も挫折者も裏切り者も放浪者も〈英雄〉であり、かつ卑小で悲惨な現代の韓国人にほかならない。

李文烈の「保守反動」性は、そんな韓国人の現実を苛烈に描き出したところにある。

（『週刊現代』一九九二年三月）

＊＊＊

韓国の四十代作家として、もっともアブラの乗り切った李文烈の、初めての日本語訳である。日本での紹介が遅れたのは、「訳者あとがき」にあるように、彼が「保守反動」「体制の守護者」という批判を受けたことと無縁でないかもしれない（金芝河《キム・ジハ》、黄晳暎《ファン・ソギョン》など韓国現代文学者の紹介は必ずしも少なくない）。日本のジャーナリズムは、韓国の反体制的な文学者を過剰なほど熱烈に紹介するのだが体制的といわれる作家にはきわめて冷淡なのだ。日韓の関係は政府間でも、民間でも政治主導といわざるをえないのである。

表題作「われらの歪んだ英雄」は、ソウルから地方都市の国民学校（小学校）へ転校したきた五年生の〈私〉の物語だ。クラスにはオム・ソクテという級長がいて、弁当の時間に彼の飲む水をクラス全員が交替で汲むといった独裁的な支配力を発揮していた。担任にも黙認されている彼の暴力と狡知《こうち》によるクラス支配。〈私〉はそれに抵抗し、そして孤立化して敗北する。小学生の中での暴力支配と、それに屈従したり反抗したり、そして〝革命〟を引き起こす政治的状況。ゴールディングの『蠅の王』を思い起こさせるような少年の世界での、〈悪と権力〉の在り方が寓話的に物語られるのである。

もちろん、こうした物語に韓国の現代史的な政治状況の寓意を見ても必ずしも的外《まとはず》れではない。暴力的にクラスを支配し、不正を強要する〈独裁者〉とそれを支える屈従者たち。反抗するよりも、それを受容することが甘美であることを知る挫折者。独裁者は亡命し、暗殺され、山寺へ追放された。しかし、その独裁を支えた〝大衆（国民）〟は、自らの中の〈悪と権力〉の在り方をしっかりと自覚しただろうか。併録の「あの年の冬」「金翅鳥」は、挫折者の側から見た韓国社会の骨っぽい批判である。いずれの作品も、反体制批評家からは「保守反動」と批判された李文烈が、現代韓国社会へ投じた強烈な一石である。

（『日本経済新聞』一九九二年三月二十九日）

※『われらの歪んだ英雄』は映画化され、話題作となり、日本でも上映された。李文烈氏の小説は映画化されることも多く、『霧の村』や『九老アリラン』など、映画作品としても評判を呼んだ。ただし、原作者としては映画化にはほとんど関係していないということだった。さて、「保守反動」の作家は、最近はフェミニズムからの挑発に乗って、フェミニストたちから猛攻撃を受けているという。好漢、自重を求むといったところか。

高井有一著『立原正秋』

新潮社（一九九一年十一月刊）

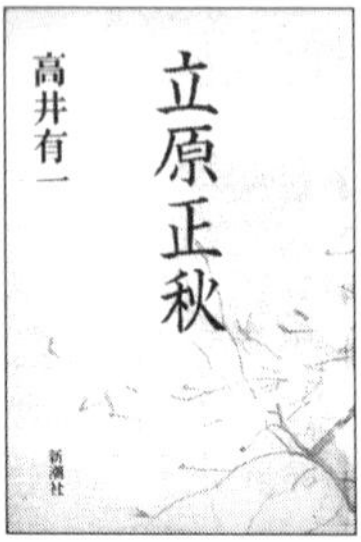

昨年の夏、平壌へ観光旅行に行った時、観光みやげを売る店で、たくましい男の胸像を描い

た飾り物の盾を見た。そこには「私は朝鮮人だ《ナヌンチョソンサラミダ》」と書いた言葉があり、名前は「力道山《リョクドサン》」だった。力道山が現在の北朝鮮出身の朝鮮人であったことは知っていたけれど、故国でこんな観光みやげになっているとは思いもよらなかった。日本の戦後の英雄・力道山。金髪、紅毛、碧眼《へきがん》の悪役たちを空手チョップで薙《な》ぎ倒して行くリング上の雄姿は私の記憶にも残っている。その力道山が、大相撲から転進して日本のプロレスの生みの親となったことは「力道山物語」といったマンガで子供の頃に見た。そこに涙ながら独り髷《まげ》を落とす力道山が描かれていた。

実は高井有一の『立原正秋』を読んで、まず思い浮べたのが力道山のことだった。朝鮮人でありながら、日本人になりきること。しかも、日本人よりももっと日本人的に振る舞うことを要請された人生。力道山と立原正秋には、そうした共通項がある。一九二四年に金信洛《キムシンラク》として朝鮮半島北部で生まれた力道山と、一九二六年に金胤奎《キムインギュ》として朝鮮南部で生まれた立原正秋とは同世代人である。日本の植民地時代の朝鮮半島に生まれた二人の朝鮮人少年は、宗主国に渡って日本人としてその人生を始めることになった。百田光浩、金井正秋として。日本では朝鮮人が朝鮮名で活躍することも、社会的に成功することもありえない。必ずしもドグマとは言い切れないこうした〝戒め《いまし》〟のために二人は死に物ぐるいで日本語を自分のものとし、食物の好みや日常の起居、立ち振る舞いを〝修正〟したことは疑う余地はない。しかし、それでもそれらの痕跡は残る。高井有一は立原正秋が酒や料理を勧めるときに「しなさい」とか「しませんか」という言葉癖を持っていたことを懐かしく回想しているが、これは朝鮮語の言い回しを日本語に直訳した時の言い方であり、立原正秋は、そうした言葉癖に母語としての〝朝鮮語〟を保存していたといえるのである。

伝説としてだが、力道山が自宅の奥に誰も入れない秘密の一室を持っていて、朝鮮家具風の調度品をそろえ、朝鮮民謡や歌謡曲などをボリュームいっぱいにかけて精神的な慰めとしていたというエピソードがある。立原正秋にとってはそうした〃避難所〃のような場所はあったのだろうか。もちろん、『冬の旅』や『冬のかたみに』といった小説作品が、彼にとっての避難場所という考え方もあると思うが、私の感じ方では立原正秋はその小説作品の中でも必ずしも〃自己〃をそのまま表現していない。むろん、文字どおりの私小説信奉者でもなければ、小説作品にそのまま作者の〃自己〃が反映されていないからといって文句を言う筋合いもないのだが、立原正秋はその自伝的小説の中でさえ彼のスタイリストとしての構えを崩そうとはしなかった。それはむしろ単なるポーズやスタイルといったものではなく、彼の「生」の根源的なところにある〃アイデンティティー〃の不在、不安ということに関わっていたのではないだろうか。高井有一は立原正秋の『薪能』のような「文体と考への筋道」とに、「素直について行けなかつた」と書いているが、『立原正秋』という評伝作品そのものに、立原作品についての言及は、思いのほか少ない。「作品」よりもむしろ立原正秋という「人物」そのもののほうが〃文学的〃だった。少々意地悪な言い方をすれば、この評伝の作者は「作品」よりも「人」をとったのだとも言えそうな気がする。

立原正秋は、自分の年譜にもかなり創作的な事項を加えた。もちろん、両親とも朝鮮人、自身も朝鮮生まれ、育ちの朝鮮人であったのを、両親とも日韓の混血、すなわち自分は四分の一の混血であるとする年譜の虚構を補強するためのものもあっただろうが、家柄や学歴、経歴の虚構は、彼自身のアイデンティティーの問題と深く結びついているだろう。つまり、彼は自己を偽《いつわ》ったというより、虚構した。ある意味では彼の小説はすべて仮面の告白であって、やはり一九二五年生まれの同世代人である三島由紀夫の小説作品と通底するものを感じさせるのである。しかし、むろんそれは私小説に代表されるような、アイデンティティーの確認の作業が文学の中心的な営みになるという文学観を前提している。自分が何者であり、自分という存在をささえる「生」の根拠は何か。戦争あるいは植民地支配によって、そうした根源的な〝自分とは何か〟というアイデンティティーへの問いを突きつけられた世代の文学者たちは、戦後においてまず虚構としての自分を〝私小説〟風な作品世界においてつくりあげたのである。

それは虚構であり仮面であるからこそ、〝彼自身〟を呪縛していった。三島由紀夫は、仮面と虚構、演技と自己改造の中で、〝三島由紀夫〟を演じなければならなかった。立原正秋もまさに〝立原正秋〟を演じ続けた。日本中世の美や文化に対する蘊蓄《うんちく》、文武両道の実践といった立原、三島の両者に共通する虚構（虚飾）は、彼らが同時代、同世代人であることと、もうひとつ、そうした虚構、虚飾こそが彼らの〝文学〟であったことを示しているのである。高井有一は、立原正秋という同人雑誌仲間であり、先輩でもあり、友人でもあった立原正秋という小説家の評伝を通じて、そうした文学の生きていた時代を回想しているとも言えるのだ。切磋琢磨し、いつか〝文檀〟へと出て行き、文士、文人として立つ日が来ることを夢見る〈犀〉（同人誌）の時代。高井有一には、そうした文学的青春時代と〈犀〉と立原正秋とは切り離すことのできない存在だったのである。

繰り返すようだが、この評伝の興味の中心は立原正秋という「人」にあって、その「作品」にはない。立原正秋の作品はほとんど滅んだといってよい。そこに残るのは〝文学〟という郷愁であり、追憶である。彼は力道山のように、時代が作りあげた英雄であり、そして文学やプロレスが神話的であった「戦後」における悲劇の主人公だったのである。

(『THIS IS読売』一九九二年三月号)

※ 力道山、立原正秋、金石範《キムソクボム》といった人たちは、ほぼ同年代である。力道山、立原正秋は、朝鮮生まれの朝鮮人だったが、その出自を隠し、日本人として活躍した。金氏は日本生まれの在日だが、朝鮮人の文学者として活動している。その対比が面白く思える。

ところで、『THIS IS読売』は、読売新聞社から出されていた総合月刊誌『THIS IS』が改題されたもので、やがて『中央公論』が読売新聞社系列になることで、廃刊となった。新聞社系の総合月刊誌は、新聞記者の窓際族が腰掛けで作っているようで、あまりパッとしないものが多く、『THIS IS読売』の消滅もやむをえないものだろう。

『韓国の現代文学』全六巻

柏書房(一九九二年五月刊)ほか

先日、私用で来日した韓国の作家・李浩哲《イホチョル》氏に新刊の小説「開化と斥邪」をいただき、本の扉を見てちょっとびっくりした。そこには「この本を金日成《キムイルソン》主席父子に捧ぐ」とあったからだ。

何年か前ならば投獄ものですね、李氏にそういってにやりと笑ったのだが、冗談ではなく一昔前なら韓国では考えられないことだ。むろん、朝鮮戦争の時に人民軍に入隊し、韓国軍の捕虜となって〝越南〟してきた李氏は、金日成、正日父子の支配を肯定する「主体思想派《チュチェササンパ》」ではない。といって、反共を国是とする韓国の現体制をそのまま支持しているわけでもない。八〇年代の民主化運動をリードした「自由実践文人協議会」の代表だったのが李氏だ。朝鮮の近代の開化時代を扱った小説を金父子に捧げたのは、民族の運命を左右する力を持っている者に対して、歴史の教訓を踏まえ、過つことのないようにという心持ちからだろう。

韓国の文学の世界は変わった。反体制のヒーローか体制の走狗《そうく》かといった二元論的〝政治〟の季節はもはや過ぎ去り、文学者はそれぞれに自分の問題を、民族の問題、さらに現実世界そのものの問題を自分なりに解明しなくてはならなくなった。北のイデオロギーも、南の上げ底の経済発展も疑わしい。信じられるのは、南北に分断された現実社会に生き、苦しむ自分と同じ普通の生活者の現実の感覚だけだ。政治やイデオロギーが声高に語られる時代から、韓国の社会が置かれた現実や事実から出発する文学が改めて見直されてきたということだろうか。

李浩哲氏の長編小説「南風北風」を含む「韓国の現代文学」全六巻（柏書房）が刊行された。在日の韓国人詩人・姜尚求《カンサング》氏の責任編集によるこの現代韓国の代表的な長編、中編、短編の小説、そして詩編をまとめた文学全集は、二十年ほど前に出された「現代韓国文学選集」（全五巻、冬樹社）の後を継ぐもので、選集に収録された金芝河《キムジハ》の義母の朴景利《パクキョンリ》、韓国文学の長老格の黄順元《ファンスノン》、金東里《キムドンリ》などの文学者たちの一世代下のいわゆるハングル世代の文学者たち、李清俊《イチョンジュン》、金源一《キムウオニル》、李文烈《イムニョル》などの代表的な作品が収められている。李浩哲氏の「南風北風」は、朝鮮戦争以後十七年経った時期での、北朝鮮出身者たちのソウルでの生活ぶりを描いたもので、地縁、血縁のネットワークの強い韓国社会では、そうした地域的、血縁的なものから切り離されて〃南〃へ来てしまった者たちには、なかなかその生活をしっかりと韓国の地に根付かすことが難しいのだ。この小説の登場人物たちは、〃以北《イブク》〃（北朝鮮）出身者だが、それらの人物はだましたり、だまされたり、互いの間で乏しいお金をやりとりするというような生活を続けている。結婚相手を紹介するという言葉に、ころりとだまされてしまう独身男。北出身者には、結婚の相手さえも社会的なネットワークがないということで、著しく不自由になっているのだ。

　北出身者たちの、〃南〃の地での滑稽な、浮草のような根のない生活。こうした社会風俗を描いた「南風北風」は、民族の悲願としての統一や民族和解を鼓吹するものではない。むしろ、卑小なマネーゲーム的なドタバタ喜劇的な場面は、南北分断という民族にとっての最重要事で、切実な問題から読者の目を逸らしてしまう働きを持ってしまうといえるかもしれない。しかし、〃以北〃の現実の生活者にとっては、統一や分断状況の解消は、今ここで自分が根のないところに根を下ろそうとする努力とは無縁のものであり、彼らにとってはまず自分の生きてゆく場所が必要だったのだ。自ら北出身者の李浩哲氏は、南の地で根を持たない小市民の生活実感を描き出した。それは強圧的なイデオロギー社会から逃れてきた人々が、資本主義という、拝金主義的なもう一つ別な〃イデオロギー〃の中にくるみこまれてしまうことだ。もちろん、これは南北の統一、民族の和解という〃悲願〃が達成されたところで容易に解決される問題とは思われない。むしろ、そこからさらに問題として拡大されてゆくようなものかもしれない。生活実感から南北のいずれの〃イデオロギー〃に対しても批判的なスタンスを取り続けること。

「南風北風」は、そんな文学の姿勢を鮮明に印象づけるのである。

脱イデオロギーといえば、大学受験生のセックスと音楽に陶酔する生活を描き出したチャン・ジョンイルの「アダムが目覚めるとき」（安宇植《アンウシク》訳、新潮社）こそ、高度経済成長を果たした韓国の八〇年代終わりの、政治的抗争やイデオロギーからドロップアウトした青春を浮き彫りにさせた現代韓国の最先端の小説といえるだろう。高度成長の〝末っ子〟世代ともいえる、この八八年に十九歳だった主人公は、まさに韓国の現代の消費文化、メディア社会に生まれついたアダムなのであり、彼はエバとともに空虚で、かつ華やかな楽園に閉じこめられているのである。

オリンピックと民主化、それは彼にとってほとんど闘うことなしに、手に入った韓国の繁栄と現代化の果実だった。だからこそ、その果実は彼にとって少しも誘惑的なものでなかったのだ。小説の最後で主人公の〈ぼく〉は改めて自画像としての小説を書く言葉を手に入れようとする。その言葉はむろん、これまでのイデオロギーや反イデオロギーを語る言葉とは違う。時代の中でわずかであれ、自分の実感や存在感覚を語ろうとする言葉なのだ。これらの翻訳書を通じて私たちは韓国の現代文学を、ようやく等身大のものとしてとらえられるようになったのかもしれない。

（『読売新聞』一九九二年六月一日）

※　韓国ものの出版にはトラブルが付きものだ。この『韓国の現代文学』の出版には私も少々の関わりがあるのだが、翻訳のトラブル、校正のミス、金銭的な問題、予約販売の約束などでトラブルが頻発し

た。だが、絶対的な量が少ない韓国文学の翻訳出版のせっかくの機会を失うことは損失だと思い、私は解説者、紹介者としてできるだけ協力したつもりだ。見返りは、一セット貰っただけであったが。

チャン・ジョンイル（蒋正一）著、安宇植訳
『アダムが目覚めるとき』
新潮社（一九九二年四月刊）

韓国では若者たちのエネルギーが、政治を変える場合がある。四・一九世代とは、李承晩《イスンマン》政権を打ち倒した学生・市民運動に参加した青年たちだ。一九七九年の光州《クァンジュ》事件を担った〈光州世代〉は、それから粘り強い民主化運動を続け、ついに八七年の民主化声明をかち取った。では、八八年に十九歳だった韓国の若者は、これから何と呼ばれるだろうか。例えば、パルパル（88）世代。オリンピックに狂騒する高度成長の恩恵を受け、〈ロックとファック〉に熱中する世代ということになるだろう。

彼らは政治運動や経済発展などに、ほとんど希望を抱いていない。できれば、この国を飛び出して外国へ行き、二度と帰ってこないこと、この小説の主人公の〈ぼく〉の兄がそうしたように。

〈ぼく〉は十九歳の受験生。高校時代から付き合っていたウンソニと旅館へ行き、ディスコで知り合ったヒョンジェと一緒に寝る。女性画家とベッドに入り、ターンテーブルをもらうため

に、ホモの男と一夜を過ごす。ロック、セックス、ダンス、そして酒とたばこ。受験勉強や産業社会の目に見えない抑圧によって反抗のエネルギーさえ失った世代、〈ぼく〉という主人公はそういう意味で韓国に初めて生み落とされた〃高度資本主義〃の楽園におけるアダムなのだ。

政治運動という表現手段を持たない彼らは、既成の詩や既成の音楽によって自分たちの表現への渇望をなぞるほかない。この小説は、最後に、主人公が大学の入学金を流用してタイプライターを買い、十九歳の自画像のような小説を書こうとするところで終わる。つまり作品のおしまいは始まりに円環状につながっているのだ。

八八年の韓国の地方都市（大邱市《テグ》）の残酷な青春物語。とても新鮮に見えるけれど、どこか既視感もある。新しい韓国文学の誕生か、あるいはその流産した未熟児なのだろうか。

（共同通信系、一九九二年六月）

※　蒋正一は、一九九二年に東京で開かれた日韓文学者会議の、もっとも若い韓国側のメンバーとして訪日した。会議は一日目だけでサボり、後の二日間は、昼間は盛り場をうろうろし、夜になると酒を飲んで騒いでいたという。いっしょに来た大先輩の韓国の作家たちが鬱陶しかったのだろうという同情論もあった。一度、夜遅く横須賀にいるから今から来ないかと千葉県の浦安の私の家に連絡が入ったことがあった。日本の交通事情も、地理もまったく知らないようだった。

帚木蓬生著『三たびの海峡』

新潮社（一九九二年四月刊）

男はこれまで二回、海峡を渡った。一度目は父親の代わりに強制連行され、朝鮮人労務者として日本へ。二度目は敗戦の日本から身重になった日本人妻を連れて故国へ。そして、三度目は半世紀ぶりに再び日本へと、どうしても〝やり遂げねばならぬ〟課題を背負って。最初海峡を渡った時、男は十七歳だった。そしていま、フェリーに乗るための出国証明書に彼は、六十四歳と書きつける……。

『三たびの海峡』は、日韓の現代史を作品世界の背景に、海峡を隔てた韓国と日本、釜山《プサン》と北九州の遠賀川流域を舞台としたスケールの大きいミステリー仕立ての長編小説である。強制連行した朝鮮人を地底に潜らせ、軍需用の石炭を掘り出させた、戦争末期の北九州の炭坑。そこに連れ込まれた河時根《ハー・シグン》にとって、ガス爆発や落盤事故の恐怖、飢餓と病気、そして日本人の労務と同族の労務助手たちの拷問は、まさに地獄の試練だった。逃亡をくわだて、あるいは待遇改善要求の先頭に立ち、拷問され、殺された仲間たち。聖戦完遂とか内鮮一体とかのスローガンの下に、どれだけ残酷で不正で差別的なことが地の底で行われていたか。前半の炭坑での主人公の苦難は、朝鮮人の強制連行の実態を描いて、圧倒的な迫力を持っている。

河時根は、その地獄のような炭坑を逃げ出し、同族たちに匿われ、やはり同族の工事請負いの頭領の下で、土木工事や荷担ぎの作業に携わる。それは炭坑の労働に比べればはるかに楽だった。彼はそこで戦争未亡人・千鶴と知り合い、やがて二人は互いに愛し合う。だが、敗戦、半島への帰還ラッシュが二人の運命を変える。家を出て河時根といっしょに韓国へ渡った千鶴は、〝日本人妻〟として親族からも冷たい視線で見られなければならなかった。千鶴を追ってきた父親は、時根の留守の間に彼女を日本へ連れ戻してしまう。日韓のぎくしゃくとした戦後の関係は、河時根と千鶴との間に、深く広い海峡の隔たりをもたらしたのだ。

釜山《プサン》の太宗台《テジョンデ》、あるいは龍頭山《ヨンドゥサン》に立てば、晴れた日には対馬《つしま》の島影が見える。近いけれど遠い国。韓国にとって日本は、日本にとって韓国はそんな国だ。複雑に絡み合い、屈折したこの隣国同士の関わりは、たとえ千枚の枚数を費やしても、容易には書き切ることはできない。だが、作者は一人の朝鮮人を主人公に、日韓の現代史の原点に果敢に取り組んだ。

歴史を背景にすると、小説はどうしてもその「歴史」の書き割りのようになってしまいがちだ。しかし、この作品は歴史的問題を巧みにストーリーの中に溶かし込み、この渡り切ることの困難でしんどい〝海峡〟の横断に挑んだのである。朝鮮人が心に刻んでいる日韓の原体験としての現代の不幸で悲惨な歴史のドラマ。

それを作者はリアルでしかもロマン的な香りの高い長編として仕上げた。渾身の力のこもった、しかも人間的な温かみのある大作なのである。

（『週刊現代』一九九二年六月）

※　日韓の関係をミステリーとした作家に在日韓国人の麗羅《れいら》がいるが、その他に植民地時代の「京城」出身の山村美沙のほか、笹倉明、森詠、島田荘司などが「コリアン・ミステリー」を書いている。『三たびの海峡』は、それらの中でも大作であり、力作である。

宮塚利雄著『北朝鮮観光』
JICC出版局（一九九二年八月刊）

最近、北朝鮮（朝鮮民主主義人民共和国）についての本が多く出されているが、この二十世紀最後の奇跡の国の真相は、まだまだよく知られてはいない。ソ連、東欧の社会主義圏の崩壊が、アジアに飛び火するのではないかと思われていたが、中国、北朝鮮、ベトナムとなかなかしぶとくその体制を維持している。実質はとうに社会主義など失い、アジア的な専制主義国家に過ぎないという言い方もあるが、これらの国はまだ秘密の国、神秘の国といえるだろう。

そんな神秘の国のゴミ箱まで開けて、何でも見てやろうという朝鮮問題研究家が現れた。

彼は北朝鮮の観光団、訪朝団に潜り込み、〝偉大なる首領様の国〟を駆け足でめぐってきた。平壌《ピョンヤン》、白頭山《ペクトウサン》、開城《ケソン》、南浦《ナムポ》、元山《ウォンサン》。日本人として訪問が許されている町、山を、彼は好奇心と飽くことのない探求心で探り回ったのである。

公衆電話、郵便ポスト、共同トイレ、新聞スタンドを探し回るかと思うと、地下鉄の切符、生理綿、コンドーム、金日成《キムイルソン》バッジを手に入れようと躍起となる。つまり彼は、北朝鮮でも普通の人が生き、普通の人が苦しんだり、悲しんだり、楽しんだりしている現場を目撃したいのだ。

一九四七年生まれの著者は、ちょうど日本で反体制の学生運動の大波がうねっていた頃に学生時代を迎えた世代だろう。社会主義、共産主義のイデオロギーをまともに浴びた最後ともいえる世代だ。毛語録、毛バッジ、人民帽、人民服といった〝文革グッズ〟が全共闘世代には流行っていたのである。

時は流れた。金日成親子の支配する北朝鮮に幻想を抱いている日本人や在日の朝鮮人はもはやそう多くはないだろう。

著者は、日本の進歩派ジャーナリスト（本当にまだそんな人がいるのだろうか？）に、北朝鮮のアラ捜し屋といわれたそうである。

しかし、そうではないだろう。彼は北朝鮮にも普通の人の住む痕跡を何とか捜し当てたかったのだ。平壌に普通の人は住んでいるか。彼はまだ人民に服務しているのである。

（『週刊読売』一九九二年八月十六日号）

※　宮塚氏とは、私が最初に行った北朝鮮ツアーでいっしょになった。走り回って、案内人（監視人）から顰蹙《ひんしゅく》を買っていた。業《ごう》を煮やした監視人に、バスの中に閉じ込められ、降ろしてもらえなかったとも聞いている。もっとも、私も別の意味で要注意人物（彼らのコースやルールに従わない）だったので、それが私だったとしても不思議ではない。

なお、本書一九四ページの野菜市場の写真の中で、カメラとビデオを首からぶら下げたメガネの男（いかにも日本人的な！）は、私（川村）である。

関川夏央著『退屈な迷宮「北朝鮮」とは何だったのか』

新潮社（一九九二年十二月刊）

著者のいう〝退屈な迷宮〟、朝鮮民主主義人民共和国（北朝鮮）には評者も二度行ったことがある。著者の旅と前後しているので、見聞したものもほぼ同様だ。しかし、この迷宮の国あるいは迷宮の都市・平壌は見る人により印象や意味がガラリと変わってしまうという特徴を持っている。たとえば評者と同行したある日本人は、平壌郊外の農場で出された青く貧相なリンゴを、無公害の有機農法によるリンゴの味だと喜んだ。しかし私にはただ固く酸っぱいだけのまずいリンゴと思えただけだ。また、少年宮殿の少年少女の不自然な微笑は、私には角兵衛獅子《かくべいじし》の作り笑いのようで痛ましく思えたが、単純に感激している人もいて、私は自分のひねくれた心を反省しなければならなかった。

人の目のウツバリを指摘するのはたやすいが、自分の目のウツバリは取るのが難しい。著者は自分の目のウツバリを自覚している人である。その分だけ、その筆調は滞《とどこお》りがちになり、晦渋となり、つとめて論証的、説得的であろうとする。そのことがある読者には、あの軽快で爽快だった『ソウルの練習問題』のいい意味での軽さと浮薄さとがこの平壌の復習問題では発揮されていないのをいぶかしく、残念に思わせるかもしれない。だが、仕方がない。平壌では誰も懐疑派になるか、あるいは「不合理ゆえに吾信ず」とチュチェ（主体）思想の信徒になるしかないのである。平壌は劇場都市であり、旅人はその表面を見ている限り、かつての自分の夢をそのまま見惚れ続けていられるのだから。

矛盾や不平等や困窮や不幸はどこの国にでもある。だが、それを徹底的に隠蔽し、「われらは幸福だ」と自画自賛する国は珍しい。著者は北朝鮮を普通の人がきわめて特殊なシステムの下で住んでいる国という。むろん「きわめて特殊なシステム」は戦前の日本にも、戦後の日本にもあった（ある）。北朝鮮を知ることは日本を知ることにほかならない。これは苦渋に満ちた朝鮮―日本論なのである。

（『日本経済新聞』一九九三年一月三十一日）

＊＊＊

朝鮮民主主義人民共和国（北朝鮮）のことを書くのは難しい。資料がないし、またあってもそれは南北分断による政治的偏向を免れていることは少ない。自由に入国して調査、研究ができない。また入国できてもほとんど保護観察下のようなもので小学生の修学旅行よりも不自由である。

だから、北朝鮮について書くのは、その著者が北朝鮮という鏡にどんな自分（日本）の姿を見ようとしているかを表現することにほかならない。この世の天国か地獄か。凍土かそれとも希望の花咲く国か。両極端の北朝鮮像は、私たちの願望と失望の落差に基づくのだ。

著者は「常識人」として北朝鮮を観光旅行した。もっとも日本の常識はかの国では非常識だ。長子相続は日本ではもはや封建時代の家父長制の迷妄と思われているが、かの国では批判さえ許し難い国家存続の大原則である。「偉大なる首領様」と「親愛なる指導者」が天才、英雄として社会のあらゆる分野で活躍する国では、人間みなチョボチョボというわれわれの「常識」は通用しない。常識の無力さ、非常識の力強さを感じるためには、北朝鮮旅行は打って付けなのである。

だが、北朝鮮は分断国家として対する韓国とともに、日本とはいや応なくかかわらざるを得ない隣国なのだ。隣家の火事に無関心でいられる人はいない。しかも、そこは昔日本人が土足で踏み込み、荒らし回った土地なのだ。北朝鮮―韓国―日本というトライアングル。そこに共通に理解しあえる「常識」を持てないことは、不幸を通り越して極めて危険なことだ。評論家田中明氏が、そして著者が「常識的朝鮮論」を語るゆえんなのである。

著者の「ソウルの練習問題」や「海峡を越えたホームラン」などの〝韓国〟ものの文章に比べ、生硬な面、晦渋な面、くどく、不消化な面が目立つかもしれない。しかし、それは北朝鮮と真剣に格闘した著者の生《き》まじめさの表れであって、私たちは「常識人」による北朝鮮について書かれた最初の本を手にしているのである。

（共同通信系、『中国新聞』一九九三年二月七日）

※　北朝鮮の紀行もののハシリだが、『ソウルの練習問題』などと較べると、その評価すべき軽薄さ（軽快さ）が欠けているように思える。しかし、北朝鮮がこの後十数年間も変わらずにいたことを思えば、歴史は数十年のスパンで見なければならないと、つくづく思う。もちろん、それでも過つことのほうが多いのは、歴史の皮肉そのものである。

鄭承博著『鄭承博著作集第四巻　私の出会った人々』

新幹社（一九九三年三月刊）

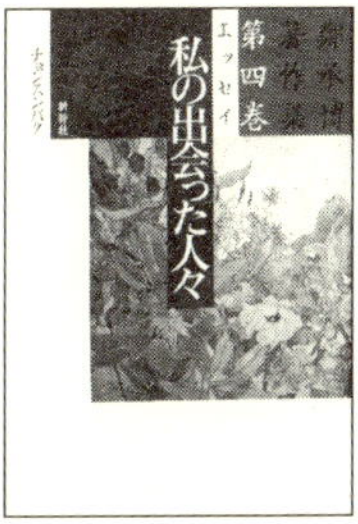

鄭承博《チョンスンバク》氏は一九二三年生まれだからもうすぐ七十歳である。長く淡路島に住んで詩や小説や随筆の筆を振るっている。

　この本には、在日朝鮮人としての自身の生い立ちや、その人生のなかで出会ったきた日本人や、日本にいる同胞のことなど、一期一会《いちごいちえ》の人まで、淡々とした出会いがエッセーとして書かれているのである。鄭氏の書く文章には、いつも現実の身の回りや、自分の背丈から見た世界のことしか書かれていない。単なる知識や観念やイデオロギーで人や物事や事件を裁断し、それでわかったつもりにはならない人なのである。

　エッセーの主題の多くは「食べる」ことだ。もちろん、グルメとしての美食や健康食についてではない。戦中にいかに食物がなく、戦後においても「食べる」ことがいかに困難であったか。セリやヨモギやミツバなどの山菜や、小エビ、兎、烏貝、タラの芽などの、以前は身近だった〃食べ物〃によって、若い鄭氏がいかに飢えから救われたか。読んでいて、鄭氏が〃食べ物〃にありつくたびにほっとしてしまうのは、氏の筆が大袈裟でなく、それでいて読み手の身のうちにしっくりと共振するものを感じさせてしまうからだ。

「食べる」ことは大切だし、まさに生きることの根幹にあることだ。そしてそれは人との出会いと切り離すことができない。鄭氏の人生観のなかには、難しい理屈ではなく、地に根付いたリアリズムがある。しかも温かい。

この温かさは一朝一夕のものではない。一九七二年に芥川賞候補となった小説「裸の捕虜」（著作集第一巻として近刊予定）を読んでも、主題は朝鮮人の強制労働の残酷さを描いたものなのだが、そうしたなかでも人を見る目は無類に温かいのだ。

逆説的にいえば、在日朝鮮人一世としての苦難が氏のそうした〃人情味〃を開花させたのかもしれない。もちろん、それは戦争や植民地支配を少しでも肯定するものではないことはいうまでもない。

（『週刊読売』一九九三年五月二日号）

※　鄭承博氏は一九九九年、淡路島で永眠した。喫茶店を経営し、詩や小説を書き、全六巻の著作集を遺した。その前半はともかく、後半は家族や知己に恵まれ、幸福な生涯だったと思いたい。

崔吉城著、重松真由美訳『韓国の祖先崇拝』

御茶の水書房（一九九二年十二月刊）

1

本書は韓国で出された祖先崇拝に関する初めての、そして唯一の（今のところは、だが）書物である。もちろん、韓国において祖先崇拝という主題が問題にならないほど比重の軽いものだからではない。逆である。あまりにも普遍的で、広汎な問題を含むものであるゆえに、これまで学問的に手をつけることがためらわれてきたのである。韓国（朝鮮）の祖先崇拝は儒教的な祭祀、儀礼、倫理、道徳と分かちがたく結び付けられている。それは日本で神道的祭祀や儀式がしばしば宗教行為ではなく、慣習や風習、美風良俗の問題としてとらえられてきたこととパラレルである。祖先崇拝――儒教的な意味での「孝」の問題は、社会倫理や道徳の次元以外からは近寄りがたかったのだ。それは社会倫理の面からも、宗教儀礼の面からも、いずれにしても〝実践〟的な問題であって、宗教学、民俗学、人類学の冷ややかで客観的な学問的関心や興味の対象たるべきものではなかったのである。

　このことは自己理解の学問としての民俗学の〝目に見えない閾《しきい》〟の存在を浮かびあがらせる。韓国人にとって祖先崇拝、四代前までの〝祖先〟――父母、祖父母、曽祖父母、曽々祖父母

――に対する祭祀《チェサ》をとり行うことは日常の家族、血縁社会の現実的な問題であって〝おしゃべり〟の問題ではないのである。しかも、儒教は怪力乱神や死者や死後のことを語ることを禁欲している。祖先崇拝の「祖先」とは誰のことか。宗教的崇拝のその「祭神」は何か。また崇拝の儀式の奉祀者の条件や資格はどんなものか、といったことは問うまでもない、自明のことがらとしてあったのである。韓国社会と儒教という、切っても切れない結びつきの中で、祖先崇拝と「孝」の理念と、現実の倫理観や道徳感情との間には、ほとんど空隙《くうげき》は認められなかったのである。

本書の著者・崔吉城《チェギルソン》氏はこれまで韓国の巫俗信仰、巫俗民俗・文化の研究を行ってきた民俗学・人類学者である。著者はそうした巫俗研究の蓄積を踏まえ、儒教式祭祀の別名とも思われてきた「韓国の祖先崇拝」に対して巫俗信仰の側からのアプローチの可能性を示してみせたのである。儒教的理念の下に組織された祖先崇拝の型式としての儒教祭祀。それは祭神、祭祀者、祭場、祭儀を厳密に規定した男性中心父系社会の儒教倫理が貫くものであり、韓国人自身の自己認識においても社会の倫理的、道徳的な基盤であったことは疑いようがない。父母や師や年長者に対する「孝」。「東方礼儀の国」と自賛する韓国において何よりも「孝」が重要視されたのであり、四代前までの〝祖先〟に対する儒教祭祀の精神の根源にあるものも、そうした祖先崇拝としての「孝」にほかならないのである。

だが、韓国社会で語りつがれている「孝行譚」が、必ずしも儒教社会倫理に適うものばかりであるわけではない。たとえば、ハングル小説の『沈清伝《シムチョンジョン》』ともなり、パンソリの『沈睛歌《シムチョンガ》』ともなっている孝行娘・沈清の物語は、女性は「出家外人《チュルガウェイン》」として結婚し、その婚家の父母に孝養を尽くすという儒教倫理とは背馳するものを含んだストーリーを持っていると崔氏はいう。未婚の女性である沈清は、自分の生みの親、父母に対する孝心によって自分の身を海に投げようとするのであって、これは「儒教原理」からすれば二重の意味で〝不孝〟なのだ。すなわち、父母より先に死を選ぶということは子の不傷、不敢毀傷という基本的な「孝」を踏み破る行為であり、またそれは先に述べたように、女性は生父母に対する孝の代りに夫の父母を通じて孝道を行うべきであるという儒教の女道徳の原則を逸脱したものであるからだ。「つまり、沈清の孝心は儒教の思想とは異なるものとして、直接的に生父に対する娘の孝道という点である」ことが、韓国（朝鮮）の庶民文化に流れる「孝」の理念が、必ずしも中国伝来の儒教原理と一致しないことを露《あらわ》にしているのである。

2

この孝女・沈清の物語は、韓国の東海岸地方の女性シャーマン（巫堂《ムーダン》）のクッ（巫祭、巫儀）では、「沈清《シムチョン》クッ」という「巨里《コリ》」（節次）として演じられている。父系、男性中心の儒教原理に対して、生みの親に対する「孝心」を貫こうとする沈清の物語は、いわば母系的であり、女性原理的であって、巫俗原理として対抗的なものであると考えられる。著者はそこに「儒教以前の祖先崇拝」の痕跡を見ようとしている。もっとも、それは儒教原理と巫俗原理を対立的に見るということではない。それらは相互依存的に機能しあっているのであり、互いに補完的な役割を果たしているといえるのだ。すなわち、父系制社会において疎外され、差別されている女性の問題を積極的に取り扱っているのが母系的な原理を持つ巫俗信仰であり、また奉祀者としての子孫を持たない、いわば無縁仏としての怨魂、中有の闇の中を彷徨《さまよ》う鬼神にその居場所を提供するのが、巫俗の祭祀にほかならないのである。

巫祖神話であるといわれる「パリ公主《コンジュ》」神話においても、儒教の祖先祭祀とは異なった巫俗信仰の祖先崇拝の形が示されている。パリ公主は、息子の誕生を望む王夫婦の七人目の末娘として生まれ、親によって捨てられる（パリは捨てるの意味のパリ〔原形はポリダ〕と考えられる）。パリ公主は釈迦に救われ、成長する。王夫婦が病気となり、特別な薬水、薬草を服用しなければ昇天すると占い師にいわれる。パリ公主は王宮へ帰り、王夫婦の薬を求めるために旅に出る。地獄めぐりをした彼女は苦難の末に薬を手に入れ、帰る途中に両親の葬列に出会い、薬水、薬草を飲ませて両親を蘇生させる。そして彼女は生ける者、死せる者を救う「万神身主《マンシンシンジュ》」（巫堂＝シャーマンのこと）となる。

ここでもパリ公主は、生父母に孝養を尽くしているのであり、儒教の父系制原理とは一線を画している。もう一つには、儒教祭祀には病気直し、死者の蘇生、死霊の鎮魂といった要素はまったく見られないのだが、パリ公主の巫歌を含む巫俗祭祀ではむしろ病気治療、死者の再生、いわば死後の魂の安定ということにその祭祀の眼目があると思われるということだ。つまり、儒教式の祖先崇拝が基本的には生者としての「祖先」に対するのと同様の「孝」を奉祀者（子孫）に要求するのに対し、巫俗の祭祀は祖先崇拝という範疇から零《こぼ》れ落ちた女性、未婚者、無縁仏、悪疾や事故などで不幸な死を遂げた死者たちの怨魂を鎮めることに主眼を置いているということである。

祭られるべき者と祭られぬ者。男性中心の父系制社会は、未婚で処女のまま死んでしまった女性が、もっとも恐ろしい祟《たた》りを引き起こすモンダル鬼神《クィシン》になるという社会なのだ。こうした死者たちの怨魂（恨《ハン》）を〝解く（プリ）〟ことが巫堂たちのクッに期待されていることなのであり、それは儒教祭祀伝来以前の韓国（朝鮮）の祖先崇拝の形を暗示していると同時に、儒教伝来以後にも、儒教祭祀と相互依存的に機能しながら韓国人の祖先崇拝、死者についての祭祀、葬礼の重要な部分を担ってきたのである。

3

ところで、韓国（朝鮮）の社会において「女性を中心とする巫覡《ふげき》的古代文化の運載者」と「男性本位の儒教的新文化の支持者」という二重組織、二重構造を指摘したのは、京城帝大の社会学の教授だった秋葉隆である。「村落の二重組織」あるいは「儒教以前の祖先崇拝」といった彼の論文は、本書の著者・崔吉城氏が言及しているように、巫俗的祭祀に見られる祖先崇拝について論じたものとして先駆的な研究だった。崔吉城氏の精緻で、しかも浩瀚《こうかん》なこの祖先崇拝についての研究書も、儒教信仰と巫俗信仰の〝二重構造〟を原理的な出発点としている意味においては、秋葉隆の設定した理論的枠組みを踏襲したものといえるかもしれない。もちろん、このことは本書の、あるいは韓国の祖先崇拝研究のオリジナリティーを損《そこ》なうものではない。秋葉隆の〝思いつき〟は、いずれも孫晋泰《ソンジンテ》や宋錫夏《ソンソクハ》の後継者たちによって発見され、もっと理論的に定式化されたに違いないからである。

だが、儒教的、男性的、父系制的な原理が普遍的で〝空気のように〟蔓延している社会、時代においては社会道徳、時代倫理の〝目に見えない閾〟を踏み越えることは、いわば外部からの視線というテコを借りなければ困難であったこともまた事実だ。秋葉隆が韓国（朝鮮）民俗学にとっての「外部の視線」であり、それはさしあたり彼が植民地帝国日本という宗主国の人間だったこととは無縁に考えるべきことなのだ。崔吉城氏が秋葉隆から学びとったのは、こうした「外部の眼」なのである。朝鮮総督府の中枢院が編纂した民俗的資料について、多くの韓国人学者が「歪曲された観点に警戒を要すべきである」とか「学術的な面とは距離があった」と否定的にとらえていたのに対し、崔吉城氏は「筆者はあくまでも植民地侵略主義の資料であることを認め、イデオロギーとは切り離して資料化が可能だと思っている」といい、さらに「もっと積極的にいうならば日帝植民地統治理念と、それをどの程度実行したかを考察して、その時代の歴史を事実的に理解し、当時の風俗、民俗の資料として取り扱えるとおもう」（「日本植民地統治理念の研究」『日本学研究・第2集』啓明大学校・日本文化研究会）と書いていた。研究対象の内部に入り込むことと、その対象にまつわりつくさまざまな言説の外部に立つこと。当然といえば当然のことだが、そうした立場をたとえばナショナリズムの代名詞ともいえる〝一国民俗学〟という場所において貫き通すことは口でいうほど簡単なことではないのである。

日本の祖先信仰を内在的にとらえようとした柳田国男の『先祖の話』は、まさに柳田にとっての新国学であり、信仰の書であったといってよい。彼にとって問題は、世界大戦によって大量に出現せざるをえない奉祀者を持たない無縁の魂魄《こんぱく》が日本に帰ってくることだった。帰るべきところを持たないさまよえる魂。それは柳田にとっては物資の欠乏などと同じく、まさしく現実的で実際的な解決を要する問題にほかならなかったのである。『先祖の話』には、そうした死者の魂の問題を徹底的に日本の内部に閉じこもって考えようとした柳田国男の思考の強靱さがある。しかし、やはり韓国（朝鮮）の祖先崇拝を儒教祭祀の枠組みの中だけで考えようとすることと同じような狭さがある。無念を飲んだ魂の行方を問うためにも、いったんはそうした信仰や倫理や規範の閾の外に出なければならないのだ。崔吉城氏の『韓国の祖先崇拝』は、そうした柳田的な「先祖の話」から私たちを外部へと誘《いざな》う。それは風水地理説による派手な墓争いという奇譚でもあるし、モンダル鬼神や孫閣氏《ソンカクシ》やコルメギ神といった浮游する怨魂の怪談でもある。そうした信仰と物語とが切り離せられない場所において、きわめて演技的な信仰としての巫俗信仰があったことを、崔氏のこの大著は私たちに告げ知らせているのである。

陰陽の二元論的対立は、韓国の精神世界においていまだ有効だ（もちろん本来的に陰陽は調和的だが）。この本はこれまで「陽」の下に逼塞《ひっそく》していた「陰」が改めて「陽」と調和し、拡張してゆくという「後天開闢《こうてんかいびゃく》」の時代の祖先崇拝と死者たちの世界をもっとも基層的な部分においてとらえたものといえるかもしれない。巫俗信仰という「陰」の世界を解放する本書が、重松真由美という「陰」の力によって日本語に移し変えられたことはまことにもってふさわしいことなのである。

（『思想』一九九三年七月号）

※　こんな長い「書評」を書いたのは、私にとっても始めてのことだった。新聞や週刊誌では無理なことだろう。崔氏と私との関わりは、Ⅲ章の「わが交遊」を参照してもらいたい。

李良枝著『李良枝全集』

講談社（一九九三年五月刊）

「ひらひらとは決して生きまい。何かが見えてくるまで貪欲に生きてやろうと思うのだ。在日朝鮮人の一女性として――」と、二十歳の時に発表した「わたしは朝鮮人」という手記で李良枝《イヤンジ》は書いていた。彼女がどんな意味で「ひらひら」という言葉を使ったのかはわからないが、「ナビ・タリョン」（ナビは蝶の意味）や、手巾（スゴン）を持って〝ひらひら〟と踊る彼女の舞い姿を思うと、まるで蝶のように〝ひらひら〟と生き、死んでいったように思えてならない。二十歳の彼女は、浮かれ、舞い飛ぶ人生を拒否して生きようとしたのだが、こうして一冊の全集にまとまった彼女の小説を見ると、そうした頑なさが少しずつ和らぎ、精神的にも強ばりが徐々に解けてゆく過程が見えるような気がする。

「わたしは朝鮮人」から、三十五歳の時の講演「私にとっての母国と日本」までの十五年間、〝ひらひら〟と生きることを拒否した田中淑枝（李良枝の本名）は、小説家・李良枝となるため、卵、蛹、そして羽化の時期を経なければならなかった。朝鮮人であることを隠そうとした時期、民族的であることによって救われようとした時期、韓国に〝帰り着いた〟民族の娘として迎えられた時期。短い人生の中で彼女は何回かの〝変態（メタモルフォーゼ）〟を繰り返したよう

に思われる。その小さな変化を見逃さずに彼女の軌跡をたどること。この全集はそのためのテキストとしてある。

（『すばる』一九九三年九月号）

※　在日朝鮮人文学は、〝男〟たちの世界だった。そこでは「家族」や「家」の話があっても、父親、夫、息子たちから見た在日の光景だった。李良枝は、そうした在日文学の世界を、世代的にも、ジェンダー的にも〝新しく〟した作家だった。決して器用ではなく、正面突破の、正攻法の小説を書き続けようとしたといってよい。しかし、そのあまりにも早い死は、彼女の文学を〝成熟〟へとは向かわせなかった。何かを予感させる絶筆「石の聲」三章が、遺された。

津川泉著『JODK　消えたコールサイン』

白水社（一九九三年七月刊）

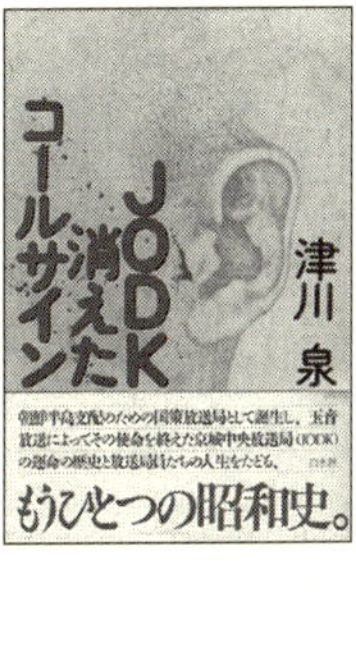

韓国現代小説の古典として崔仁勳《チェインフン》の『総督の声』がある。解放、独立後の大韓民国に〝あの〟朝鮮総督の声が地下放送されるという話だ。忠良なるわが臣民に向けての総督の声は、電波に乗って元〝帝国臣民〟の韓国人の耳もとに悪夢として聞こえてくる……。

JODKは、〝日韓併合〟〝内鮮一体〟の植民地朝鮮において、ラジオ放送を行ってきた京城放送局のコールサインだ。「京城」に限らず、日本のかつての植民地において実施されていた「放送」は、いずれも二つの顔を持っている。一つはもちろん日本の植民地支配のプロパガンダをマス・メディアとして実施した、いわば文化による植民地支配機構、侵略機関としての役割。そしてもう一つは、民族語（たとえば朝鮮語）による放送を実現させ、その地域（たとえば韓国）における放送文化の礎石を築いたということである。そこでは日本人と朝鮮人との放送人の協力と融和があり、また葛藤と対立があったことを、このＪＯＤＫの知られざる歴史を追った歴史ドキュメントは明らかにしてくれている。

メディアはつねに支配者にとって両刃《もろば》の剣となる。それはプロパガンダ、扇動の大いなると手段であると同時に、それに抵抗し、対立する側の武器ともなりうる。メディアと植民地の関わりはもっと深く掘り下げられるべきだ。類書のない労作の完成を喜びながら、評者は『総督の声』を読んだ時の、スリリングで醒めた興奮を思い出していた。

（『すばる』一九九三年十月号）

※　植民地文化研究の中で「放送」に関する調査・研究が遅れている。声や音は「もの」として残らず、ごくわずかの録音したものや、番組表などの乏しい資料しかないからだ。京城放送局、満洲電電（放送局を持っていた）などの歴史をきっちりと押さえなければ、植民地における文化行政の在り方は分からないだろう。本来演劇人である津川泉氏のこの著者は、稀少な研究書の中での先駆的な作品だった。

鄭乙炳著、尹学準・金潤訳『北朝鮮崩壊』

文藝春秋（一九九三年七月刊）

韓国では珍しいシミュレーション小説である。時代設定は一九九三年の秋、つまりほとんど〝現在〟ということになる。もともと原本は九二年の十一月に出版され、近未来を描いた政治小説として評判になったもので、原題は「第一統一共和国」だが、邦訳ではそれを端的に〝北朝鮮崩壊〟とした。

金日成《キムイルソン》父子の治める朝鮮民主主義人民共和国（北朝鮮）の経済政策の失敗、外交的失政が明らかになるにつれ、韓国による吸収的統一、第二次朝鮮戦争の勃発、北朝鮮内のドラスティックな政変、息子・金正日《キムジョンイル》による政権継承といった朝鮮半島の近未来の青写真も描かれているが、今のところ、この小説の予想している方向に動いているといってよい。

現実の次のページが、はたして小説のように進んでいくのかどうか。予言の書となるか、単なるキワものか。現在進行形の同時代状況を読むという楽しみ、スリルがこの小説の身上だろう。

文民大統領としての金泳三《キムヨンサム》政権の誕生。〝北〟に対する体制揺さぶり工作の開始。平壌では金日成が倒れ、金正日が権力を完全掌握する。しかし、彼の武力による南進命令に対して、金正日の腹心で、軍の指導者だった呉克烈《オゴリョル》と、金日成の娘婿の張成沢《チャンソンテク》が手を結んでクーデターを起こす。金日成・金正日体制はいっきょに崩れ、〝北朝鮮崩壊〟が始まる。

全体的にいうと、韓国側の楽観的な観測という感じは否めないが、北朝鮮の指導層の葛藤や社会制度の矛盾や現状など、韓国側の〝北〟研究の成果は十分に作品の中に盛り込まれている。外国の眼から見た朝鮮半島の近未来のシミュレーションものよりも、牽強付会な部分や興味本位なところが少なく、その意味では〝祖国統一〟の熱情溢れた小説といえよう。

しかし、現実の政治、国際関係がどう動くかは所詮、五里霧中というのが真相だろう。指導者ならざる我われは（あるいは指導者自身も）己の願望を投影させながら、事態の推移を見守ってゆくしかないのである。

（『週刊読売』一九九三年九月五日号）

※　訳者の尹学準《ユンハクジュン》氏から、こんな本を翻訳しちゃったよと、苦笑いしながらもらったのが本書だった。キワモノとも時局モノともいえるが、こうしたシナリオが少し修正されて現実に引き起こされないとも、まだ限らない。尹氏は二〇〇三年一月に死去した。

金石範著『転向と親日派』

岩波書店（一九九三年七月刊）

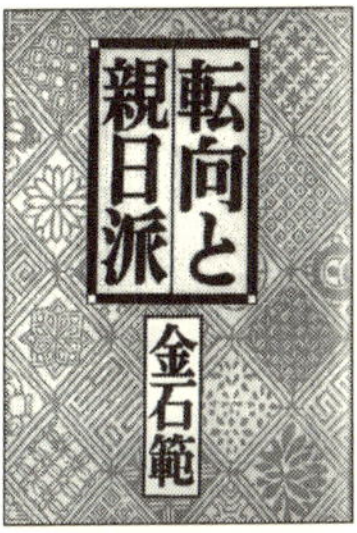

韓国で「親日派《チニルパ》」と言えば、日本の植民地支配の時代に日本に協力した〝民族反逆者〟のことである。この言葉に込められた憎悪、嫌悪の感情は強く、「親日派」と名指しされることは、ほとんどその全人格を否定されることと同義的だと言えるほどだ。

しかし、日本からの解放後、「反民族行為処罰法」が制定され、国会の委員会が摘発を行うが、こうした活動はすぐに骨抜きにされ、ウヤムヤのうちに消滅させられてしまった。日本に協力した「親日派」が解放後の新国家建設の過程で復活し、政界や経済界の上層において国と民族とを牛耳《ぎゅうじ》るようになってしまったからだ。

著者の認識は現在の韓国がまだかつての「親日派」に対する清算を行っていないということから出発する。それは現実の社会問題であると同時に、思想の問題でもある。民族からの転向、対日協力へと至る個人の内的な過程や屈折が、例えば文学者によって文学作品として表現された例は極めて少ない。

朝鮮近代文学を代表する文学者といわれた李光洙《イグアンス》のように、居直りとも思えるような弁明、弁解に終始するのが関の山なのである。過ちを認め、それを正すのに時期に遅い早いはない。

著者はもはや風化しかかったとも言える「転向」と「親日派」の問題をとらえ、それを「過去」の問題としてではなく、「現在」の問題としてもう一度俎上《そじょう》に上げてみたのである。

しかし、私たちはこれらを隣の「韓国」の問題であるとして局外者の立場にいるわけにはゆかない。「親日派」の人々に〝対日協力〟を強制したのは紛れもなく日本人たちだったのであり、「親日派」の背後にある日本の植民地責任を問う声は、日本の戦後においても極めて小さかったのだ。そしてそれは戦後の繁栄とともになし崩し的に消えてしまったのである。韓国の「親日派」弾劾が掛け声で雲散霧消してしまったように。

「親日派」問題は日本にとっても未清算のまま残された「戦後問題」なのである。

（共同通信系、『高知新聞』一九九三年十月二十四日）

※　昔、李良枝《イヤンジ》と私が何かの関係でいっしょに飲んでいた時に、そこに金石範《キムソクボム》氏が店に入ってきた。とたんに良枝氏は私の存在をまったく忘れてしまい、金氏と二人の世界に入り込み、私はそばで二人の熱々のカップルを手持ちぶさたに眺めているばかりだった。親子ほどに年齢の違う二人だったが、その関係は、あまりそういう感情の湧かない私にとっても嫉妬したくなるような熱烈さのように思えた。金氏が李良枝の思い出に捧げたといえる『黄色き陽、白き月』という作品は、私には涙なしでは読めないものと思える。

黄民基著『奴らが哭くまえに　猪飼野少年愚連隊』

筑摩書房（一九九三年九月刊）

昭和三十年代の大阪・猪飼野《いかいの》、そこで喧嘩をし、野球をし、カッパライをし、アジトを作って学校をサボる〃少年愚連隊〃がいた。ノブオ、マサオ、ヒウォン、ヨーカ、ミツアキ、彼らは朝鮮半島から海を渡って日本へやってきた親から生まれた在日朝鮮人二世たちである。

彼らは学校や地域社会で、他のグループと抗争、喧嘩しながら、彼らなりの友情と連帯の輪を作っていったのである。

それは、戦後の混乱期から立ち直り始めた日本が、高度経済成長を目指して大きく変貌しようとしていた時期だった。

美空ひばりと力道山、金田正一と柳川次郎（本名梁元錫《ヤンウォンソク》。暴力団柳川組組長）が、彼らの憧れの的だった。自らの力だけで弱肉強食の世界を生き抜いてきた英雄たち。もちろん、それは遠くの空に眩《まぶ》しく輝く〃スター〃にほかならなかった。

しかし、少年愚連隊のメンバーたちにも、それぞれ違った道に踏み出さなければならない時は来る。本格的なヤクザの道へ進む者、学校へ戻り、優等生となって進学する者、そこから道は岐《わか》れ、三十年近くたった現在、少年愚連隊の一人だった著者の〈わたし〉は、かつての仲間たちの生の軌跡と、猪飼野の伝説ともなっていた朝鮮人愚連隊組織「明友会」の崩壊過程を調べようとするのである。

　在日朝鮮人を取り扱った本は数多い。しかし、彼らのバイタリティーと生活感情の実際を内側から描いたものは少ない。ヤクザという陰の世界へ転落して行った男、家族とともに〝地上の天国〟北朝鮮（朝鮮民主主義人民共和国）へ帰還した男、学生運動、失恋の体験から首を吊って死んだ男、医者となって日本に帰化した男。

　猪飼野から飛び出していった少年愚連隊の行く末はそれぞれ異なっているが、彼らの軌跡に「在日」という刻印が押されていることは確かだろう。

　思いが先走りすぎてか、文章は必ずしもよく整理された、読みやすいものではない。しかし、少年時代と猪飼野に対する熱い愛情とこだわりはひしひしと伝わってくるのである。

（『週刊読売』一九九三年十月三十一日）

※　日本のヤクザ社会と「在日社会」は、重なるところがあるはずだが、飯干晃一のヤクザ実録もの（『実録・柳川組の戦闘』徳間文庫）以外に、本格的に言及されたり、研究されることはほとんどなかった。一種のタブーだったのだ。宮崎学、梁石日《ヤンソギル》などのライターの出現によってその「歴史」が掘り起こされるようになった。その先駆的な作品が本書である。

梁石日著『断層海流』

青峰社（一九九三年十月刊）

折から映画『月はどっちに出ている』の評判が高い。原作・梁石日《ヤンソギル》、監督・崔洋一《チェヤンイル》、脚本・鄭義信《チョンウイシン》（と崔洋一）と、在日コリアン二世の文化人の〝はみ出し者〟トリオで製作しただけに、これまでの在日映画の硬さや暗さやけなげさをうちやぶった「えらいおもろい」映画として評者の耳に届いてくる評判は上々である（評者は未見だが）。

さて、その『月はどっちに出ている』の原作小説である『タクシー狂躁曲』の作者が梁石日であり、その新作ミステリー長編が『断層海流』である。うーん、と読みおわったあと評者は唸ってしまった。感嘆のためではない。本格的なミステリー小説としては評価しがたかったためであり、それでも「小説」の本義としてのアクチュアリティーや面白さには事欠かなかったためである。本誌の映画評の評価方式でいえば、☆マークは二つと一つの間、「料金の価値あり」と「暇だったら……」の間とならざるをえないところだが、これは総合評価で、各論としては完成度なら★、迫力なら☆☆☆というように評価が分裂してしまうのである。

★のほうからいうと、第一章の「山手線の女」の主要な登場人物のフィリピーナのマリアと、二章以降の在日コリアンの主人公・高秀雄（木村秀雄）とが直接的には関わりがなく、話が二つに分裂しているということである。作者の意図を忖度《そんたく》すれば、在日外国人のオールド・カマー（旧来者）とニュー・カマー（新来者）の対比と、その両者に共通する日本人側の差別的対応を描き出したかったということかもしれないが、これだけでは別々のストーリーを読まされているのと変わらない。

評者が一番引っ掛かったのは、高秀雄の娘の貴子のことだ。彼女は日本人の母親から生まれ、父親の秀雄は木村家の婿養子となって帰化しており、彼女は自分が〝コリア系日本人〟であることを知らない。お金持ちのお嬢さんとしてボーイフレンドと遊び回る生活を送っている。しかし、婚約者の光彦から「韓国人」であることを理由に婚約を破棄される（厳密にいうと、父親が日本に帰化した韓国人であったこと）。そして他の遊び仲間からもそのことを理由に疎外され（電話すらなくなる）、彼女は身を持ち崩し、自分のことを「韓国人」といった母親に刺傷を負わせ、収監されるのである。

父親がコリア系日本人であったことが明らかになったといって、娘の婚約が破棄され、その友達が皆離れ、絶望の淵まで追い込まれるという設定に現代的なリアリティーがあるだろうか。評者は在日コリアン問題の研究者たちの集まった席（在日コリアン、日本人を含む）で、この疑問を提出してみた。すると、数十年前ならともかく、在日コリアンと日本人のカップルの婚姻が在日同士のそれと匹敵している時代において、一方的な婚約破棄、露骨な友人関係の解消がありえるとは思えないという結論を得た。もちろん、小説としてはどんな現実離れした設定もありうるのだが、ここで作者は差別（日本人）―被差別（在日外国人）の関係を、従来の差別構造の図式通りに、ことさらに強調しすぎたのではないかというのが、評者の抱いた感想だったのである。

しかし、☆☆☆のほうも実は「差別」に関わっている。真綿で首を絞めてゆくように、高秀雄の商売を経済的に、政治的に追い詰めてゆく日本の社会。帰化や同化をソフトに強要してゆく社会としての日本の現代の社会制度は、こうした被差別者の立場から見なければ、欠落してしまう部分があまりに多いと思わずにはいられないのである。日本のヤクザに絞りとられ、売られ、殺されてゆくフィリピーノのマリアやシルビアのような在日外国人が現代の日本にいることは確かであり、彼女たちは〃見えない人間〃として徹底的に日本社会の暗黒の部分に生息している。そこに在日コリアンを筆頭とする在日外国人の被差別の全史が重なってゆくことは確かである。すると、マリアと高秀雄を二重構造として描こうとする作者の企図は、その完成度は別として高く評価しなければならないだろう。何より梁石日は、挫折した知識人の繰り言や泣き言に近かった〈在日コリアン純文学〉の世界に、低い視点からの新風をもたらした。このヒョン（兄貴）の後を在日コリアン二世、三世の弟妹たちが続くことは確信できるのである。

（『週刊文春』一九九三年十二月九日）

※　梁石日の小説は、あまりに手を広げすぎて、作品としてまとまらないものがあるが、これもその一つ。失敗作というべきだが、そのエネルギー量を考えれば一概に否定できなくなる。人徳（?）というべきだろうか。

鄭承博著『鄭承博著作集第一巻　裸の捕虜』
新幹社（一九九三年十月刊）

鄭承博《チョンスンバク》氏は在日朝鮮人作家である。〃もっとも〃在日作家らしい作家といってもよいかもしれない。というのも、昭和の始めに満十歳を出たばかりで玄界灘を渡って日本へやってきた彼は、道路工事現場や金属工場、ダム工事現場で働かされ、いやというほど在日朝鮮人であることの苦労を嘗めてきたからだ。この著作集第一巻に収められた「富田川」「山と川」「追われる日々」「裸の捕虜」「地点」「電灯が点いている」の六編の小説は、すべて作家の自伝的作品である。すなわち、そこで描かれているのは、在日一世のまさに異国、異民族の中で味わわなければならなかった辛酸と悲哀と困苦にほかならないのである。

だが、そうした悲惨な体験を小説化していても、これらの作品にはどこか〃救い〃があるように感じられる。それは作者の人間や自然を見る眼が無類に温かく、まさに在日一世の持つ〃人情味《インジョンミ》〃がたちのぼってこざるをえないからだ。韓国文学研究家の故・長璋吉氏は、韓国は「人間の質の露天掘り現場」であるという言葉を残したが、鄭承博氏の小説（文学）世界にも、そうした「人間の質の露天掘り現場」が見られるような気がするのだ。彼の筆にかかると、捕虜（徴用脱走罪）として連行されていった信州のダム工事現場でも、いかにも人間の生きている現

場という感じがする。在日一世が自らを描いた、これは在日文学の一つの達成なのである。

（『すばる』一九九四年二月号）

※　在日一世の〝人生記録〟といったものには、張斗植《チャントゥシク》の『ある在日朝鮮人の記録』や、鄭清正《チョンジョンチョン》の『怨と恨と故国と』などがあるが、これらを小説（フィクション）か、記録（ノンフィクション）かと言い立ててもあまり意味はないだろう。まさにそれらは〝人生記録〟であって、どうしても書き残しておかなければならなかったものなのだ。彼らにとってはジャンル分けなどどうでもよいことであり、自分が小説家・文学者であるかどうかということもあまり問題にならない。鄭承博氏の「小説」もそうしたものであって、書きたいこと、書かねばならないことを書くという、「文学」の原初的な発動がそこにあるのである。

鷺沢萠著『ケナリも花、サクラも花』

新潮社（一九九四年二月刊）

ケナリは韓国語でレンギョウのこと、韓国の春を黄色に彩《いろど》る花である。カナリア色なので〝カナリー〟が語源という説もあり、韓国の春の花を代表するケナリが言葉自体が外来とは面白い。サクラは韓国では済州島《チェジュド》が原産で、日本のサクラは韓国からの帰化植物だという説も聞いた。

どっちもこっちもいろいろに行き来しているのだから、本場やオリジンや〝故郷《コヒャン》〟を論争しても始まらない。

鷺沢萠《めぐむ》氏は、父方の祖母が韓国人ということで、すると四分の三は日本人ということだ。彼女は韓国へ留学に行った。その半年間の留学生日記が本書である。

韓国ではたどたどしい韓国語をしゃべる人間は、すべて「在日僑胞《チェイルキョッポ》」であると思われる。韓国人のくせに韓国語が下手なのはけしからん、という言い方には韓国人の〝半＝島国根性〟が表れている。

日本には日本語に、韓国では韓国語に、コンプレックスとナショナリズムの入り混じった感情があり、「国語」をえらく大事にするかと思うと、ひどく卑下する場合がある。もちろん、日韓では自負と卑下とはイスカの嘴《はし》のように互いに食い違い、僑胞たちは日韓の間をコウモリのように〝あっち〟へ追いやられるのである。

鷺沢萠氏は、エイッと韓国の中へ飛び込んでいった。おそらく、四分の一の〝韓国人〟を頼りに。その悪戦苦闘の様子は本書によく描かれている。ただ彼女は〈祖国（民族の懐《ふところ》）に帰ってきたケナゲな娘〉を演じるわけにはいかなかった。

彼女が発見したのは、むしろ祖国を失った「在日」コリアンたちの抱え込んでいた「事情《サジョン》」なのである。在日の「事情」とは、どこにもアイデンティティーを見出せないということと、どこでも根付くことが可能だということだろう。

彼女はケナリをナグネ（旅人）と何度も言い間違える。だが、気にする必要はない。ケナリは所詮ナグネ（浮草の旅人）なのだから。

（『週刊読売』一九九四年三月二十七日）

※　四分の一の「韓国人」の血統をもってして、鷺沢萠を在日韓国人作家と呼ぶべきだろうか。李麗仙《イリョソン》を母とする大鶴義丹もやはり在日作家だろうか。血統主義は何か間違いのような気もするのだが。

任展慧著
『日本における朝鮮人の文学の歴史―１９４５年まで―』
法政大学出版局（一九九四年一月刊）

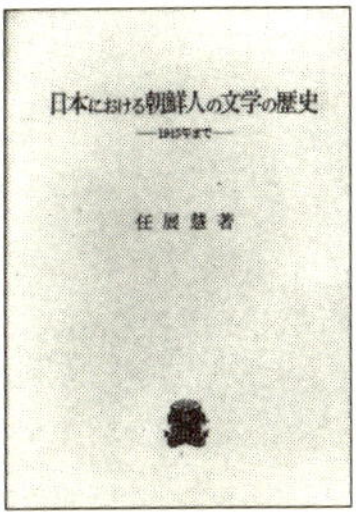

先ごろ在日韓国人の民族団体である「在日本大韓民国居留民団」がその名称の〝居留〟の二文字を削除するというニュースが伝えられた。一時居留ではなく日本に永住することを前提に民族運動を展開しようということだ。こういう時期に、在日朝鮮人文学の前史ともいうべき、一九四五年までの日本における朝鮮人たちの文学活動の歴史が明らかにされたというのは意義深いものがあるだろう。

明治期の李樹廷《イスジョン》、大正期の「創造」を中心とした朝鮮人留学生の文学活動と、プロレタリア文学活動の中の在日朝鮮人の文学活動と歴史の流れを追っているが、戦前の「在日朝鮮人文学」の全体像ということになると、張赫宙《チャンヒョクチュ》や金史良《キムサリャン》などの叙述はやや物足りない。作家、作品の中にはほとんど一般的には知られていないものがあり、もっと詳しい解説や説明が欲しいと思うものも少なくない。それだけ、これまでの日本の近代文学研究の中でも、在日朝鮮人文学研究の蓄積が極端に少ないということの証明であるのだが。
日本に研修、亡命、留学、出稼ぎにやってきた朝鮮人たちが、日本で近代文学と出会った。同時にそれは侵略主義や植民地主義、民族差別や労働者弾圧との出会いでもあった。在日朝鮮人文学はそこから始まった。それらの戦前の作品と、李良枝やつかこうへいや鷺沢萠の作品との半世紀の隔たりに、日本近代文学のオルタナティヴ・ヒストリー（もう一つの歴史）がある。

（『すばる』一九九四年四月号）

※ 在日朝鮮人文学に対する本格的な研究書はきわめて少ないが、これはその嚆矢ともいうべき本だ。拙著『生まれたらそこがふるさと　在日朝鮮人文学論』（平凡社選書）は、任《イム》氏のこの本の驥尾《きび》に付して、在日朝鮮文学史の「戦後版」、すなわち「一九四五年から」を書いてみようと思ったものである。韓国、アメリカの若い日本文学研究者が、「在日文学研究」に取り組むようになったが、それらの先駆であり、〝一粒の麦〟といえるものだろう。

角田房子著『悲しみの島サハリン』
新潮社（一九九四年三月刊）

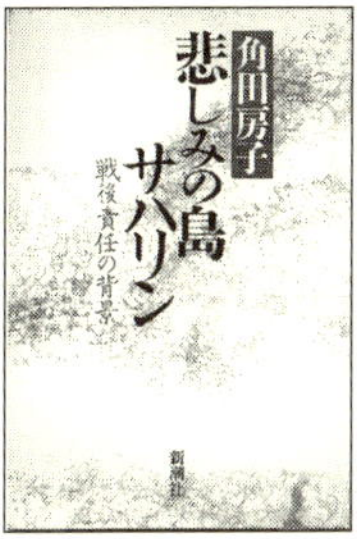

著者の角田氏はこれまで日韓という近くて遠い国同士の関係史について「閔妃《ミンビ》暗殺」「わが祖国」の二冊の本を書いた。閔妃は日本が大韓帝国を植民地支配しようとした明治初期、わが祖国はいわゆる日帝支配期と解放後の韓国の独立時に焦点をあて、本書「悲しみの島サハリン」は戦後の日韓史のなかで、盲点として見落とされてきたサハリン残留朝鮮人を取り上げたものである。

日韓の近代史のなかでともすれば忘却しがちだった（とりわけ日本側が）テーマを選び、ノンフィクションとしてすぐれた作品を書き続ける著者の努力は敬服に値するし、ともすれば政治宣伝やプロパガンダになりがちの韓国・朝鮮問題というテーマを、〝常識人〟の観点、市民的な立場に引き戻そうとする著者の立脚点には共感を覚える。

たとえば在サハリン韓国・朝鮮人の帰還運動に携わってきた大沼保昭氏は「サハリン棄民」（中公新書）という本を書いている。これは標題から明らかなように在サハリン朝鮮人を〝棄民〟としてとらえたものだ。角田氏は本書のなかで、在サハリン韓国・朝鮮人という言い方をはじめ、サハリン朝鮮人離散家族、サハリン残留韓国・朝鮮人、樺太抑留韓国人、樺太抑留僑胞、中ソ離散家族といった名称のヴァリエーションをあげているが、それぞれの呼び方にそれぞれの立場と考え方が含まれているといえる。

棄民という言い方には、日本が強制連行した朝鮮人たちを〝棄ててきた〟という気持ちがあらわだし、抑留という言い方は、ソ連に多く責任を負わせるものだろう。角田氏はこうした一方的な言い回しを慎重に避け、一人の戦前・戦後を生きた日本人として、サハリンからの帰郷を望んだ韓国人たちの望郷の歴史に向かい合ったのである。

その人たちにとってどうすることが一番よかったのか。そうしたヒューマニスティックで誠実な問いが、この本を単なる帰還運動の運動史ではなく、生きた人間たちの物語としているのである。

(『北海道新聞』一九九四年五月八日)

※ サハリンには二度行ったことがある。Ⅱ章の「サハリンのハルモニの日本語」を参照してほしいが、「棄民」とか「抑留」とか「望郷」という言葉で彼(彼女)らを語ることには、どこか違和感を覚えざるをえない。「悲しみの島」というとらえ方は、あまりにも情緒的であり、「日本的」な感じ方ではないだろうか。

許萬夏著、大崎節子訳『柔らかな詩論』
紫陽社（一九九四年五月刊）

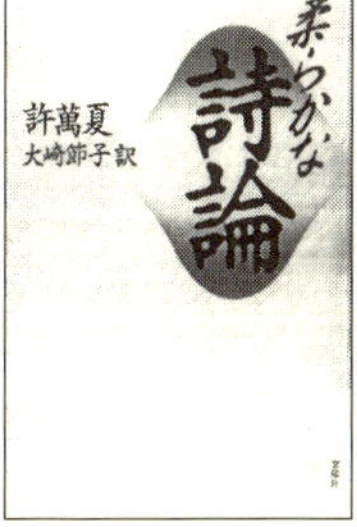

韓国の文学の世界では、まだ雅号を使っていて、互いに号で呼び合うことがある。この詩論集の中で「青馬《チョンマ》」と呼び掛けられているのは、韓国の現代詩を代表する詩人・柳致環《ユチファン》氏で、青馬・柳致環の詩と人柄に私淑しているらしい作者のほのぼのとした敬愛の情が伝わってくる文章なのである。萩原朔太郎と高村光太郎を愛読したという青馬・柳致環は、抒情性とともにきわめて上質な倫理性を持っていたと思われる。いかにも詩人らしい超俗性と人間味、韓国の文学の世界では、まだ〝文人〟という言葉が、その内実をも含めて残っているのである（ただし、「青馬」は一九六七年、交通事故で五十九歳で他界している）。

この詩論の多くの部分は青馬・柳致環に関連したものだが、その評伝とか詩人論といった堅苦しいものではなく、作者と青馬との関わりの思い出話とか、関連する人々の回想といったもので、東京へ渡る前の詩人の李箱《イサン》が、青馬と釜山で酒を飲んでいて、若い詩人に殴られたエピソードなどは面白い。金素雲《キムソウン》——李箱——柳致環の〝ジャンケンの円環〟のような関係は、それが日本の植民地支配下という朝鮮人文学者にとっては鬱屈した時代背景を背負っているだけに、日本人の読者には容易に読み過ごせないものと感じられるのである。母国語を愛しながらも巧みな日本語を操った詩人たちということでも、この三人の詩人には共通項がある（柳致環に日本語の詩作品があるかどうかは知らないが）、日本人はもう少しこうした事情を知っていたほうがいいと思う。

　評者の個人的な感想としては、洛東江《ナクトンガン》を歌った三人の詩人の作品を論じた「洛東江と詩的可能性」に興味を惹かれた。というのも、私は三十代前半の四年間を洛東江ほとりの釜山の下端《ハダン》で過ごしたからだ。学校の私の研究室の窓からはゆうゆうとうねる洛東江の河口を眺めることができたのである。蘆の島と渡り鳥の風景。狭い水路を小さな舟が、ネギを載せて通る、中洲の島の乙淑島《ウルスクド》。私は時々、川岸の屋台の飲み屋でマッコルリや焼酎を飲みながら、ぼんやりと河のそばに住む人々の光景を眺めていたのである。

　こうした経験からすれば、「民族の母、洛東江！」という青馬の高い調子の詩や、「大寒の日／凍てついた洛東江を／ひとりで渡った祖母」のことを歌った李達熙《イダルヒ》の詩よりも、日本語で書かれた崔華国《チェファグク》の「ゆるやかな洛東江に／さんさんと秋の陽は降りそそぎ／雲はゆうゆう　江《かわ》もゆうゆう／今も　洛東江は流れていようか」という作品のほうが私の〝洛東江〟体験についてはぴったりする。開発で立ち退かされた河岸のスラムの集落を訪ねていった思い出も今は昔となってしまった現在においては。

　韓国は〝ソウル共和国〟といわれるほどに中央集権が極端な国だ。一番目がソウル、二、三、四がなくて、五番目が釜山《プサン》（人口、規模などで韓国では二番目の都市）といわれるほどソウルとその他は隔絶している。「青馬」はそうした釜山や大邱《テグ》（慶尚北道の中心都市）を精神的地盤とした詩人だった。政治も経済も外交もすべてはソウルが牛耳っている。しかし、詩は必ずしもそうではないだろう。詩人、小説家などは全羅道《チョルラド》、慶尚道《キョンサンド》といったソウルに対立する地方都市出身者が多い。彼らは故郷の花や人や川や山を歌って、韓国の詩に「郷愁」という大きなテーマのあることを示しているのである。それはむろん現実の故郷を偲ぶものであると同時に、近代の人間が失った〝原郷〟に対する思慕にほかならない。萩原朔太郎、リルケ、ハイデッガーへの関心は、青馬・柳致環のものであると同時に、著者・許萬夏《ホマンハ》氏のものであるだろう。釜山と洛東江の詩人は、ソウルの繁栄や超近代的なビル群などを横目で見て、今も河岸の柔らかな風に吹かれながら、〝実存〟と〝愛〟のことなどを考えていたりするのである。

（『図書新聞』一九九四年十月十五日）

※　紫陽社は、詩人・荒川洋治氏の個人出版社である。そこは詩集出版が専門で、そこで詩論集を出すというのは荒川氏がよほど許氏の書くものに入れ込んでいるからなのだろう。ただし、私の書評は、韓国の現代詩の世界に詳しくないこともあって、釜山や洛東江の思い出話となってしまった。書評というより、エッセイといったほうがよいかもしれない。

李恢成著『百年の旅人たち』

新潮社（一九九四年九月刊）

今から百年前というと一八九四年だが、この年に甲午農民戦争、いわゆる「東学党の乱」が勃発している。東学の指導者であった全琫準《チョンボンジュン》がこの年の三月二十九日、全羅北道《チョルラプクド》で兵を挙げ、五月には全道を占領した。朝鮮政府は清軍に出兵を要請し、それに乗じて日本軍も強引に出兵して農民軍を制圧し、日清戦争の発火点を作ると同時に、朝鮮半島の植民地化の第一歩を踏み出したのが、この年なのだ。小説の題名となっている「百年」をそれほど律儀に考える必要はないかもしれないが、ちょうど百年前、日本が朝鮮半島を支配するに至った直接の事変が起こっていたことを無視することは出来ないのである。

作品の中にこんな言葉がある。「三十三人の人びとが壕に避難してきたときは心から満足した。人助けができたからだ。その自分にとって喜ばしいのは、それが『死之同居』そのものに外ならないからだ。それこそ自分たちの契の精神が他人に及ぼされた瞬間なのだった。それは『人乃《すなわち》天』の思想と合致するものではなかったろうか？　この人助けの精神のそもそもの発祥である東学については彼はほとんど知らない。せいぜいうろ覚えに知っていることといえば、緑豆将軍のことでしかなかった」（註・緑豆将軍とは全琫準のこと。「人乃天」は東学の基本的な教義で、人がすなわち天である、ということ）。

この長篇小説の主人公格の人物である朴鳳石《パクボンソク》の内面を語った部分である。彼はサハリン（樺太）において「内鮮一体」をスローガンとする協和会の副会長として日本の皇国主義の宣伝に協力する役割を果たした。彼は自分の家族（三男三女の子供たちと後妻）を連れて故国に引き揚げるために、義理の娘や母親をサハリンに置き去りにして日本へ引き揚げてきた男だった。そのため長男の駿浩《スンホ》は父を憎悪し、後妻の春仙《チュンソン》と息子たちとの仲も険悪である。彼はサハリンで親しかった劉根在《ユグンジェ》の一家（日本人妻の松子と一男二女の子供）といっしょにサハリンを引き揚げ、青森から汽車で延々と日本をほぼ縦断し、長崎の針尾島にある朝鮮人引き揚げ者の収容所にたどりついたのである。

そういう意味では朴鳳石は、人間として邪悪で酷薄な部分も、また善人的な部分も兼ね備えた、いかにも人間らしい人間であり、またこの「百年」という歴史が作り出した朝鮮人（民族）としての苦難の歴史を体現している人物といえるかも知れない。彼は狡猾でエゴイステックなところはあるが、根っからの悪人でもなければ、また徹底した善人でもない。また最後に韓国へ引き揚げてゆく同胞を見送りながら、彼の一家は日本に留まるという意味では、彼の愛郷心（愛国心）も絶対的な強さを持つものではないともいえる。

作者は作品世界において、このいかにも朝鮮の根生いの天道教（東学の教義を宗教化した新興宗教）の信奉者の朴鳳石に対し、キリスト教の巡回牧師・崔燿燮《チェヨソプ》を配していると思える。崔燿燮は、智異山の山の中に祈禱堂を作り、異端的なキリスト教神秘主義者として、数少ない信者を教化していたのである。しかし、その祈禱堂の付近の邑びとたちは「多くがこの牧師を敬遠するようになった」。というのも「邑びとたちは、西学のキリスト教よりも東学の天道教により深い親しみをおぼえていた」のであり、「『人乃天』のおしえは、掬われない彼らの心性に現世への希望をつなぐものだった」のだから。

いささか図式的な言い方になってしまうが、この小説の思想的な構造は「東学」的なもの（現世志向）を象徴する朴鳳石と、「西学（キリスト教）」（絶対志向）を代表する崔燿燮との対立ということであり、金春仙、マリア、劉根在、徐萬哲《ソマンチョル》、朱斗洪《チュトホン》、李載吉《イジェギル》という主要な登場人物たちは、それぞれ現世的な人助けと、来世的な絶対的な救済という二項対立の狭間で揺れ動いているのである。もちろん、崔燿燮もサハリンにおいて日本の軍国主義に屈従して、絶対的な信仰に殉教出来なかったという「罪」の意識がある。アカの息子を救い出すことも出来ず（息子は収監され、さらに戦死した）、このマリヤとヨセフという名前を持った夫婦は故国へ引き揚げてゆく。その意味では彼らもまた朴、劉、李、徐のようにサハリンの同胞を見棄てて帰ろうとするエゴイスティックな人々とそれほど違いはないのであり、それぞれに原罪を背負った〈暗い夜の旅人たち〉なのである。

この長篇小説は、こうした彼らが、青森から長崎の針尾島の収容所にたどりつくまでの汽車の中での旅を前半とし、後半を針尾島の収容所の中での生活にあてている。前半は移動中、後半は場所は定着しているが、いずれも閉じこめられた空間であることは違いない。空気の悪い、息苦しいまでに狭い空間から、結局は同じような鉄条網に閉ざされた空間へと移動するだけなのである。そして彼らが帰ろうとしている祖国もまた、三十八度線で区切られた狭隘な閉鎖された空間にほかならない。

甲午農民戦争以来の百年間、朝鮮人たちはこうした閉鎖された箱の中から箱の中へと詰め替えられたリンゴのように扱われてきたといってよい。ゴトゴトと日本列島を縦断して走る汽車の車室の中で、あるいは詰め替えられた収容所という閉鎖空間の中で、彼らは自分たちの「原罪」が何であり、そしてその「罰」がどのように下されたかを考えなければならなかった。もちろん日本の加害責任を問うのは簡単でもあり正当でもあるのだが、しかし「わが民族の人間は、『民族』という全体の呼び名の中に自分をまぎれこます前に、まず個人として自分の過去をあきらかにした方がいい」という朱斗洪の言葉は、民族の解放を他律的、受動的なものではなく、自律的、能動的なものにしようという思想的決意にほかならないのである。

朴、劉、崔、李、朱、徐のいずれもがサハリンにおける「過去」を持っている。この小説は現在進行形の汽車による移動と、収容所生活という「現在」と、フラッシュバックされる彼らの「過去」とで成り立っている。彼らはそうした「過去」をどのように清算することで、韓国あるいは日本へと再出発していったか。それが象徴的空間としての「日本列島」（収容所群島！）を通過してゆく在日朝鮮人の旅人たちを群像として描き出したこの長篇小説のテーマといえるものだろう。「百年」の過去と現在を、今度は日本人がどう問い直すかが迫られているといえるかも知れない。

（『群像』一九九四年十二月号）

＊　＊　＊

敗戦から二年後の一九四七年、南樺太の真岡港《ホルムスク》から出た日本への引き揚げ船に本国へ強制送還される朝鮮人の家族数組が乗っていた。朴《パク》、徐《ソ》、劉《ユウ》、李《イ》、朱《チュ》といった家族や個人。彼らは宗谷海峡を渡り、北海道を縦断し、さらに津軽海峡を渡って、青森から長崎の針尾島の収容所まで押送されるという、汽車による長旅を行なわなければならないのである。

小説は、彼らが青森駅で船から汽車に乗り換える場面から始まる。戦後の混乱した日本の風景の中を、朝鮮人たちを乗せた列車はひたすら南下する。その間の内面と外界の様相が丹念に、執拗に描き出される。それは〝収容所列島〟として日本の中で生きてきた朝鮮人たちの百年の体験を凝縮しているかのように、苦痛と不安と後悔と渇望に満ちたものなのである。

小説は緩やかな時間の中を進む。乗り合わせた朝鮮人たちの一人一人の過去が、オーバーラップされ、清算されない過去は、現在の問題として彼らを苦しめる。家族の一員を置き去りにした家族、キリスト教の巡回牧師をしながら、信者たちを救えなかった老人、狂人のふりをして引き揚げ者たちの群れに混じった青年。男も女も、大人も青年も少年も、それぞれに苦悩を抱えて旅を続け、そして収容所で帰国の日を待つのである。

閉ざされた百年の歴史。それは日本人にも、本国の韓国人や朝鮮人にも、容易に知られることではないだろう。小説という形式によって、初めてこうした百年の体験が可視的なものとなる。前半の列車内、後半の収容所内と、舞台を狭く閉ざされた密室空間とし、その中で拘禁状態となった朝鮮人を描くことで〝百年〟を凝縮させるという手法は成功しているといえるだろう。

この作品空間の息苦しさは、まさに在日朝鮮人の百年の「恨《ハン》」が積み重なったものであり、その息苦しさを通過して、初めてそれを〝解く（溶く）〟道を見出すことができるようになるのである。
（『北海道新聞』一九九四年十二月十一日）

※　一九九四年は日清戦争から百年目であり、「東学党の乱」といわれた甲午農民戦争からも百年目ということだった。日本の「富国強兵」をスローガンとした軍国主義による百年の朝鮮侵略の歴史。それを思い起こすべき時に、ちょうど『百年の旅人たち』が出たのである。台湾がこれ以後五十年間、日本の植民地となり、日本はさらにロシアと戦争を行って、朝鮮半島を勢力下に置く。まさに「明治百年」にも匹敵する記念すべき「百年」だったのだが、マスコミもジャーナリズムも、ほとんど話題にもしなかったというのは、まことに訝《いぶか》しい限りだった。

崔吉城編著『日本植民地と文化変容　韓国・巨文島』

御茶の水書房（一九九四年五月刊）

巨文島《コムンド》は、韓国の多島海にある島で、本土の麗水《ヨス》の港から普通客船で約六時間のところにある離島である。済州島《チェジュド》を除けば韓国本土からもっとも遠く離れた島といってよく、緯度でいうと、対馬と壱岐の中間ぐらいである。こうした地理的位置が巨文島を他の韓国の島々とは少し異なった近代史の歩みの中に巻き込むことになった。この島の地理的・歴史的背景は論集中の

呂博東《ロバクドン》の「巨文島の自然地理的環境と歴史的背景」に詳しいが、十九世紀半ばにロシア艦隊が来航して開港を要求、一八八五年にはイギリス海軍が一時不法占拠、さらに日韓併合後は日本人漁師の漁業基地となり、植民地下朝鮮にできた日本人村の代表的な集落となったのが巨文島の〝巨文里〟だったのである。

本書は植民地支配下の日本人の移民村のあった巨文島の総合的な社会学・人類学・民俗学的調査の報告書である。この報告書の特色は二つある。一つは韓国の、あるいは日本の植民地研究がややもすると、過去の植民地に対する断罪、糾弾から出発して、そうした植民地支配の悪業の確認に終わるというイデオロギー的なパターンに終始してしまうのに対し、もっと客観的、科学的に植民地における文化変容をとらえようとしていることだ。もちろん、これは日本の植民地支配は韓国の近代化に役立ったという類いの〝妄言〟とは一線を画している。あくまでも厳密で客観的な現地調査という方法論を貫くことで、そこから帰納される結論に対してとりあえず評価や価値判断はカッコに入れられるということだ。価値判断は全体的な社会構造の解析の中から生まれてくるべきもので、個々の事象から短絡的に語られてはならない。

たとえば、植民地において日本人は多くの海外神社を建てたが、栗田英二の「植民地下朝鮮における神明神祠と『ただの神祠』」によれば、いわゆる国家神道の海外進出ともいえる「神明神祠」（天照大神を祭神とする神社）と、金比羅《こんぴら》や恵比寿《えびす》などの漁業神を祭る「ただの神祠」とが、植民地下の朝鮮において競合的に存在し、それが「国家意識と民衆意識のずれ」に由来していると説いている。神社、神祠を一概に国家神道の強権的な移植ととるだけでは、日本人漁民の信仰意識の在り方、および朝鮮人の民間信仰的な儀礼についての不干渉といった側面は解明できない。日本人集落、朝鮮人集落の信仰の内実を把握し、そこから国家的な宗教政策の問題を論じるべきであって、〝上から〟の宗教政策だけを対象に皇国主義の強制だけを糾弾するだけでは、民衆自体の中の信仰のダイナミックな相を見失う結果となりがちなのである。

この本のもう一つの特長は、巨文島をフィールドにしながら、もっと広く、普遍的な植民地下における文化変容の問題をとらえようとしていることだ。編者の崔吉城《チェギルソン》は「日本植民地支配時代の民俗学・人類学」という論文を書いているが、これは主に朝鮮総督府が実施した民俗調査事業についての論考である。朝鮮民俗学の創生には孫晋泰《ソンジンテ》や宋錫夏《ソンソクハ》といった朝鮮人とともに今村鞆《ともえ》、村山智順、秋葉隆といった日本人が大きく寄与している。しかし、現在までの韓国民俗学会の内部ではこうした日本人学者の業績や調査資料に対しては批判的、懐疑的である。崔吉城は彼ら日本人学者のフィールド・ワークを追跡調査することによって、その調査資料の有効性を認めうるという。もちろん、それは総督府資料を無批判に用いるということではなく、その限界性を明らかにしながら、どこまで民俗学の資料、業績として評価しうるかということを主体的に決定するということだ。これらの資料、業績を総督府関係のもの、日本人のものということだけで排斥することは、貴重な近代の民俗資料を無視するということだけでなく、韓国民俗学の「民族主義」的な傾向を助長し、それを強化することにもなるだろう。「民族主義」的な偏向性を排して一国、一民族の民俗学から脱却することが韓国の民俗学に今問われているのではないだろうか。

この論集は、日本の旧植民地研究にも大きな刺激と示唆を与えるものと思われる。植民地時代からポスト植民地への行程。過去と現在とを鳥瞰し、植民地・朝鮮の一島嶼がいかに「近代化」を迎え入れ、どのようにその社会と文化を変容させていったか。巨文島はその一つの象徴的なフィールドであり、ここからむしろ辺境の植民地帝国としての日本の姿が浮き彫りにされるのである。本書中に挿入されている三浦庸子・北村皆雄「写真で見る巨文島」はきわめて興味深い。木村忠太郎・リムという日本人移民の〝草分け〟としての夫婦を中心に写真で綴られる植民地・巨文島の歴史。史料や資料が物語るものに私たちはもっと謙虚に耳を傾けなければならない。そのことは韓国も日本も違いはないのである。

（『読書人』一九九五年一月二十七日）

※　韓国は半島の国ということだが、一面では「島国」であり、南の多島海《タドヘ》や西海《ソヘ》にはたくさんの島々が散らばっている。東海《トンヘ》（日本海）側には欝陵島《ウルルンド》と独島《トクド》（日本名・竹島）ぐらいしかないが。韓国の島めぐりというのが、私の旅のテーマの一つなのだが、巨文島にはまだ行っていない。次の島めぐりの旅は、巨文島に決めようと思う。ただし、波の穏やかに時期に。

森崎和江著『二つのことば・二つのこころ』

筑摩書房（一九九五年七月刊）

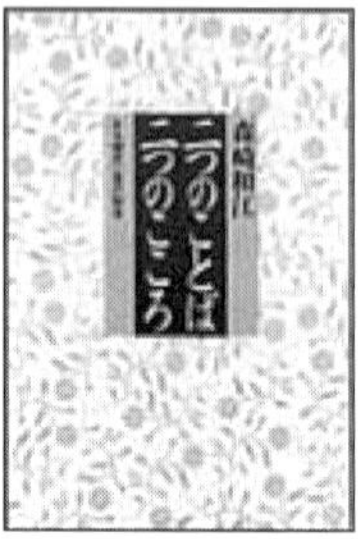

以前、韓国の大学で日本語の教師をしていた時、同僚の年輩の先生から「私は文章を書く時

はまず日本語で考え、それから頭の中で韓国語に翻訳するのです」と聞かされたことがあった。日本が朝鮮半島を植民地支配した時代に学生だった彼は、芥川龍之介や夏目漱石の好きな文学青年だった。生活語はともかく文章語、文化語はすっかり日本語となった先生は、今でもハングルだけの文章は読みにくいとこぼしていた。二つの言葉に引き裂かれた、二つの心を持った旧植民地人の実例である。

それとちょうど鏡を映して左右対称になったようなのが、著者の例だろう。森崎氏は、植民地朝鮮の古都、山と野が緑に蔽われた美しい町・慶州《キョンジュ》で植民者二世として育った。オモニはお母さんという韓国語の単語だが、誰だれのオモニ（オンマ）という言い方で、子を持つ女性を呼ぶ呼び名ともなる。一人の人間としてではなく、〝母〟（あるいは妻）としてしか認められない韓国社会の中での女性の位置を示しているものではあるけれど、たとえばカズエ・オンマア、イッソ？（カズエのおかあちゃん、いる？）といった言い方は限りなく優しく、懐かしいものであると私には思える。

太宰治の『津軽』に自分を子守してくれた女性のそばで身も心もくつろぐ場面があるが、本書にも森崎氏が自分を育ててくれた朝鮮人女性の家を田舎に訪ねてゆき、「オモニ」と呼ぶ文章がある。それは感動的な文章なのだが、その感動を手放しで感傷的にはすまいとする筆者の決意のようなものが感じられる。「オモニ」という優しい響きの言葉を奪おうとした側の人間が、彼（彼女）らより先にその引き裂かれた言葉と心を縫い合わせるわけにはゆかない。そういった苦渋と郷愁とが綯《な》い交《ま》ぜとなって、この本は生々しい傷痕を開示する臨床記録のようにも思える。

「〈生まれたらそこがふるさと〉うつくしき語彙にくるしみ閉じゆく絵本」（李正子《イチョンジャ》）。せめてこうした一輪の花を捧げ、数十年間にわたる引き裂かれた心の苦しみを労《いたわ》りたく思う。

（『日本経済新聞』一九九五年八月二十日）

※　森崎氏には『慶州・母の呼び声』という著書があった。植民者の子弟として植民地に生まれ、育った「コロンの子」の、生まれ故郷に対する「望郷」は屈折せざるをえない。その分だけ、母語や母国語、外国語に関する感覚が鋭くなるようだけれど。

野村伸一著
『巫と芸能者のアジア　芸能者とは何をするのか』
中央公論社（一九九五年十一月刊）

昨年九月、ハノイでハット・チェオという芸能を見た。漢字で書けば嘲戯、越英辞典ではコメディー、ファルスとなっていた。確かに顔に隈取《くまど》りというより、デン助的な顔塗りをして、滑稽な仕草で観客を笑わす（私には言葉はわからなかったが）のは、道化芝居、あるいは狂言という言葉にぴったり似合いそうな、庶民的な芸能だったのである（八百年の伝統があるという）。その中にマオ・ダオ（母道）と呼ばれるシャーマニズムの儀式を舞踊化し、パロディー化したような芸能があり、私は「なるほど、ベトナムでも巫俗と芸能とは密接に結びついている

のだな」と、改めて確認するような気持ちになったのである。野村氏の新著を読み、できることならば、著者にベトナムの巫俗と芸能との関わりについても調査してもらいたいと思わずにはいられなかったのである。

韓国の広大《クワンデ》と呼ばれる芸能者たちは、巫堂《ムーダン》と呼ばれる巫女の行うクッ（巫祭）にその芸の淵源を持っている。彼ら（彼女ら）はその遊行性や被差別性に共通項を持ち、日本の「くぐつ」と「くぐつ女」のような、梓巫女《あずさみこ》と毛坊主《けぼうず》のようなカップルとして信仰と芸能の世界を行き来していたのである。それはいってみれば、巫堂が神に向かって「わざおぎ」を行うのに対して、それを人に向けかえた「わざおぎ」が、広大たちの芸能になったということではないか。そこには聖なるものから俗なるものへと転換する、中世の神々の零落の時代がある。パリ公主《コンジュ》（捨てられた姫）のような苦難の運命や受難の道を歩く「苦しむ神」のみが、同じような苦しみに出会っている人間を救うことができるのであり、パリ公主と沈清《シムチョン》と照手姫《てるでひめ》とは、まさに同根の神霊的存在として、巫俗と芸能とを結びつける象徴的な登場人物となりえたのである。

野村氏は、こうした巫俗信仰や芸能の物語る神話的、説話的世界の中に入り込んでゆくと同時に、それを実演する人物たち、巫堂や広大、あるいは才人《ジェイン》、花郎《ファラン》といった芸能者や神と人との媒介をする人たちへの共感と同調とを語っている。さらに、現代のパンソリ芸人や、パンソリの復興者、広大の後継者、その振興者たちに対する〝個人的〟な傾倒ぶりを隠そうとしないのである。難をいえば、そこのところに読者の混乱を招く要素があるかもしれない。高麗、李朝あるいは近代と現代とが信仰や芸能の面においてほとんど歴史的な差異がないように見え（パンソリの起源と、近代のパンソリと、現代のパンソリ映画との区別がなく）、それに日本の中世や近世、近・現代とが重層的に絡み合って、歴史的時間を超越しているような感じを受ける（映画『西便制《ソピョンジェ》』への不満もそこにある）。

それはとりわけ、第六章の「アジアへ」の章で強く感じられる。ミャンマーとバリ島とがフィールドとして選ばれているのだが、それはやはり日本・朝鮮・中国という東アジアの〃血の濃い〃巫俗と芸能の関わりと較べ、比較芸能史的な意味においても、もう一つの媒介項、クッションのようなものが必要であると思われる。それは「歴史」的な時間の位相をどう位置づけるかということに関わっていると思われる。無時間的で永劫の芸能空間に、どう「歴史」的時間を媒介させるかということだ。

普遍的なアジアがあり、個別的なアジアがある。「巫」と「芸能」という視座から見るアジアは、きわめて普遍的であり、その共通性を抽出しえる唯一のフィールドといえるかもしれない。しかし、現在におけるそれらの位置付けは、アジアの各地においてまったく異なった段階にある。アジアの各地において我々は古代に出会い、中世に遭遇し、そして現代や未来に直面する。カミとヒトとモノの零落した現代日本において、この書物の価値はまさに正真正銘〃反時代〃的なところにある。

（『図書新聞』一九九六年二月十日号）

※ 妓生《キーセン》・広大・巫堂が私の韓国研究の最終的なテーマだと書いたことがある。妓生については、『妓生――「もの言う花」の文化誌』（作品社）という本を書いた。巫堂・広大についてはまだ書いていない。だが、野村氏の後塵を拝していても仕方がないので、少し視点や視角を変えて、このテーマに取り

組もうと思っている。

金石範著『火山島Ⅲ』
文藝春秋（一九九六年八月刊）

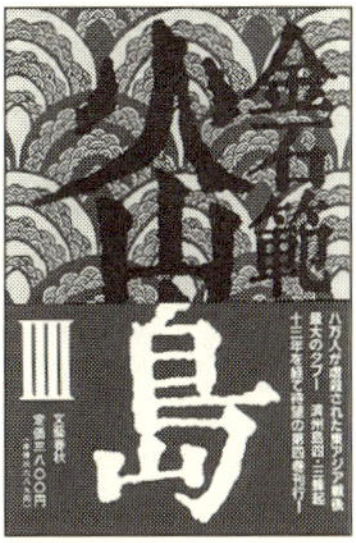

『火山島』は一巻から三巻まで合計千三百六十ページ（四百字詰め原稿用紙で約四千枚）、これに今回、五百五十八ページの四巻が加わり、さらに五巻、六巻と続刊される予定で、まさに金石範《キムソクボム》氏の畢生《ひっせい》の大著であり、また「日本」の戦後文学においても有数の大長篇小説である。

一〜三巻は一九四八年の初春を現在として、南朝鮮での単独選挙、単独政府樹立を目指す李承晩《イスンマン》など、アメリカ軍政の意向を受けた反共・保守派と、それを阻止しようとする南朝鮮労働党（南労党）の左翼勢力がぶつかりあった朝鮮半島の激動の時代を背景としている。朝鮮南端の済州島で有数の資産家・李泰洙《イテス》の息子であり、「転向」した知識人である李芳根《イバングン》を中心に、留置場で李芳根と同房だったことから彼の思想的な影響を受けた梁俊午《ヤンジュノ》、その後輩の南承之《ナムスンジ》など、多彩で多数の登場人物が『火山島』の世界を構成している。

四巻では、李芳根はビラ貼りをして警察に捕まった妹の有媛《ユウォン》をもらい受けるためにソウルに上京し、そこで大韓民国樹立の日（一九四八・八・一五）を迎える。アメリカの力を背景に反共主義者、親日家たちが半島の南半分だけで作り上げた分断国家。現在までひき続く南北分断の〝記念〟すべき日だったのだ。しかし、李芳根はいわゆる四・三事件、極左の武装ゲリラの蜂起と、それを鎮圧・弾圧しようとし、さらにエスカレートして無差別的に住民たちを殺戮し、村や家を破壊する警察、「西北青年会《ソブク》」（北から逃げてきた者たちの反共テロ団体）の血なまぐさい戦闘の続く済州島のことを忘れることができない。

一年半あまりで八万人が虐殺されたという済州島四・三事件。そのテーマを執拗に追い詰める金氏のライフ・ワークがようやくその半ばまで姿を現わした。苦痛に満ちた朝鮮現代史の記録碑を地中から掘り起こすような作業を、今はただ固唾《かたず》を飲んで見守るしかない。

（『日本経済新聞』一九九六年九月十五日）

※『火山島』は、まだ完結していなかったが、三巻完成の後、久しぶりに四巻が出されたのでその時点で書評を掲載しようということになり、書いた。この後、約一年後にこの大長編小説は完成した。

李恢成著『死者と生者の市』

文藝春秋（一九九六年十一月刊）

越境とかボーダーレスという言葉が流行り言葉のようになってからどれぐらいの時間がたつだろうか。越境者の文学とか、ボーダーレスの社会という言い方が、何の抵抗もなしに語られ

る時、私が思い起こすのは、北朝鮮の板門店《パンムンジョム》近くの路上で見た「ソウルまで〇〇キロ」という看板だった。もちろん、その道を行き、そのままソウルへ到着することは実際的には不可能だ。非武装地帯の厳しい監視と鉄条網、地雷原、そして板門店で対峙する北朝鮮兵士と、米・韓軍兵士たちの刺すような眼差し。それらのものが、私に「越境の文学」といった言葉をたやすく書くのをためらわせるのだ。

この小説の主人公、李文錫《イムンソク》は、パスポート、すなわち国境線を渡るための唯一の保証書を持たない人間である。彼は日本という国に住んでいるが、日本国籍を持った日本人ではない。彼の国籍は「朝鮮」であって、これは朝鮮半島が南北に分断する、すなわち大韓民国と朝鮮民主主義人民共和国として互いに互いを認めあわずに独立した以前の「幻」の国籍である。だから、彼には「本旅券の所持人を通路故障なく旅行させ、かつ、同人に必要な保護扶助を」「関係の諸官に要請」してくれる自分の国家というものがない。無国籍者、亡命者、難民として彼は、国境、こちら側とあちら側のボーダーを越えるたびに、その人為的な「国境線」を強く意識しなければならないのである。とりわけ、韓国という、彼にとっては自分と同じ民族が住み、同じ言語を使い、父母や親戚たちにつながる「故郷」に入るのに、さまざまな「故障」が起こり、その「必要な保護扶助」が受けられないということがしばしば引き起こされるのだ。それでも、文錫が韓国へ入ろうとするのは、そこに彼を呼ぼうとする韓国の民主化運動を担っていた友人たち、仲間たちがいるからであり、そして彼らから無言で「韓国」国籍を取ることを慫慂《しょうよう》されていることを文錫は知っている。

境界線は、南北の間だけに、政治的な休戦ラインとして、あるいは心の中の分断ラインとしてあるだけではない。生者と死者との間にも「越えられない」一線がある。韓国の民主化闘争の中で、統一された民族の夢を見ながら死んでいった死者たちに対して、生者は十分に敬意を払い、そして生者と死者の境界線を〝越えて〟、統一や民族の問題に対話、会話が交わされなければならないだろう。「単一民族」と呼ぶにはもはやあまりにも多重化され、多層化された「民族」に対し、どのような未来、将来が描かれなければならないのか。生者だけではなく死者たちにも問いかけようとする、またきわめてヴィヴィッドな小説でもある。

（『すばる』一九九七年一月号）

※「韓国籍」は、大韓民国の国民としての籍だが、「朝鮮籍」は、北朝鮮、すなわち朝鮮民主主義人民共和国の国民としての籍ではない。日本と北朝鮮とは国交がなく、正式の外交関係もないので、日本政府は「北朝鮮籍」を認めていない。「朝鮮籍」は、あくまでも便宜的なものであり、再入国許可証を得ていなければ、いったん日本を出国すると戻ってこられなくなるのが原則である。「朝鮮籍」から「韓国籍」への切り替え、日本国籍へと帰化する人の増大は、こうしたグローバリズム社会の中での出入国の不便さを理由とするものがもっとも多いと考えられる。

野村進著『コリアン世界の旅』

講談社（一九九六年十二月刊）

「釜山港へ帰れ」を日本では恋人同士の別れの歌と思っているが、原語の歌詞では兄弟の別離の歌である。都はるみの歌った「涙の連絡船」は恋を失った女心の歌だが、在日コリアンは朝鮮半島と日本とに別れ別れになった肉親や知人のことを歌ったものとして、聞いて（歌って）涙に暮れるのである。

日本人には知られない「シークレット・メッセージ」がある。決して表向きにはされないメッセージ、それが後者の例のように、日本人に隠された在日コリアンの心情や感情を伝える。美空ひばりは「悲しい酒」を歌うたびになぜ涙を流したのか。ベンチャー・ビジネスの雄・孫正義が、経済賞の授賞式のスピーチの途中で突然声を詰まらせ、絶句したのはなぜか。著者はこうした問いから在日コリアンの世界へと入りこんでゆく。

なぜ、在日コリアンたちは、そうしたシークレットを後生大事に保ち続けるのだろうか。あの歌手は、あの俳優は、あのスポーツ選手は実はコリアンなんだ、という巷《ちまた》での噂がある。あの演歌の大物歌手も、あの美人女優も、あの人気作家も、海峡を越えてきた人たちの子孫なんだ、と。もちろん、それが秘密にされねばならないのは、差別的な日本社会が、有形無形の差別や圧迫をこれまで彼らに強《し》いてきたからにほかならない。匿名の悪意や無自覚な無知や無邪気な偏狭さによって、在日する異民族は目に見えない人々として、日本という社会の檻の中に囲い込まれてきた。在日コリアンのそうした状況を鋭くとらえながら、在米の、在ベトナムの、在韓のコリアン世界へと著者は「旅」を続ける。

本書は、日本人には〝見えない〟コリアンの生活や文化の様相や人間としての在り方を描き出したものだ。それにしても、在日コリアンの文化は重層的に日本社会の中に組み込まれている。最大のシークレットは、彼らの作り出す文化なくして、現代の日本社会があり得ないという事実なのである。

（『読売新聞』一九九七年三月二日）

※「にしきの・あきら」「孫正義」といった有名な在日コリアンがいる。彼らは自分の出自を明らかにしながら、日本社会で活躍している。だが、残念なことにそれは一部の現象であり、多くの「在日」の有名人は「在日」であることを明らかにしようとはしない。差別が、いつ、どんな形でやってくるか分からないからだ。その不安が杞憂《きゆう》であれば幸いなのだが。

申英姫著、金燦訳『私は金正日の「踊り子」だった』

徳間書店（一九九七年四月刊）

平壌《ピョンヤン》で労働党書記・黄長燁《ファンジャンヨプ》氏から「主体思想《チュチェササン》」のレクチャーを受けたことがある。主体科学研究所の一室で黄氏は、リア王の例を引いて、主体思想が「愛《サラン》」を中心としていることを私たち、日本からの訪朝団に語った。リア王を本当に愛していたのは姉妹の中の誰か。党と指導者が人民を愛し、慈《いつく》しみ、人民は党と指導者に愛を捧げまつる。主体思想は無私の「愛」の思想であると黄氏は強調したのである。

「喜び組《キップンジョ》」というのがある。金正日《キムジョンイル》が連夜のように催す（らしい）秘密パーティーで、舞踏や酌で彼らをもてなす若い女性グループのことだ。「敬愛する指導者」金正日の「喜び《キプム》」に奉仕することは私たちの「喜び」であるという趣意らしい。「愛」といい「喜び」といい、朝鮮民主主義人民共和国（北朝鮮）では私たちの常識をやや越えている。本書の著者・申英姫《シンヨンヒ》はこの「喜び組」にいて、金正日や延亨黙《ヨンヒョンモク》など、北朝鮮の最高位の幹部たち専用の「踊り子」だった。もともと、舞踊家として人民芸術家の栄光を求めていた彼女が、いにしえの「官妓」のような「喜び組」の一員となったのは、軍隊であれ芸術団であれ、すべては「偉大なる首領様」としての金日成とその後継者に奉仕するものとしてあるからだ。一流の舞踊家、音楽家、俳優、歌手たちは「王家」をパトロンとするお抱え芸人であり、その運命は気紛れな芸術好きの暴君の手に委ねられている。とても二十世紀のこととは思われない。

「踊り子」は亡命した。幼い娘と息子、夫との四人家族の韓国への亡命の旅は成功した。北朝鮮の平均的な主体思想の持ち主が、「資本主義思想の害毒」に冒されてゆく過程は、朝鮮半島統一後の北朝鮮地域の人々のメンタル・ケアの必要性と困難をうかがわせるものだ。たくさんの北朝鮮の暴露本が出されているが、金賢姫《キムヒョンヒ》のものとこの本とが、悩める北朝鮮人民（やや上級の、女性の）生活や日常の感情の細部を描いていて、共感できる。

（『読売新聞』一九九七年四月二十七日）

※ ご存じのように黄長燁氏は、日本を経由して中国へ渡った時に、亡命して韓国へ行った。一度ソウルで、あの時あなたの教えてくれた「主体思想」とは何だったのかと聞いてみたいと思っている。なお、この時黄氏は、最初は日本語の通訳（朝鮮総連の韓徳銖《ハンドクス》元委員長の娘だという）を介して朝鮮語で話していたが、途中から流暢な日本語に変えて話してくれた。日本の中央大学で哲学を学んだと聞いた。

イ・ヨンスク著『「国語」という思想』

岩波書店（一九九六年十二月刊）

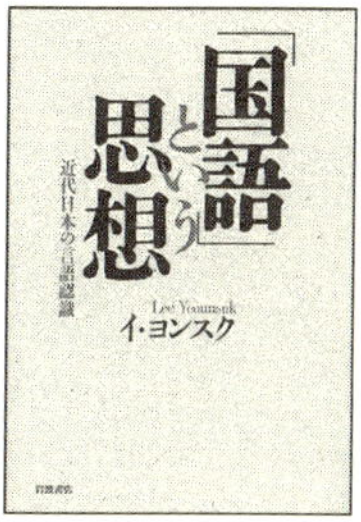

言葉の問題は人を熱狂させる。言葉というものにあまり執することは狂気を引き起こす。とりわけ「国語」や「母語」に関する問題は、平常では考えられないほど、人を興奮させ、ファナチックにし、闘争的にさせるのである。韓国人は今でも日本の植民地支配時代の「創氏改名」や「国語常用（日本語）強要」について恨《ハン》をいいつのる。母語を奪われるということはそれだけ屈辱的なことであり、身体的な暴力の記憶以上に、暴力的なものとして身に沁みて感じられるのである。

日本人が日本語という問題を論じるとき、どこかに学問的な判断や、言語学的な客観性とは別な感情やイデオギーが入ってこざるをえない。日本の近代における「国語」論争が、不倶戴天《ふぐたいてん》の仇敵同士のようにいがみ合うというのも、それは論争などではなく、党争（闘争）なのであり、互いに相手を完膚無きまでに粉砕しなければならないという「聖戦」だったからにほかならない。森有礼《もりありのり》と馬場辰猪《ばばたつい》の「日本語」論争から始まり、漢字廃止論と擁護論、漢字仮名併用論と仮名文字論、カナ文字論とローマ字論、旧カナ論と新カナ論、漢字制限論と自由論など、現在に至るまで「国語」論戦の種は尽きない。そしてそれは常に非妥協的であり、政治をも絡めて、いわば国論を二分しての論争が行われたのである。

　日本語を母語とする日本人にとって、こうした論争的な立場から自由になることは難しい。あくまでも客観的に「国語」を考察し、論じるということは、ある意味では馬場辰猪のように、日本語ではない言語で「日本語」のことを考え、記述することなしには難しいのかもしれない（馬場辰猪は、英語で『日本語文典』を著した）。イ・ヨンスク氏は、そのカタカナ名前からわかるように、韓国から日本へ留学にきた、若い世代の韓国人である（古い世代なら李妍淑というように漢字名を使うだろう）。「日本語」という「国語」に関する思想について、彼女の立場ほど、客観的で、学問的なアプローチを可能とするのにふさわしい立場は多くはないだろう。彼女は「国語」ではなく「外国語」としての日本語によって、「日本語」という「国語」について論じた。そこからは、「国語」的な対立が、日本語というイデオロギー、あるいは言語的なショービニズムの所産であることが、明確に見えていたのである。もちろん、それは「在日外国人」だから見えたといった他律的、受動的なものではない。韓国にも「国語」があり「国語政策」があり「言語ナショナリズム」がある（ハングルは、世界のどんな言語の音も表記できるという、ハングル・ショービニズムもある）。そうした「国語」体験と社会言語学の研鑽《けんさん》が、かくも画期的な「日本語」という「国語」のイデオロギー性と、その「起源」とを剔抉する著作を生み出したのである。

（『現代詩手帖』一九九七年五月号）

※　韓国からの留学生が日本の「国語」を論じる。頼もしい、学問上のボーダーレス現象といえるだろ

う。ひるがえって、韓国の「国語政策」について誰かが論究しないものかと思っている。カルチュラル・スタディーズの研究対象として、とても面白いのではないかと考えているのだが。

安田敏朗著
『植民地のなかの「国語学」　時枝誠記と京城帝国大学をめぐって』
三元社（一九九七年四月刊）

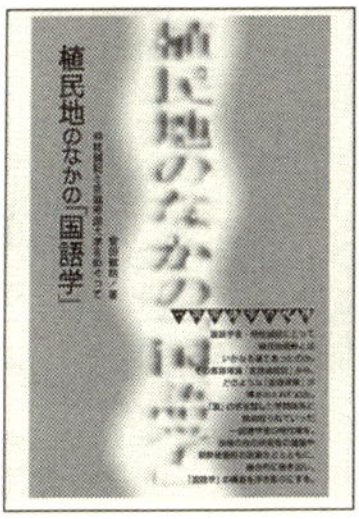

戦前と戦中、日本語を「国語」として教育を受けた外国人たちがいた。朝鮮半島の人々、台湾の人々、「満州」の人々、南洋群島の人々、そしてサハリン（樺太）の少数民族の人たち。それらの人々は大日本帝国の植民地の「皇国臣民」たちであり、「国語」が理解できないような者は「日本人」ではないと、叱られながらニホンゴという外国語を「国語」として教わり、学んだのである。もちろん、誰もが疑問を感じていた。先祖から、両親から伝えられた大切な「母国語」、それを愛し、正しく使うことを奨励されながら、たとえば朝鮮人は、しかし、そうした「母国語」としての朝鮮語を使うことを禁じられ、外国語でしかないニホンゴを「国語」として学ばなければならなかったのである。朝鮮語や「台湾語（台湾の言語）」を母国語とする人々がどうして「ニホンゴ＝国語」をおぼえなければならないのか。その疑問に「国語学」の立場から、何とかして答えを見出そうとしたのが、「京城帝国大学」の国語学の教授であった時枝誠記《ときえだもとき》（後に東京大学教授）にほかならなかった。ただし、その答えは、宗主国としての日本人の身勝手

な「植民地主義」的論理によるものでしかなかったが。

この本は、時枝誠記が、植民地だった朝鮮の「京城（現ソウル）」のもっとも新しい「帝国大学」で「国語学（もちろん日本語の）」を学生たちに講じながら、朝鮮総督府が進めていた「国語＝日本語普及」の運動にいかに思想的に関わっていたかを、実証的に明らかにしたものである。時枝誠記は日本語の海外普及を目的とした雑誌『日本語』（福田恆存が編集長だった）に「朝鮮に於ける国語政策及び国語教育の将来」という論文を、朝鮮教育会から出されていた『文教の朝鮮』に「国語学と国語教育」を、「京城」で出されていた『国民文学』に「朝鮮に於ける国語」を書いている。これらは時枝誠記が、植民地における日本語普及（という名の強制）という総督府の「国語政策」に理論的に関わっていたことを示している。特に著者は、総督府の文教関係の官僚に時枝誠記の教え子が存在し、彼の「国語学」と総督府の「国語政策」との直接的な関係性を示した。いわば状況証拠によって時枝誠記の「植民地主義」を批判してきたこれまでの論点（たとえば、石剛《シーガン》『植民地支配と日本語』三元社、拙著『海を渡った日本語』青土社）を、一歩進めたものと評価できよう。

この本は先頃上梓されたイ・ヨンスクの『「国語」という思想』（岩波書店）と合わせて読まれるべきものかもしれない。イ・ヨンスクの本は、日本において「国語」という考え方、イデオロギーがどのように生み出されてきたかを明治以降の「近代化」のなかで跡づけてみせた。イ・ヨンスクが中心的に論じたのは、国語政策の実践的な指導者だった保科孝一である。上田万年《かずとし》の「国語学」は、その次ぎの世代で橋本進吉の純理論的な国語学と、保科孝一の実践的な国語政策に分化し、その「国語学」と「国語政策」の両方の面を受け継いだのが時枝誠記だったといってもよいかもしれない。私たちはこの両者の本によって、日本の「国語」という概念、そして「国語学」という学問そのものの起源とイデオロギー性を「植民地主義（コロニアリズム）」という視点によってはっきりと捉えることができるようになったのである。

著者は東京大学で「国語学」を学んだ少壮学者である。とすると、この本は、時枝誠記の「国語学」を批判することにおいて、自らの退路を断って書いたものということになる。上田万年に始まる「国語学」がもっとも強い力を持っていた場所から生まれた「革新」の書なのである。

（『熊本日日新聞』一九九七年五月十一日）

※　時枝誠記は、京城帝国大学から戻ってきて、母校・東京帝国大学の国語の教授となった。本書の著者・安田敏朗氏は、東大国語科出身の俊英で、その彼が時枝誠記を批判するのは、指導教授の教授、先生の先生を批判することであり、学問世界では、師の師、さらにその師の師を批判することは絶対的なタブーといえる。それに果敢に挑戦した安田氏は、現在一橋大学に職を得て、大学生に教える「国語」の授業を担当しているという。

柳美里『家族シネマ』

講談社（一九九七年三月刊）ほか

在日韓国（朝鮮）人の書き手の活躍が目立っている。芥川賞を受賞した柳美里《ユウミリ》は、サイン会が脅迫電話で中止になるという事件があったが、受賞作「家族シネマ」（講談社）がベストセラーとなり、家族や自らの生い立ちをつづった自伝的エッセイ「水辺のゆりかご」（角川書店）も好調で、しばらく沈滞現象が続いていた純文学の世界では、久々の期待の星といったところだ。砂粒のようにバラバラになった家族と、その再生を願う現代人の心の琴線に触れた柳美里の言葉。在日韓国人という立場からではなく、個人的なアイデンティティーの根拠としての民族や祖国や家族や血縁といったものから疎外され、それでも自分の帰属する場所、アイデンティティーを求めて彷徨《ほうこう》する若い女性。そうした彼女の姿勢が、同世代やその上の世代の日本人の読者にも好ましく受け止められたようだ。

この柳美里をはじめとして、最近の在日韓国人の若い書き手には、その「韓国人性」を正面に打ち出さず、むしろ「在日」という局面を表に打ち出そうとする傾向があるようだ。

十年ほど前、「猪飼野物語」（草風館）という小説集を出し、一部で注目された小説家の元秀一《ウォンスイル》は、在日のヤクザめいた独身の中年男が、韓国のAV女優にソウルに連れられてゆき、しっかりだまされて金を盗《と》られるというドタバタ喜劇のような長篇小説「AV・オデッセイ」（新幹社、一九九七年三月刊）を出した。

大阪弁と韓国語と、さらにその済州島《チェジュド》訛《なま》りの乱舞するこの小説は、その章題を見ても、「ソウル　ソウル　ソウル」はともかくとして、「トキオナイト」「ユギオブルース」「デスアンドサラン」「カスマプゲ」といった調子で、韓国語、英語、日本語のチャンポン言語なのであり、いわばクレオール言語で書かれた「日本文学」作品なのである（「ユギオ」は「6・25」で朝鮮戦争勃発の日、転じて朝鮮戦争のことを意味する。「サラン」は愛という意味）。どちらかというと、真面目な純文学、社会問題小説の多かった在日韓国人文学のなかで、元秀一のような「不真面目」な小説は珍しい。女と見れば、ラブホテルに連れ込もうとしか考えず、どんな場合でもまず下半身が感応するAVビデオの通信販売を業務とする〈シカゴ・甲秀《カプス》〉が主人公で、彼がオデッセイよろしく、ソウル、東京、大阪をまたにかけて、一本のビデオ（父親）を捜し求めて、遍歴の旅を続ける。やや風俗的なサービス過剰というキライもなくはないが、「韓国問題」や「朝鮮問題」、あるいは「在日の問題」にコリ過ぎた頭を揉みほぐしてくれる効用は十分にある。梁石日《ヤンソギル》などの後に続く、在日韓国人文学の新しい流れといってよいだろう。

李青若《イチョンヤク》の「在日韓国人三世の胸のうち」（草思社）は、題名通り在日韓国人三世の「心」のうちを書いたエッセイだ。若い女性である彼女は、旅行で数日留守にした。帰ってみると、自分宛ての手紙が誰かに開封されている。父親に聞くとあっさり自分が開けたという。怒る娘に対して、父親はなぜ娘が怒っているのかわからない。自分の娘のところにきた手紙を父親が開けて見てなぜ悪い。家族にプライバシーなんてものがありうるわけがない。李家では父親は一世、母親は二世、そして母親の口癖には「一世の苦労と二世の苦悩、その上であんたたち三世のいる」ということなのだ。苦労と苦悩に対して、三世の「苦笑」といったら不謹慎かもしれないが、一世の「韓国人性」は部外者から見ればユーモラスで、人間味が溢れているように思える。柳美里の父親や、〈シカゴ・甲秀〉の父母、李家の父親など、自分の親でなければ、これらはなかなか興味深い人間像だ。在日韓国人文学の魅力も、こうした一世的性格に負っているようにも思われる。

（『信濃毎日新聞』一九九七年六月）

※　柳美里の芥川賞受賞を受けて、最近の在日の文学について書いてほしいと頼まれて書いたもの。玄月や金城一紀はまだ登場していなかった。

徐京植著『分断を生きる　「在日」を超えて』

影書房（一九九七年五月刊）

この本を読んで共感と違和感の二つを持った。そのことを書いてみたい。著者は文化相対主義とか文化的多元主義とかに基づく「共生」論、すなわち日本人と「在日朝鮮人」が互いにその「文化」を尊重しあって共生するという、口当たりのいい考え方を批判している。確かに日

本社会における「在日朝鮮人」の問題は、「たんなる移民とホスト社会の関係の問題」でもなければ、「エスニック集団間の『共生』の問題」でもなく、まさしく著者のいうとおり、「日本帝国主義による植民地支配の歴史的克服の問題」なのである。著者はそうした立場から、「従軍慰安婦」に対する民間（国民）補償を推進する「女性のためのアジア平和国民基金」を批判するのだが、これは「正論」である。カエサルのものはカエサルへ。国家と軍の名の下で「総動員」された者たちへの補償・賠償が「国家」の名の下でなされなければならぬのは当然だろう。

だが、それは号令一下、すべてのものを「総動員」する「強権国家」の幻を再び立ち上がらせることになるかもしれないことにも自覚的であるべきだろう。つまりそれは、再び「国家」に自己責任のすべてを委ねようという日本国民の「悪癖」を助長することに終わるのではないかという危惧だ。

もちろん、そんなことは日本国民と日本国家の問題だと著者に一蹴されてしまうかもしれないが、「国家」が介入して「従軍慰安婦」の記述を教科書に載せたことから始まった「反動」によるてんやわんやの騒動を見ると、それは決して杞憂とはいえないのである。

「新しい教科書をつくる会」という「反動勢力」に対して、著者は「もはや黙っていられない」という。私もそれにには同感だが、それは彼らの「歴史観」の内容以上に、新しい「歴史教科書」を国家に承認させようという考え方そのものが反動的だと思うからだ。無数の「歴史」があっていい。「国家」の介入なしにそれを克服してゆくために。

（『東京新聞』一九九七年七月六日）

※　いわゆる朝鮮人従軍慰安婦の日本国家による謝罪、賠償については、私は「現実主義」的であってもよかったと思っている。ただし、徐《ソ》氏のような「原則論」を否定しない限りにおいてだが。同じようなことは、北朝鮮の拉致家族問題についても考える。「原則論」あっての「現実主義」的な方策が立てられるべきだろう。

真鍋祐子著『烈士の誕生』

平河出版社（一九九七年六月刊）

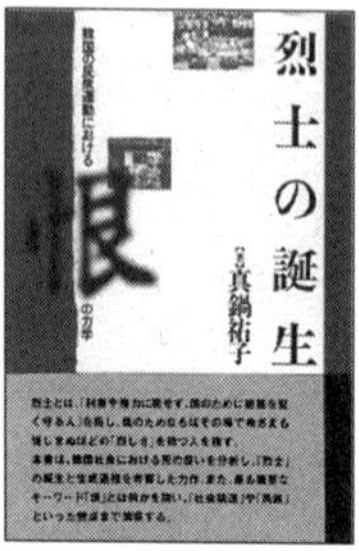

一頃、韓国ではこんなジョークが流行った。碩士《ソクサ》（修士）の上に博士《パクサ》、博士の上に陸士《ユクサ》、陸士の上に女史《ヨサ》あり、と。陸士は陸軍士官学校出身の当時の全斗煥《チョンドゥファン》大統領であり、女史は大統領夫人である。全《チョン》・盧《ノ》大統領時代の韓国では、この「陸士」「女史」に対抗して「烈士《ヨルサ》」が数多く誕生した。「烈士」とは本来は「利害や権力に屈せず、国のために節義を固く守る人」のことだが、ここでは韓国の民主化運動の「運動」にあって、焼身自殺などで抗議や抵抗をしたり、弾圧の犠牲になったりした若者たちを英雄視し、尊称したものだ。

九一年の「五月事態」では、一人の学生が殴殺された事件をきっかけに一か月に八人の学生が死の抗議を行った。これを「屍体愛好症」と呼び、「自殺」の流行をくい止めるべきだと発言した詩人の金芝河《キムジハ》は、民主化運動圏の人々から裏切り者呼ばわりされた。遺影や時には遺体そのもの、あるいは遺族たちを先頭とした追慕のデモが行われ、機動隊と激しく衝突した。「烈士」はまさに反体制的な民主化運動の象徴として祭り上げられたのである。

著者はこの韓国の民主化運動に特徴的な「烈士」の誕生を、伝統的な「冤魂」という葬礼信仰から解き明かそうとする。「恨《ハン》」を持った死者の「荒ぶる魂」を恐れ、その「恨」を解きほぐすこと（恨《ハン》プリ）。そうした儀礼的な社会劇として「烈士」の追慕祭が行われ、墓域への巡礼が実行される。そのモデルケースとして、劣悪な労働条件の改善を訴えて焼身自殺をした平和市場の製縫工の全泰壹《チョンテイル》が取り上げられる。彼は「韓国のイエス」として聖人化され、理想的な「烈士」として神話化された。韓国の土着的なキリスト教神学、民衆神学との精神的な結びつきが探られ、宗教社会学の観点から韓国の学生「運動圏」の精神的背景が解き明かされるのである。新鮮な視角と着実な論証は、新しい世代の「韓国論」を予期させるが、叙述や文章にも一工夫がほしい。

（『読売新聞』一九九七年九月二十一日）

※　現代の韓国社会に生きている「民俗学」的なもの。真鍋氏のこの本は、そうした都市民俗学の教科書にしたいような力作である。しかし、いささか若書きのようなところもあって、読み物としてもう少し「書く」修練を積んでほしいと思った。学術書にしておくのはもったいない。そう思わせるほど、その発想は「文学的」なのである。

金石範著『火山島Ⅰ～Ⅶ』
文藝春秋（一九八三年六月～一九九七年九月刊）

執筆期間約二十年、原稿用紙にして一万一千余枚という大長編小説「火山島」が完結した。全七巻、二段組みでびっしり組まれた活字は、突飛な連想かもしれないが韓国の海印寺《ヘインサ》にある高麗大蔵経の版木の文字群を思い起こさせた。文字によって極限的にできることがそこで達成されたという意味において、である。

「火山島」は一九四八年春に朝鮮の最南に位置する済州島《チェジュド》で起きた四・三事件を作品世界の背景としている。日本帝国主義の植民地支配からの解放をかち取り、独立の気運に燃えていた朝鮮は米・ソ両大国の思惑により南北の分断を固定化される危機に陥った。大韓民国が成立するきっかけとなった南朝鮮だけの単独選挙に反対する済州島での武装蜂起が四・三事件なのであり、麗水《ヨス》・順天《スンチョン》での韓国軍の反乱事件、智異山《チリサン》でのパルチザン闘争、そして朝鮮戦争へとつながる激動の時代の新たな開幕となったのである。

登場人物は大きくは、済州島の地元資産家の息子で、ニヒリズム的思想に染まった非行動的な李芳根《イバングン》と、山岳ゲリラ部隊に参加した行動的な南承之《ナムスンジ》という対照的な二人の主人公を中心点とする楕円構造によって分類される。李芳根の家族の物語として、父親の泰洙《テス》、妹の有媛《ユウオン》との

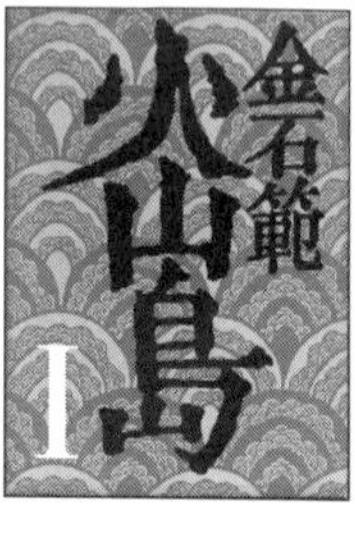

葛藤や愛情があり、さらに南承之のゲリラ隊との関連において康蒙九《カンモング》、梁俊午《ヤンジュノ》、金東辰《キムドンジン》などの「同志」たちと、敵対する鄭世容《チョンセヨン》、裏切り者の柳達鉉《ユダルヒョン》などの多彩な人物たちが登場するのである。

全七巻のあらすじを簡単に紹介するわけにはゆかない（それだけでこの書評面は埋まってしまうだろう）ので、最終巻の第七巻だけを摘記しよう。済州島でのゲリラ部隊と、軍・警察、「西北《ソブク》」と呼ばれる右翼暴力集団との対決は一進一退を続け、その中で麗水、順天の政府軍の兵士たちが済州島のゲリラ討伐増援軍派遣を拒否して反乱を起こした。しかし反乱軍は鎮圧され、済州島の山岳地帯に立てこもったゲリラたちも段々と追い詰められ、食糧難、内部虐殺などで壊滅の危機が近付いてきた。李芳根は漁船を用意し、ゲリラ闘争参加者たちを密かに日本へ脱出させるという工作に携わっていた。その船にスパイの柳達鉉が乗り込み、船員たちの憤激を買ってマストに吊され、死んでしまうという事件が起こる。李芳根はそれまでの非行動的、傍観者的立場を棄て、ゲリラ隊に捕縛された鄭世容（李芳根の親戚）を処刑する役割を自ら買って出る。さらに彼は政府軍に捕らわれた南承之を救い出し、嫌がる彼を密航船に乗せて彼と心を通い合わせている妹の有媛のいる日本へと送り出し、その後にピストルによって自殺するのである。

南承之の密航と李芳根の自決とによって、この朝鮮半島の現代史を全七巻に凝縮させた長編小説は締め括られるのだが、そこで描かれているのは単なる歴史的な事実や、李芳根、南承之など登場人物たちの悲劇的な物語だけではない。済州島四・三事件という政治的事件の背後にある「済州島」という風土そのもの、そこに生きている人間の生活や精神を丸ごと描き出すことによって、なぜ朝鮮の現代史の悲劇を象徴するような四・三事件が済州島で引き起こされたかという原因と理由とが粘り強く探求されているのである。巫俗の儀式や習俗風習、土地独特の食べ物や民謡、さらに地面から湧き出たような人物たち（でんぼう爺いやブオギなど）が描かれているのも、ほかではなく、この作品が済州島という一つの世界を表現する「全体小説」の試み（それは高度なレベルで達成された）なのだからである。

（『読売新聞』一九九七年九月二十八日）

ヤン・グィジャ著、中野宣子訳
『ソウル・スケッチブック』
木犀社（一九九七年十一月刊）

著者のヤン・グィジャ氏は、韓国でアンケート調査をすると、一番好きな作家の一人としてよくとりあげられる人気作家であるという。

なぜかということは、この『ソウル・スケッチブック』と題された「人物小説」集を読めば、すぐわかる。「人物小説」という聞きなれない言葉は、彼女の造語であり、「ひとりの人物の外見上の姿と内面に隠された精神を同時に追跡して、それを二百字詰め原稿用紙で二十枚、あるいは長くても二十五枚に満たない短い文章で表現」したものだ。

ただし、そこでとりあげられる「人物」は偉人でも英雄でもなく、また極端な善人でも悪人でもなく、有名人でも有名になるべき人でもない。隣近所や会社などの、どこにでもいそうな

「普通の人」であり、読者はいわばそこで自分の姿や、家族や同僚や知人の肖像をスケッチしたものを見出す。ちょっとホロリとさせ、少しニヤリとさせ、そしてホッとため息をつくような、様々な人々の「人生」の断面のスケッチを。

スーパーで配達員として勤めているのに、パートのアルバイトとしてラッシュアワーの電車の中に人を押し込む「プッシュマン」をしている若者。近所の家へ行き、そこの家の窓から平壌にある牡丹峰《モランボン》が見えるという老女。もちろん、ソウルの街から牡丹峰が見えるわけがないが、老女は韓国人が行けるはずのない「北」のふるさとの街に実家の家族と長男を置いて「南」に来た「失郷民」なのだ。あるいは、乗客の職業をピタリと当てるというタクシーの運転手。涙を見せることのほとんどない、「私」の母親。

ヤン・グィジャ氏によって描かれた現代の韓国人の「世態人情」は、いかにも「韓国」的なものだが、それはまた日本の読者にとっても身につまされたり、身に覚えのありそうなものだ。この小説集は隣国の「普通の人」を知るための、こよなき「窓」である。

（『読売新聞』一九九八年一月十一日）

※　ヤン・グィジャを漢字で書けば梁貴子。小説を書く傍ら韓国家庭料理を食べさせるレストランの経営者をしていた。そこには韓国の作家たちがよく集まり、談論風発していた。彼女はそこで「人間観察」をしていたのかもしれない。私も一度だけ李文烈《イムニョル》氏に連れられて行ったが、憧れのヤン氏に会ってボウっとして、挨拶もろくに出来なかった。

姜信子著『日韓音楽ノート』

岩波書店（一九九八年一月刊）

私の手許にオーケーレコードの一九三七年（昭和十二）の「四月新譜」のパンフレットがある。朴英鎬《パクヨンホ》詩・金松《キムソン》曲・金海松《キムヘソン》歌の『人生午前』、朴英鎬詩・孫牧人《ソンモギン》曲・李蘭影《イナンヨン》歌の『春の処女』などが新曲流行歌として紹介されている。オーケーレコードは帝国蓄音器（株）、すなわち「テイチク」のレーベルであり、東京以外は大坂、神戸、福岡や「京城」に支店があった。ハングルで書かれたパンフレットはもちろん京城支店のもので、流行歌のほかに「鮮洋楽伴奏盤」とか「詩調《シジョ》・歌詞《カサ》」とか「南道雑歌」「西道雑歌・京畿雑歌」といった種類のレコードが目録に掲載されている。

なぜ、こんなことを書くかというと、戦前の日本では、レコード音楽もその嗜好が異なっていて、同じレコード会社でも朝鮮向けと日本向けでは発売している曲目や音楽の種類に著しい差違があったことをいいたいためだ。そして、このことは日本で一時「通説」ともなっていた日本演歌＝韓国源流説を否定することにつながる。演歌の神様ともいわれる古賀政男が若い頃朝鮮に渡り、「京城」に住み、そこで朝鮮のメロディをたっぷりと耳に蓄え、作り出したのが古賀メロディ、すなわち日本の真正演歌だというのがこの日本演歌＝韓国源流説の骨子だが、実

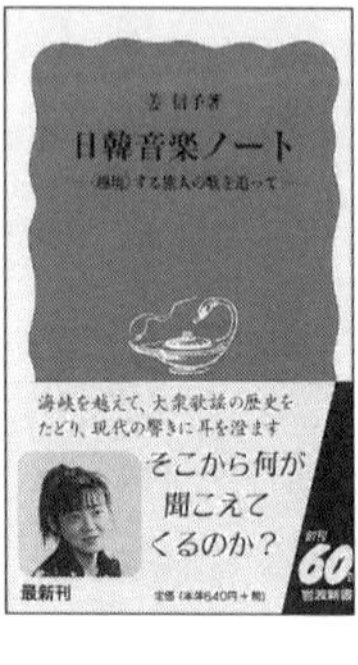

際は朝鮮の流行歌、歌謡曲はその他の近代的な文物と同様に日本経由で入ってきたものだった。古賀政男が一九一〇～二〇年代の植民地朝鮮で聞いていたのは、日本の唱歌や演歌であるか、あるいはせいぜいその影響を受けて作られた朝鮮の新しい唱歌や歌曲であったに違いないのである。

孫牧人、日本名・久我山明《くがやまあきら》は日本で有名な『カスバの女』の作曲者だが、古賀政男とは逆に一九三〇年代に日本留学し、東京音楽学校のピアノ科に入り、近代的な演奏法や作曲を学んだ。故郷に帰ってアルバイトとしてオーケーレコードのピアニストをしながら、『他郷暮らし』『木浦《モッポ》の涙』などの名曲を生み出し、それは日本のレコード会社が朝鮮に進出して設立した支店から売り出されて一世を風靡《ふうび》することとなった。その意味でいえば、韓国の歌謡曲は「日本」の影響を色濃く受けている。韓国演歌をポンチャックと通称するが、ポンチャックとは「倭色歌謡《ウエセクカヨ》」（日本風の歌謡ということで、蔑称である）であるとして、たとえば「韓国の美空ひばり」といわれる李美子《イミジャ》の歌う『トクベクアガシ』は放送禁止となった。韓国では「倭色」は倫理的に非難される対象となりうるのである。だが、ある韓国の大衆歌謡評論家は、この韓国演歌＝日本源流説を否定する。二拍子もヨナ抜き音階も、七五調もコブシを効かせた唱い方も、「倭色」すなわち日本独自な音楽といったものではない。よしんばそれが日本経由の洋楽だとしても、それをさらに「韓国」化することによって韓国歌謡が成立したのだ。それを「倭色歌謡」として自ら卑下したり、ましてや政治的な意味で排斥したりすることは民族主義の履き違え以外ではありえないというのだ。

これらの主なエピソードは、本書『日韓音楽ノート』に書かれていることがらだ。日本演歌＝韓国源流説、韓国演歌＝日本源流説。この二つのドグマは、期せずして日韓双方において七〇、八〇年代において盛んになった。日本では韓国ブームが起き、韓国経済や韓国文化をその等身大以上に持ち上げる言説が撒《ま》き散らされた。韓国では民族主義の高揚と民衆主義が頂点に達しようとした時に過剰に「日本の大衆文化」を敵視する風潮が醸し出された。しかし、戦前のレコード目録を見てもわかるように、朝鮮の人々も、日本の人々も基本的には別々の嗜好や趣味でその音楽を楽しんでいたのであり（たとえそれが同根であったとしても）、『連絡船の歌』のように「国境」を越えて両国民に愛唱される歌はむしろ例外的だった。副題にある「〈越境〉する旅人の歌」とは、過去ではなく、未来に向けられた民族や国家を越えた歌の可能性の謂《い》いなのである。

（『熊本日日新聞』一九九八年二月十五日）

※　戦前は朝鮮歌舞団が「内地公演」をして、李蘭影やアリラン・ボーイズなどが活躍した。こうした戦前の「日韓」大衆芸能交流の埋もれた歴史も是非発掘してほしい。崔承喜《チェスンヒ》と日本のダンス界とのつながりなど、テーマはまだまだたくさん残されていると思う。

梁石日著『血と骨』

幻冬舎（一九九八年二月刊）

迫力のある小説である。金俊平《キムジュンピョン》という一人の在日朝鮮人の「生き方」を通して人間の欲望と孤立、徹底して「個人」として生き抜くことの意味を、小説の形にして提出したものだ。ただ、主人公や登場する人物たちの生き方や動きがあまりに激しく揺れ動くので、それを追いかけて「小説」の形に整えるのに間に合わず、ところどころ構成に破れ目が見えないこともない。しかし、そんな瑕瑾《かきん》を覆うように、小説は前へ前へとぐいぐい読者を引っ張ってゆく。まるで、主人公・金俊平の比類のない膂力《りょりょく》に摑まれているように。

済州島からの移民である金俊平は、腕の良い蒲鉾職人だったが、博打好きで、極道者たちからも恐れられていた。賭博で金を得た彼は、飛田の遊廓で八重という女と出会い、身請けする金を出したが、女に騙《だま》されて逃げられてしまう。金俊平の「極道」ぶりの生活はますますエスカレートしてゆくが、日本の社会もクーデター、事変、戦争という狂乱の時代へと雪崩《なだれ》こんでゆくのである。

金俊平という男の一生の物語であると同時に、この小説は戦前、戦中、戦後の在日朝鮮人の近・現代史を描いたものである。済州島―日本の航路を独占し、暴利をむさぼる船会社に対して「東亜通航組合」を作って対抗しようとする在日朝鮮人たちの運動。こうした「民族」の団結、統一の思想を背景に、あくまでも孤立した不逞、無頼の一匹狼として金俊平は存在し、彼は「民族」からだけではなく、その本妻、子供たち、妾とその子供たちという「血族」「家族」からも背かれ、孤立無援となってゆかざるをえないのである。むろん、それは彼の暴力性や吝嗇、徹底した人間不信と虚脱感がもたらしたものであるのだが。最後にすべて財産を寄付して、老いた彼は幼い子供たちを伴って北朝鮮に「帰国」する。「家族」から孤立していた彼が「民族」へと帰一してゆく。この結末は哀切である。

（『読売新聞』一九九八年三月十五日）

※　血は母から、骨は父から受け継ぐという言葉が韓国にある。作者の父親をモデルとしたらしい作品だが、梁石日の作家としての長所、短所のいずれをも示した代表作といえるだろう。一種のピカレスク（悪漢）小説として、抜群の迫力を持っている。

小田実著『「アボジ」を踏む』

講談社（一九九八年五月刊）

「アボジ」とは韓国語で「父さん」であり、表題作では語り手の〈私〉を「オダ君」と呼ぶ、〈私〉の結婚相手の父親、つまり普通にいえば婿に対しての「義父」ということだ。「アボジ」には七人の娘がいて、〈私〉はその末娘の「人生の同行者」であり、「アボジ」にとってはかわいい末娘をたぶらかす日本人の「ヤクジャ（ヤクザ）」のような男に見えたらしい。

初対面の開口一番、「金あるか、なかったらやるで」という「アボジ」のセリフは、〈私〉に男のダンディズムを感じさせる。いわば典型的な朝鮮人男の見栄を持った「アボジ」なのである。

川端賞を受賞した短編の成功要因は、何といってもこの「アボジ」のキャラクターの造形と、そのセリフにある。「オダ君、ぼくはもうとつかれて、とつかれてな。ヒザの上に棒入れられて、ひっくりかえされたり何して、いまだに、オダ君、ぼくはここが痛いんだョ」。闇屋のアメ売りをしていて、朝鮮独立運動の闘士と見込まれ、警察で拷問を受けた時の話だ。

苦難と苦闘の在日生活をさらりと語るその語り口は、坦々《たんたん》としているだけに逆に迫力を感じさせる。数万言の言葉を費やしても、言い尽くすことのできない「恨《ハン》」を軽妙な「アボジ語」

で語らせる効果は、単に作者の技量ということだけではなく、「アボジ」という人間の存在感の確かさに因《よ》るもののように思える。

その「アボジ」を「踏む」というのは、阪神大震災の避難所から出てすぐに、故郷の済州島で死んでしまった「アボジ」の墓の土固めをするということだが、親族一同で土踏みをする〈私〉の耳に響いてくる「オダ君、そんなに強う踏むな。ぼくは痛いんだョ。ぼくはもうどこにも行かん。ぼくの長田の家はもうつぶれてないョ」という「アボジ」の声は限りなく哀切であり、また滑けいでもある。四十年かけた短編集の中でも、とりわけ凝縮された一語として、読者の心に残るのである。

（共同通信系、一九九八年六月）

※　韓国は土葬が中心であり、火葬は貧しい人、子孫のいない人といったイメージがある。在日の一世世代にとって、亡骸《なきがら》を故郷の地に埋めてもらい、南面した山の中腹で、墳丘の下に眠ることが最大の願いである。子や孫が年に何回か墓参し、そのそばで野遊をするのを眺めながら。

奈良美那著『風に抱かれた鳥』
新幹社（一九九八年六月刊）

「風の丘を越えて——西便制《ソピョンジェ》」という韓国映画の上映で、日本にもある程度知られるようになった韓国の民間の伝統芸能「パンソリ」の名唱の物語である。確かに今の日本小説の中では珍しい題材の小説であり、特異な主題の作品といえるだろう。だが、読者はそんなに違和感を持たないのではないだろうか。

巫堂《ムーダン》（＝みこ）の私生児として生まれた玉順《オクスン》が、妓生《キーセン》の蓮紅《ヨンホン》となり、さらに〝父さん〟の願い通りにパンソリの唱い手・沈芝仙《シムチソン》になるまでの前半は、日本にもある芸道小説のパターンであり、厳しい師匠についたり、山に籠もって修業をしたりするというのも、日本の桃中軒雲右衛門などの「芸道」修業にもありそうな話だ。

不遇な境遇に生まれついた主人公が、さまざまな苦難を経て、ようやく一つの道を究める。日本で好まれる、まさに浪花節的な「芸道一代」の物語といってよい。

だが、単に戦前の植民地時代から現在までの韓国を舞台とした「芸道小説」というには、作者がこの作品にかけた情熱はおおきすぎるような気がする。大と花枝という人物を登場させ、芝仙と「三角関係」になるのだが、そこには植民地時代の「親日文学」の問題が浮かび上がる。

また、総督府政府によるパンソリなどの伝統芸能に対する理不尽な弾圧が語られる。作品の後半は芝仙という名唱の「芸道一代」の物語を越え、植民地支配から解放、動乱、分断という朝鮮半島の「現代史」そのものが描かれるのだ。

こうした企図は壮大であり、またかなりの程度それは達成されているのだが、時代を現代にまで引き伸ばし、韓国の「新世代」まで作品世界に取り込めようとしたのは、やや欲張りすぎといわざるをえない。芝仙をみとる現代娘ミアの物語はしり切れトンボであり、その「恋愛観」もよくわからない。芝仙の「戦後（解放後）」をもう少し丁寧に語って欲しかった。

（『埼玉新聞』一九九八年七月）

※　日本人が書いた韓国の芸道物語として期待して読んだが、うまく素材を生かし切れていない感じを受けた。やはり、李清俊《イチョンジュン》の『南道の人々』（映画『風の丘を越えて（西便制）』の原作）などに較べると、作品の深みや、人物造形の確かさについて、かなり劣る。しかし、そうした世界を描こうとする意欲は十分に買いたい。

村田喜代子著『龍秘御天歌』
文藝春秋（一九九八年五月刊）

新聞に時々、「〇〇〇〇こと金《キム》（李《イ》でも朴《パク》でもいいが）」といった記述がなされることがある。故辛島十兵衛こと張成徹《チャンソンチョル》といった具合に、だ。通名と本名。たとえば立原正秋の本名は金胤奎《キムインギュ》だったし、李良枝《イヤンジ》の本名は田中淑江だった。在日韓国人は、二つ以上の名前を持っている場合が多い。何も知らなかった子供の頃の私は、それが何かカッコウのいいことのように感じて、少し羨ましく思ったものだ。

ところで韓国人は冠婚葬祭の中でも特に「葬」を重んじる。彼らから見れば日本人の葬式はあまりにアッサリしすぎる。人生の最大で最後のページェント、それが「葬式」なのである。

辛島十兵衛こと張成徹が死んだ。妻の百婆こと朴貞玉《パクジョンオク》は、長男の十蔵こと張正哲《チャンジョンチョル》に、夫（父）の葬儀を朝鮮式で行うことを宣言する。朝鮮式とは、遺族は破衣を着て、哭《こく》を行い、喪輿《サンヨ》（＝もこし）に死骸を載せて土葬を行い、円墳を造ることである。長男や、次、三男は驚愕した。現在のことではない。慶長の役が終わってまだ数十年しかたっていない、十七世紀のことである。彼ら「辛島」一族は、その時に故郷・朝鮮の全羅道から「強制連行」されてきた陶工集団の一世や二世たちなのである。

日本人たちは仏教式で火葬を行う。日本人として日本人社会に融合してきた十兵衛の葬儀には代官所までが弔問に来る。朝鮮式葬儀などもってのほかだ。苦肉の策として、表は日本式、裏は朝鮮式の葬儀が営まれる。テンヤワンヤのドタバタ喜劇が展開される。しかし、土葬か火葬かは二者択一しかありえない。百婆の奇策と十蔵の妙策とが衝突する。

日韓のカルチャー・ギャップが、ここでは軽妙なテーマとなっている。それは文化差であると同時に、世代差でもある。固有の民族文化よりも、マジョリティーの文化に「同化」することを強いられる「在日」の二、三世代たち。面白うて、やがて悲しき物語である。

（『日本経済新聞』一九九八年七月五日）

※　朝鮮の古代歌謡集として『龍飛御天歌』がある。『龍秘御天歌』はその題名の一字を換えたものだ。李王朝の成立と、その永続を寿《ことほ》ぐ歌集で、小説の中の葬儀をめぐるドタバタ騒ぎとは何の関係もない。日本でいえば、記紀歌謡や『おもろさうし』に似たものであるといえよう。

原尻英樹著『「在日」としてのコリアン』

講談社（一九九八年七月刊）

在日韓国・朝鮮人、在日朝鮮人、在日韓国人、在日韓朝人、在日コリアン、「在日」…等々、

日本に在住する韓国籍、朝鮮籍、そして日本に帰化した韓国人・朝鮮人（コリアン）を呼ぶ呼称は多数あって、そのいずれかに統一することは、現在のところ朝鮮半島（韓半島）の南北統一のように難しい。

それは歴史的な経緯と政治的な状況が絡みあって、それらの人々の立場そのものがきわめて複雑で輻輳《ふくそう》しているからだ。来歴、立場、現状、問題点、未来、そのいずれをとっても一筋縄でときあかせるものではなく、軽々に素手で触れられるようなテーマではないのである。

著者は「在日朝鮮人学会」の初代の代表。在日コリアンについて初めて学問的にアプローチしようとした学者の一人であり、この著書はその研究の成果を駆使した、いわば「在日コリアン学」の入門書である。在日コリアンの歴史、すなわち日本の朝鮮半島の植民地支配から始まり、戦時中の強制連行、敗戦後の帰国と在日組織の消長、近年の日本人との通婚や帰化の増加傾向、さらに韓国からのニューカマーの問題等、著者は手ぎわよくそれらの歴史を紹介し、そこからポイントとなるべき問題点を取り出してくる。

たとえば日本人側の差別意識の問題がある。それは日本の朝鮮半島の植民地政策によって助長された日本人側の優位性の意識として形成され、政治的、経済的な抑圧構造や制度的な不平等がさらに問題を増幅させた。日立就職差別事件や指紋押捺拒否運動など在日コリアン側のねばり強い反差別の運動によって表面的には制度的、構造的な差別は漸減してきているが、人間の感情的、心情的な面ではまだ日本人側の差別意識は社会的に残存しているといわざるをえない。制度的なものと同時に精神的なものの変革が求められているのである。

著者は力道山、大山倍達《ますたつ》、山村政明、孫正義、新井将敬などの実在の人物のライフ・ヒストリーを通じて、在日コリアンの立場やその民族的アイデンティティーの問題を浮き彫りにしようとしている。こうした方法は社会科学の方法論としては新鮮なものだが、著者が理論的な意味で協力した野村進の『コリアン世界の旅』のほうが著作としては本格的であり、この程度の分量では読者の側にやや不満が残るだろう。李珍宇《イチンウ》や金嬉老《キムヒロ》、立原正秋や李良枝《イヤンジ》のような人物を含めた、いわば戦後の在日コリアン列伝のような続編があってもいいのではと思った次第である。

それにしても、在日コリアンの問題に関わっていたり、それを研究していたりすると、その人物自身が在日コリアンであるという噂が流れたりするという現象は興味深い。著者は自分が実は韓国籍であるということを母親から聞かされるという「夢」を見たことを文章として書いたら、「やっぱり原尻には朝鮮人の『血』が入っていたのか」と思われたという。もちろんそんな「夢」を見るということは、著者がいわゆる在日コリアンでも、コリアン系日本人でもないからである。

筆者（川村）も在日朝鮮人文学などについて評論を書いたり、韓国文化について発言したりしているので時々在日コリアンあるいは「コリア系日本人」だと誤解される。真顔で「君の本名は何というのだ」と訊かれて何とも返答しようがなかったこともある。そこには「日本人」が「在日」の問題に興味や関心を持つはずがないといった強固な思い込みがある。

本名を名乗らず通名を使う在日コリアンが多い。本書では在日コリアンで「通名あり」と答えた人が91・3パーセントという表が掲載されている。著者（原尻）も筆者（川村）も、本名を匿した「日本人」に成りすました在日コリアンだと思われているのだろう。在日コリアンが本名のままで堂々と名乗りあげられるような社会にならなければ、〇〇〇〇こと金（朴でも李でもいいが）〇〇といった表記は行われ続けるに違いない。それまで、残念ながら在日コリアン差別がなくなったとはいえないのである。

（『熊本日日新聞』一九九八年八月二日）

※　今でも筆者（川村）のことを〝隠れ在日〟だと思っている人がいるようだ。俺は日本人だ、とわざわざいうのもバカバカしいし、誤解されても別段不都合もないし、と考えてしまうというのは、やはり日本人だからだなとも思う。「そんなこと（民族や国籍のこと）、どうでもいいでしょう」といえるのは、民族問題に悩んだことのない日本人の、ほとんど特権的な立場なのである。

鄭大均著『日本（イルボン）のイメージ』

中央公論社（一九九八年十二月刊）

日本と韓国は合わせ鏡である。著者は先に戦後の日本人が韓国・北朝鮮についてどんなイメージを持っていたか、それが時代とともにどのように変化してきたかということを、ベストセラーや話題の本を対象に分析した『韓国のイメージ』（中公新書）を著《あらわ》した。この本はその姉妹編で、韓国人が抱く日本（イルボン）についてのイメージを分析したものである。

著者はまず対日意識の世論調査という方法を取りあげ、韓国人が「反日」的であるというステレオタイプな調査結果に疑問を投げかける。時代別、地域別の様々な調査を細かく追ってゆくと、項目や対象世代、立場によっては日本への好感度が高いと考えられるものも少なくないからだ。「反日」か、しからずんば「親日」という善悪二元論的な思考パターンこそ、そこでは問題とされなければならないのだ。

韓国には日本についての極端な言説が多い。日本人の野蛮性、冷酷性、残虐性をことさらに強調する出版物や展示物（独立記念館や戦争記念館）も後を絶たない。女高生の「援助交際」の現象を取りあげ、日本人の性のモラルの崩壊を説くという論調があり、それが極まれば日本人は老若男女、全部が色情狂という極論までがとび出してくる。著者はそうした言説を冷静に紹介しながら、日韓の相互の不信や誤解や疑心に基づく「日本論」や「日本人論」を批判、解体してゆこうとするのである。

だが、韓国の「日本人論」という歪んだ鏡に映った「日本人像」は、日本という鏡に映った韓国像、北朝鮮像の「歪み」をも訂正しうる契機となるはずだ。嫌韓論や反北朝鮮キャンペーンの底辺には、これまでの日本人の朝鮮蔑視や差別意識といったものがなければ幸いなのだが。日韓双方にもっとも欠けているものとしての相互の「敬意と愛」。それを打ちたてるために、サッカーのワールドカップまで待つ必要はないのである。

（『読売新聞』一九九八年十一月二十九日）

※　鄭大均《チョンテギュン》氏は、私が釜山の東亜大学校で日本語・日本文学を教えていた時の同僚である。二人で『韓

国という鏡』を共編し、それに「考える韓国」論（感じる韓国、食べる韓国などではなく）」というキャッチ・フレーズをつけたことなどが思い出される。

李文烈著、安宇植訳『皇帝のために』

講談社（一九九九年四月刊）

韓国に『鄭鑑録』という予言書がある。新羅、高麗、李朝という王朝の変遷の後に、鶏龍山《ケリョンサン》に鄭氏が新王朝を建てるという予言であり、それを信じる民間宗教団体が麓の「新都安《シンドアン》」に蝟集《いしゅう》し、そこが「淫祠邪教《いんしじゃきょう》」のメッカになったことが、日帝末期から韓国独立後にかけてであった。朴大統領の強権政策によって強制撤去されたのだが、その一帯は仙道や仏教、新興宗教の修行者たちの密かな修業場として現在でも引き継がれているのである。

『皇帝のために』の「皇帝」は、この〝いかがわしい〟予言書に出てくるような「王朝」の支配者である。もちろん、一般社会では誰も彼を「皇帝」とは認めないだが、戦後の日本社会に「我こそは〇〇天皇」と正当な皇統を標榜する自称天皇が簇出《そうしゅつ》したように、韓国には時々古朝鮮の神話的な王・檀君の衣鉢を継いだ王や皇帝が出現するのである。それは一面から見れば狂人であり、また一面では詐欺師、はったり屋の類なのだが、さらにそれは土着の民間信仰の教主であり、また絶対的な権力者（たとえば大統領、あるいは「偉大なる（親愛なる）指導者）のカリカチュアやパロディーという存在なのである。

「皇帝」は一八九四年、すなわち甲午農民戦争（いわゆる東学党の乱）の勃発した年に鶏龍山麓に生まれた。生誕の時から奇祥奇瑞《きしょうきずい》に取り囲まれていた「皇帝」は長ずるに従って、ますます奇蹟と仁愛の溢れる「王道」を実践することになる。だが、それはドン・キホーテの目に映った怪物が、サンチョ・パンサには風車としか見えなかったように、一般の人々には奇矯な誇大妄想にとりつかれた人物にしか見えなかった。「皇帝」の事績は、日本の植民地支配の時期から韓国独立、朝鮮戦争、南北分断の「百年」に重なる。韓国の現代文学を代表するベストセラー作家であり、海外でももっとも知名度の高い作家・李文烈《イムニョル》による韓国現代史の、壮大なそして〝面白うてやがて悲しき〟パロディーである。

（『日本経済新聞』一九九九年七月十一日）

※ 鶏龍山には、新興宗教の教団がたくさん進出して、特異な〝教団村〟が出来ていた。八〇年代初めに私が見学しに行った時には、「新都安」の建物は強制撤去され、軍の管理下に置かれていた。ちょっと「新都安」の現在の様子を見たいというと、「何もない」と警備兵はいい、銃を突きつけられ、帰れといわれた。韓国にはこうした「偽皇帝」も出てくるが、キリストの生まれ変わりと称する宗教者（妄想狂？）も少なくないと聞く（日本にはめったに出ない。千石イエスというのは出てきたが）。

金泰生著『骨片』

創樹社（一九七七年九月刊）

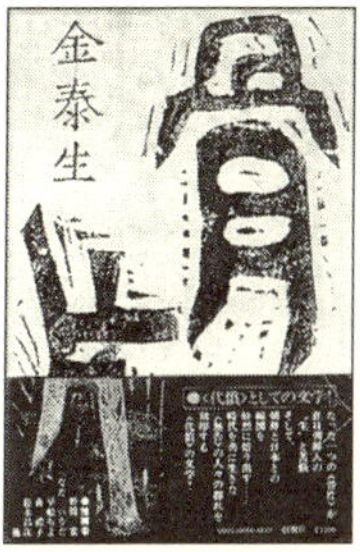

金泰生は名前からわかる通り、在日朝鮮人である。名前の読み方はキム・テセン。一九二五年、済州島生まれ。父母と別れて、親族のところに引き取られ、五歳の時には渡日した。十代から底辺労働者として働いた。小説家として五冊の作品集を残し、一九八六年に亡くなった。

彼は金達寿《キムダルス》や李恢成《イフェソン》や金石範《キムソクボム》など、ほかの在日朝鮮人文学者と較べても、あまりポピュラーな存在ということはできない。五冊の本、『骨片』『私の日本地図』『旅人伝説』『私の人間地図』『紅い花』も、今ではほとんど手に入れがたい。

作品には自伝的なもの、私小説的なものが多い。たとえば『骨片』に収録されている「童話」「少年」「骨片」「ある女の生涯」のいずれも、自分や血族、親族のことを書いたものだ。済州島の故郷の村で、アボジ（父親）に棄てられたオモニ（母親）が、今度は子供を棄てて家を出るという哀切な話を幼児の視点から描いた「童話」は、金泰生自身の体験そのものであり、それは「骨片」において、幼少年時の主人公を何度も〝棄てた〟父親の遺骨を引き取りにゆくという、遥か後の体験ともつながっているのである。

彼は一貫して在日朝鮮人の苦難の「生」を描いた。それは宗主国としての「帝国日本」が植民地・朝鮮に強要した政策の結果として生まれてきた流亡民《るぼうみん》であり、日本国家が大きな責任を持たなければならないことは明白だ。しかし、金泰生はそうした流亡の民として日本に流れついた在日朝鮮人の物語を書き続けながら、その作品世界はきわめて静謐であり澄明であって、声高な抗議や、拳《こぶし》を振り上げる抵抗や反抗といったものはほとんど見当たらない。それは金泰生という小説家の資質的なものであったといえよう。だが、そうした彼の作品の「静けさ」が、在日朝鮮人という日本社会における民族的少数者が、いったいどんなに悲惨で陰惨な社会環境のなかで生きてこなければならなかったかを、逆に〝雄弁に〟物語っているともいえる。

彼は声の低い「語り部」だった。故郷でのオモニとの別れ。日本に来たことも、そこでずっと生き続けなければならなかったことも、彼の意志でも何でもなかった。それは「不幸」であり「不遇」であり「不当」でもあることだが、彼はそうした運命を耐えようとしたのである。

在日朝鮮人文学も、張赫宙《チャンヒョクチュ》や金史良《キムサリャン》の登場をその嚆矢《こうし》とすれば、すでに半世紀以上の歳月を閲している。そのなかでも、金泰生の小説は地味であり、作品数も少なく目立たない存在であったことは否定できない。

だが、あらためて在日朝鮮人文学というマイノリティー文学史を通観したことによって、この金泰生という小説家が、片隅でも小さく光る作品を書き続けていたということが、ようやく身にしみるようにわかってきたのである。

（『産経新聞』一九九九年九月十八日）

※　これももちろん新刊の書評ではなく、産経新聞の読書面に、「二十一世紀に残す本」の一冊の紹介

として書いた。三回続きの記事で、アイヌ文学の鳩沢佐美夫、ハンセン病文学の島比呂志、在日文学の金泰生の三人を取り上げたのは、掲載紙の政治的傾向の逆を狙ってのことである。ちなみに、編集部からのクレームは一切なかった。

清水昭三著『夜明け前の物語』

影書房（二〇〇〇年一月刊）

「夜明け前」とは、もちろん島崎藤村の傑作であると同時に、近代の曙光を見る前の暗夜を意味している。横山安武と森有礼の兄弟を中心に、日本と朝鮮とのかかわり合いをテーマとしているのだが、前作「日本国興亡史談」と同様に登場人物二人（畑中弥吉と野山広美）の対話、議論として話が展開され、前作の書評でも書いたのだが、「議論小説」なるジャンルを考えることができるかもしれない。

征韓論の議論があった。近代日本の朝鮮関係の議論は、畢竟《ひっきょう》これに尽きるのであり、巷間《こうかん》、西郷隆盛はその「征韓論」に敗れて薩摩の城山に立てこもったといわれる。しかし、その反対者と目される人たちが「反征韓論者」だったわけではない。吉田松陰に始まる征韓論者の系譜は、むしろ副島種臣や伊藤博文や山県有朋などの明治政府の要人たちの中に脈々と伝わり、甲午農民戦争への介入、閔妃《ミンピ》暗殺、韓国統監府の設立、そして日韓併合という「征韓論」の完遂は、横山安武のような「征韓論」の反対者（それはごく少数だった）の異議を抑え込んで「西郷の夢」を実現させることになったのである。その点で西郷と反西郷派は同じ穴のムジナだった。現代の老詩人である畑中弥吉と、在日朝鮮人のジャーナリストである野山広美こと李花静《イファジョン》は、この「征韓論」的論議が、現在の在日問題（あるいは、最近の北朝鮮を「膺懲《ようちょう》」せよ、といった議論）にもつながっていることを明らかにするのである。

明治維新は日本社会にとっては近代的な改革だったが、朝鮮にとっては隣国の侵略的拡大の目論見にほかならなかった。吉田松陰や久坂玄瑞に限らず、坂本龍馬さえも「竹島（現在の鬱陵島）」を領有し、北辺防備に備えるべしという「北進論」的な考えを持っていた。征韓論に連なる発想である。横山安武はそうした明治人の中で珍しく「反征韓論」者であり、そしてそうした東亜平和論者だったため、政治的な敗者だった。「夜明け前」の闇は、夜明けとなったはずなのに、まだまだ深かったのである。

（『山梨日日新聞』二〇〇〇年二月二十日）

※　日本の近代の「国際関係」の原型は「征韓論」に尽きている。「征韓論」の歴史を検証することこそ、近代日本が「外」へどのような眼を向けていたかを理解する契機となるだろう。「竹島（独島）問題」は、その試金石になりうるものだと思っている。

玄月著『蔭の棲みか』

文芸春秋（二〇〇〇年三月刊）

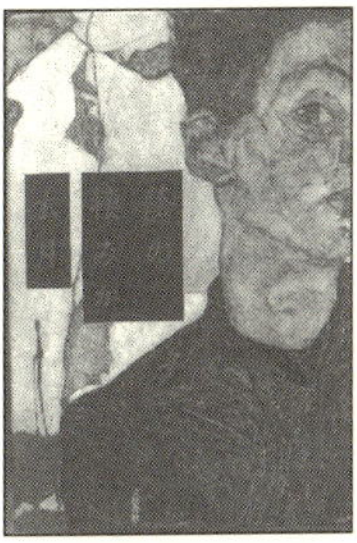

ある小説家に、玄月氏の書いた「集落」というのは、大阪に本当にあるのかと聞かれた。私がそうした事情に詳しいと思ったものらしい。私も確かなことは分かりませんが、たぶん架空の場所ではないでしょうかと答えた。

玄月氏は在日作家の先輩である金石範《キムソクボム》氏との対談（「文学界」）で、大阪のいわゆる「猪飼野《いかいの》」をモデルとしたが、現実的には全然別個の世界であり、想像力でこしらえ上げたものと語っている。狭い路地を抜けてゆく映画のセットのような集落。中上健次の「路地」のような世界が、玄月という一人の若い作家の頭の中の世界として広がっているのである。「蔭の棲みか」という作品は、いずれにしてもこの「集落」という場所を設定したところから始まっている。ソバンと呼ばれる老人。高本、永山といった日本名を使っている在日の朝鮮人たち。ソバンの所に時折訪ねてくる福祉ボランティアの日本人女性、佐伯さん。これらの登場人物が集まってくるのがこの「集落」であり、それは日本の大阪という土地にありながら、しかも実在しない場所なのである。

在日朝鮮人（韓国人）という存在が、そうした「あっても、ない」「見えても、見えない」という意味での「隠された」人々であったと言ってよい。日本人とまったく同様に、働き、税金を払い、生活を営んでいるのに、選挙などの政治的権利を持っていない人々。「高本」や「永山」といった日本姓で呼ばれ、本当の名前ではそこに存在しない人たち。そうした人々の存在と、彼らの生活する場所とを、玄月という若い在日作家は日本語の小説として可視化したのである。

小説は、もちろん言葉で作り上げられた世界だ。しかし、うまく作られた虚構の世界は、現実の世界よりももっと「現実的」である。ソバンも高本も永山も実在しない人物たちだが、確固とした存在として「在日」している。「蔭」の世界でありながら、そこには強い光が当たっている。

※ 新作『おしゃべりな犬』では、この集落は「チンゴロ村」と呼ばれている。「チロリン村」という人形劇のテレビドラマがあったが、それと〝ゴロツキ〟といった言葉との連想だろうか。現実のイカイノから遠く、日本の差別社会からはきわめて身近な〝あっても、見えない町〟の物語を、玄月は書き続けている。

（共同通信系、『上毛新聞』二〇〇〇年二月二十八日）

梁石日著『死は炎のごとく』

毎日新聞社（二〇〇一年一月刊）

宋義哲《ソンウィチョル》は消防士の制服を着て消火器を売り歩く偽消防官だった。彼は在日韓国人二世であり、朝鮮半島の統一を熱烈に志向する大坂の韓青協の一員だった。彼は鏡に映る自分を見て「これは仮の姿だ。人間はみな仮の姿をしている」と思う。消防官姿の自分も、そしてあるいは「統一」を願う在日としての自分も。

宋義哲の行動は、二十数年前に朴正熙《パクチョンヒ》大統領を狙撃して失敗（大統領夫人を射殺）し、慌ただしく死刑にされた実在の在日韓国人のテロリスト（文世光《ムンセグアン》）に似ている。その事件が起きた時、いくつもの謎（ミステリー）が指摘された。日本の警察官の拳銃を使ったのは何故か。厳しい警護の会場にどうして入れたのか。背後関係はどうなっているのか。そこには、いったん探り始めると無事では終わらない深い闇の世界がありそうだ。

妻子を持った宋義哲が大統領暗殺を決意し決行するには様々な「背後関係」があったはずだ。梁石日《ヤンソギル》は自分の持つ作家的想像力と技量を駆使して、日本の公安警察、ＫＣＩＡ、過激派、北朝鮮秘密組織が火花を散らして角逐し、時には一体となって、宋義哲を孤独なテロリストとして仕立て上げて行く過程を克明に描き出す。これは現実の事件についても「当たらずとも遠からず」というところではないだろうか。いずれにせよ、この地に足のついた「謀略小説」の魅力は無類のものだ。

だが、サスペンス溢れるテロリスト小説としてだけ読むには、この作品はあまりにも重層的だ。死に導かれる宋義哲と金淳子《キムスンジャ》のソウルへの道行。人形浄瑠璃の人形のように宿命の糸に操られた二人は、まさに運命悲劇のヒーローとヒロインにほかならない。

(『産経新聞』二〇〇一年二月)

※ 文世光事件は、文字通り孤独なテロリストの事件として刺激的だった。テロルの時代が来たな、という嫌な実感を私たちにもたらした。同じ銃撃でも、金嬉老《キムヒロ》の事件は、もう少し開放感を持っていたのだが。

柳美里著『魂』

小学館(二〇〇一年二月刊)

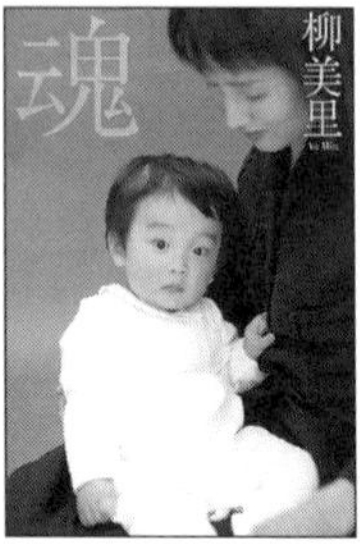

それは奇妙な家族の写真だ。赤ん坊のお宮参りの記念写真なのだが、子供の名前は柳丈陽《やなぎたけはる》、和服姿の母親は柳美里《ユウミリ》、やはり和服姿の祖母・梁栄姫《ヤンヨンヒ》、そして毛糸の帽子にコート姿の父親か、祖父のような男性が東《ひがし》由多加だ。つまり、この「家族」四人は、それぞれ姓が違うのである。

本の口絵としての家族写真。『魂』は、この四つの姓（やなぎ・ユウ・ヤン・ひがし）を持つ「家族」の来歴と、それがまさに「魂」を共にする血族であり、いわば「聖家族」であることを読者に納得させるのである。末期ガンに冒された男と、未婚の物慣れない母親との育児（授乳、沐浴、おしめの取り替えなど）は、滑稽なほどあぶなっかしいものでありながら、とても厳粛で、真剣なものだった。子供を出産することは、作者にとってある意味では男を生き永らえさせることであり、出産、育児と闘病と延命とは「家族」となるための通過儀礼であり、また「家族」を結びつける重要な紐帯《ちゅうたい》にほかならないのである。

柳美里はこれまで「家族」の崩壊、あるいは崩壊し、解散してしまった家族の「その後」の物語を書き続けてきた。しかし、いったん個々バラバラとなった「家族」の分子が、もう一度凝縮して「家族」になろうとする。しかし、それは血の繋がりや、親子関係や夫婦関係という「民法」や「家族法」に拠らない、いわば「命」と「魂」において繋がった家族関係の復活であり、再生である。もちろん、それは東由多加という家族の一員の死によって現実的には壊れてしまうのだが、しかしまた、それは単に血縁や夫婦や親子といった関係に拠らない「家族再生」の道を指し示すことでもあるのだ。

「魂」のノンフィクション。しかし、それはもちろんフィクション（虚構＝小説）であってもかまわない。「魂」に触れる言葉による作品は、そうしたジャンル分けを越え、普遍的な価値を持つからである。

（共同通信系、二〇〇一年三月）

※　同書の写真を見た時、私がショックを受けたのは、東由多加氏の憔悴（老衰？）ぶりだった。東京キッドブラザーズの派手な活躍ぶりは、同時代的にまぶしいものだったからだ。それでいて、どこかいかがわしさやインチキ臭さを漂わせていたカリスマとしての彼。その彼が〝ただの老人！〟となっていたことの現実の時の流れ。寺山修司は早死にしたからこそ寺山修司なのだと、しみじみ思った。

チャン・ジョンイル著、大北章二訳『嘘　LIES』

講談社（二〇〇一年三月刊）

Jは三十九歳の彫刻家（崩れ）、Yは十八歳の女子高校生。二人は昼間からラブ・ホテルに入り、そこでありとあらゆるセックス・プレイを行う。

日本ならば過激な「援助交際」の話ということになるだろうが、これは韓国の話であり、作者は「淫乱文書の配布」として裁判にかけられ、執行猶予ながら懲役六ヶ月の有罪が確定したという。むろん、実際に未成年者とハードな性行為をしたわけではない（と思うが）。ただ、それを想像力によって、小説として書いたことが有罪とされたのだ。韓国はつくづく日本よりも「文学」や「言葉」が大事にされている国だなと思う。日本では実行はともかく、言語表現のレベルでどんな「異性交遊」をしようと、もはや咎められることはないだろう。しかし、韓国ではそれは現実の倫理や道徳を破壊するような、重大な犯罪行為として、作者・チャン・ジョンイルを罰しようとするのである。

これは一九九四、五年の話だから、今からもう五、六年前の話だ。安東《アンドン》、大邱《テグ》といった地方都市でこんなに先端的な性風俗がありえたのだろうかと、ちょっと疑問に思った。女子高生Yと「ウリ（私たちという意味）」という二人の女性の関係や、ロリ・コンであり、ファザ・コンでもあるJという存在も、そのリアリティーは希薄だ。そういう意味ではこの作品は、実験小説としての強みと弱みの両方を具えている。性的ファンタジーとしては中途半端、SM小説としては理屈っぽく、観念小説としてはちょっと不消化だ。

つまるところ、「女子高生」というブランドによって、世間は騒ぎ、作者は糾弾された。韓国社会は健全である。少なくとも「父権」は、まだSMや淫乱という悪徳を監視・矯正しようとしているのだから。苦心の翻訳で、ご苦労さまといいたいが、ギャル言葉、セックス用語など、やはりちょっとした違和感を否めなかった。

（共同通信系、二〇〇一年四月）

※『嘘』の映画化されたものをDVDで買い、鑑賞したが、小説で感じた違和感はあまりなかった。翻訳の言語の問題がどうしても残ってしまうは、言語芸術の宿命か。チャン・ジョンイルは、ますますスキャンダラスな作家として邁進《まいしん》してゆく。頼もしい限りだ。

崔碩義著『放浪の天才詩人　金笠』
集英社（二〇〇一年三月刊）

「朝鮮」の山頭火とオビにあるが、時代的な順序からいっても、むしろ東アジアにおける「金笠《キムサッカ》」的な文学者の系譜のうちに、わが山頭火や尾崎放哉などもいるというべきだろう。文学史的な位置づけが、あべこべなのである。

金笠は、漢詩・漢文の文学世界という東アジアの一大文学圏内の異端的な文学者である。李白や杜甫や白楽天のみならず、この文学圏には菅原道真や朴趾源《バクチウオン》や曲亭馬琴や阮攸《グエンズー》（ベトナムの文学者。『金雲翹』を書いた）などがいた。本場中国はもちろんのこと、朝鮮、日本、ベトナム、モンゴルなどに広がる文学圏であり、朝鮮文学史のその古典時代はすっぽりと漢詩・漢文の文学世界に覆われている。

金笠は、こうした漢詩・漢文を「諺解《げんかい》」してみせた。「諺解」とは、朝鮮で作られたハングル（諺文《オムムン》と蔑まれた）で、漢詩・漢文を「翻訳」してみせるというぐらいの意味合いだ。貴族的、文人的、両班《ヤンバン》的な漢詩・漢文を、金笠はそうした「文字」を持たない庶民たちに、やさしくもどいてみせた。もちろん、「文字を持たない」といっても、目に一丁字もないということではなく、田舎両班程度の漢詩・漢文の知識は要求される。同じ「無識（無教養）」でも、日本の「無識」とはやはりそのレベルが異なっている。

金笠は、正統的な漢詩・漢文の文学世界でも、相当な位置にまでこぎ着ける能力を持った人物だった。しかし、彼はあえて異端の道を選んだ。それは彼がちょうど朝鮮の近世と近代の狭間にいたということでもあれば、漢字からハングルへという朝鮮における文学世界の総入れ替えの時期に接していたからでもあるといえる。日本の五山文学のように、中国以外にも、漢詩・漢文の文学世界は花開いた。朝鮮朝（いわゆる李氏朝鮮）の朝鮮半島もそうであった。しかし、身分制の拘束の強いその時代に、金笠のように、出自のよくない人物は、正統的な漢詩・漢文世界から排除されざるをえなかった。

妓生《キーセン》との合作詩、猥雑な内容の詩、破格・乱調の漢詩。金笠の作品は、一時代の文学の限界を越えようとした実験的な作品だった。それが広く認められるようになった時に、漢詩・漢文の文学世界はすでに色褪せていた。金笠の栄光と挫折はまさにこうした過渡期の時代の詩人だったことにある。本書によって日本にもこうしたユニークな詩人が紹介されることはまことに喜ばしい限りだ。

（『すばる』二〇〇一年五月号）

※　金笠のような文学者がこれまで日本に紹介されなかったことがいぶかしかったが、本書によって三好達治による紹介がすでにあったことを知った。もっとも、あまり影響力を持たなかったようだが。同じ著者によって『金笠詩選』が東洋文庫で出た。李文烈《イムニョル》の評伝的小説『詩人』も是非とも翻訳紹介してもらいたい。

姜信子著『安住しない私たちの文化　東アジア流浪』
晶文社（二〇〇二年四月刊）

最近は日本の大学の授業にも「カルチュラル・スタディーズ」や「ポスト・コロニアリズム」という科目ができているようだが、欧米の大学の教室でのような、シェークスピアの作品やカリブ海のクレオール言語について、といった内容では、まさに欧米中心の「植民地文化」の解説や再確認で終わってしまうことになるだろう。

姜信子《カンシンジャ》氏のこの本は、氏が担当している大学の「東アジア論」として一年間、講義した内容を基にしているという。書き言葉ではなく、話し言葉で、おそらくビジュアルな写真や図像や音楽や映画やらを使って「実演」されたこの授業は、さぞかし楽しく、興味深いものだったと思われる。

東アジアの近代化と植民地の時代が取り扱われるのだから、「天然の美」や「鉄道唱歌」や「李香蘭《リシャンラン》」や「チョウ・ヨンピル」や「ブルース・リー」や「大鵬《たいほう》」など、やや現在の学生には耳遠いものが多かったかもしれないが（その分、評者のような中年以降の人間にとっては懐かしい）、東アジア世界のディアスポラ（離散）の人々（中国人、ユダヤ人、朝鮮人、亡命ロシア人など）の文化と歴史をたどる「流浪」の旅は、氏の実際的な文化体験、人々との出会いの体験に裏打ちされて、とても具体的で、生き生きとした歴史的な「疑似体験」を学生たちに与えたことだろう。

国民国家やナショナリズムについての肯定的な言論が、世界的な潮流となって日本や韓国や中国を覆っている。流浪民や移民や難民の苦難の物語は、「だからこそ」民族国家、国民国家が必要であるという、ナショナリズム的な言論をまたもや惹起させかねない。

この本の長いあとがきは、服従と不服従ということより、そうした「国民国家」「民族国家」の隘路を切り抜けようとしているようだが、そこにやや生硬さを感じる。大衆文化の持つ良い意味での足取りの軽さが、エピローグ以降にも、もう少しあればよかったのだが。

（共同通信系、『茨城新聞』二〇〇二年六月一日）

※　カルチュラル・スタディーズも、ポスト・コロニアリズムも、日本では単なる欧米の理論紹介に終わってしまうキライがないとはいえない。もっと、日本、アジアに眼を向けたケース・スタディーが実行されるべきだと思っていたが、本書の登場でようやく少しその渇が癒せた。しかし、基本的には著者はジャーナリストであり、アカデミズムの世界の人ではない。学者の実践を期待するわけではないが、あまりにも横文字的なカルチュラル・スタディーズに飽き足りぬ思いを持っている人は多いだろう。

梁石日著『終りなき始まり（上・下）』

朝日新聞社（二〇〇二年七月刊）

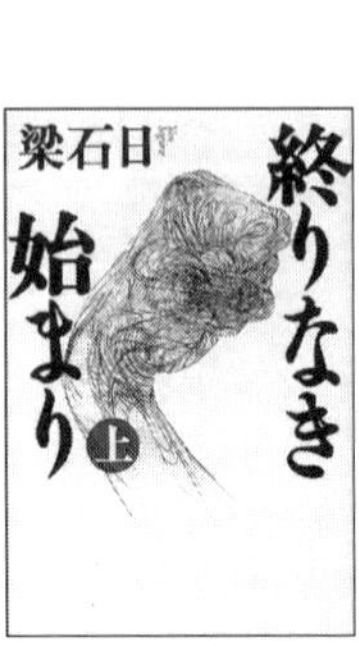

必ずしも適切な連想とはいえないが、梁石日《ヤンソギル》の小説を読んでいると、墜落事故を起こした日航機の機長が、最後のボイスレコーダーに、「パワー！　パワー！」と叫び声を残していたことを思い出す。垂直翼や水平翼の「舵《かじ》」の機能のまったく失われた飛行機を操縦しながら、機長は、機体をパワーアップして、飛び続けられるまで飛び続けることが、自分にできることのただ一つであることを絶望的に知っていたのである。

こんな風にいうと、梁石日の小説が、あたかも失速・墜落、衝突前の飛行機のようだといっているようで、不謹慎でもあり不吉でもあるのだけれど、今回の『終りなき始まり』を見ても、その上・下巻の「パワーの量」を見ても、その疾走感、眩暈感、陶酔感のどれ一つをとっても、ダッチロールをする飛行機の、その浮揚と失落を繰り返す飛行機に閉じ込められた人間の絶望感や恐怖や驚愕《きょうがく》を、否が応でも思い出させるようになっていると思われてしかたがないのだ。

これは、たぶん一つには、主人公の文忠明《ムンチュンミョン》が、酒帯び運転の常習犯ともいえるタクシー・ドライバーで、こんなドライバーの運転で深夜の高速道路を走られたりしたら、まさに墜落寸前の飛行機に乗っているような心持ちになるだろうなと思わせることと、乗り合わせた乗客の、老若男女の運命共同体的な「連帯感」のようなものが、この作品世界の底流としてあるような気がするからだ。もちろん、墜落事故寸前の飛行機の機内の様子など、体験したこともなければ、簡単に想像できることとも思わないが、最後の最後まで一縷《いちる》の望みを失わず、しかし、迫り来る破滅の瞬間を待つ気分が、一九八〇年代の、韓国の「光州事態《クァンジュサテ》」のテレビ画面から始まる、まさに「終りなき始まり」の時代的な気分によって象徴的に再現されているような気がする。

七〇年代末期、八〇年代初頭に、独裁者の暗殺という劇的な事件によって幕が開いた、光州での市街戦に象徴される韓国の熱い政治的な闘争の時代は、確かに、海峡を隔てた日本にも、そして在日朝鮮人・韓国人社会にも、大きな波動を伝えた。文学的な面でいえば、それ以前からも日本に紹介されていた金芝河《キムジハ》の詩、白楽晴《ペクナクチョン》の批評など、いわゆる韓国の民主化運動の闘士たちの作品の翻訳が出され、「光州事態」の実態、真相が明らかになってゆくのに呼応して、在日の文学者の側からも、金時鐘《キムシジョン》の『光州詩片』のような、半島のうねりと連動するような列島の側からの動きも出てくるのである。

日本と韓国の若者たちの政治的パワーが、向き合うような関係で盛り上がったのは、六〇年代半ばの日韓条約反対・阻止運動だったが、しかし、そこでは個々に帝国主義的な「権力」と衝突し、それぞれ敗退してゆくという苦い経験を味わった。だが、そうした挫折・蹉跌の経験ですら、日韓の双方において共有的に語られることはなかったのである。韓国で闘った学生や市民の顔も名前も、また、在日を含めた日本の闘争に加わった若者たちの名前も顔も、それぞれにまったく知ることも、知ろうとすることも、知らせようとすることもなかったのだ。

母国語としての朝鮮語を知らない、日本生まれの日本育ち、日本語で詩を書こうとしている文忠明という、この小説の主人公の行く道は、これまでの「在日文学」がそうであったような、民族的なアイデンティティーの希求・獲得・復活に向かっての予定調和的な物語のパターンとは大きく異なっている。それは、この小説の、もう一方の主人公（ヒロイン）といえる朴淳花《パクスンファ》が、民族としての朝鮮人（韓国人）と、国籍としての日本人（子供時代に日本に帰化した）との間で、そのアイデンティティーをめぐって葛藤、懊悩するといったテーマとも、文忠明はほぼ無縁であることとも関係する。

文忠明は、いわゆる「朝鮮籍」の在日であり、これは必ずしも朝鮮民主主義人民共和国（北朝鮮）の在外国民であるとは限らない。この場合の「朝鮮」は国名ではなく、地域名（朝鮮半島）としてとらえるべきであり、だから「朝鮮籍」とは無国籍や難民・亡命民と同じような扱いとなる。だが、文忠明は、そうした自分の置かれた立場に深く拘泥することはない。彼は「在日」であり「朝鮮籍」であることが、何かの「欠如の物語」として、回復や解放への欲望・欲求へと向かうという、「在日」としての精神的・物語的な回路を自ら断っているのだ。

それは自覚的にとか、思想的にというよりは、むしろ生活者としての「在日のパワー」や、その境遇に対しての反逆的な「無頼性」に由来するもののように思える。荒っぽいタクシー・ドライバー生活を続け、火宅の人を演じ、淳花との享楽的で刹那的な愛欲に溺れ、八〇年代をまさに「不良中年」として過ごした梁石日、いや、違った、文忠明にとって、それは民族的アイデンティティーの復権ではなく、普通の人間としての生活や、文学者としての「復権」であって、それは自由の抑圧や、人権の否定や、表現の制限という非人間的な社会として閉ざされていた「光州事態」に象徴される韓国の八〇年代に対する、文忠明や朴淳花の、そして金基洙《キムギス》（この詩人は、『光州詩片』を書いた金時鐘がモデルであると思われる）たちのそれぞれの答え方であったように思われるのだ。

この小説は、一九八〇年代の在日の芸術家、文学者、文化人たちのグループの世界をモデルとした、作者自身の自伝的回想小説と思わせる。そこに登場してくる人物たちは、朝鮮人（韓国人）、日本人を問わず、大なり小なり、モデルとなっている人物が実在しているように思われる。たとえば、大阪で『ヂンダレ』という雑誌を文忠明たちといっしょに発行していた金基洙は、前述の通り金時鐘であると考えて間違いないし、『同時代批評』を主宰する日本人批評家は、岡庭昇であるだろうし、出版社の編集者も実在の人物であり、詩人の黒田喜夫、阿部岩夫もほぼ実名に近い名前で出てくる。

しかし、その中でもとりわけ重要なのは、兄の経営するスナックを手伝いながら、その店の人気者となり、文忠明と同棲し、韓国舞踊と音楽にのめりこんで行く朴淳花は、後に在日の女性作家でA文学賞を初めて受賞し、日本と韓国の両国で有名人となるという記述から考えれば、李良枝《イヤンジ》と無関係な人物であるとは思えなくなるということだ。三十七歳で急死するという、その最後も李良枝と重なるものである以上、作者は当然、朴淳花＝李良枝として読まれることを十分に承知しながら、この奔放で、ある意味では淫乱ともいえ、自分で自分を持て余しているともいえる若い在日の女性を描き出したのである。

しかし、ここで評者が語りたいのは、そうしたモデル小説としての当否ということではない。『夜を賭けて』や『血と骨』でもそうだが、梁石日の小説が持つ圧倒的な「パワー！　パワー！」

の由来についてなのだ。もちろん、それは一義的には在日の朝鮮人（韓国人）社会の「パワー」であり、その下積みのポテンシャルというべきものだが、しかし、小説世界の中で描かれている在日実力者の世界での足の引っ張り合いや、イデオロギー抗争、政治派閥の横行といった事態や、バブル崩壊後の在日ビジネス世界の急速な縮小・衰退という現状で、少なくともその幻想部分の何割かは崩れ去ったわけである。つまり、パチンコ・不動産・焼肉・情報産業といったヴェンチャー・ビジネスの、バブル部分の「パワー」は失速せざるをえなかったのである。

おそらく、梁石日の「パワー」は、彼が在日の文学者として、「光州」に象徴される韓国・朝鮮の政治的、文化的、社会的な変動・変革からもっとも遠いところにいたことに由来するものではないだろうか。光州で、もっともよく戦闘警察と対峙し、果敢に闘ったのは、学生とともに、歩合制のタクシーの運転手であり、市内バスの運転手たちだったと聞いたことがある。彼らは、商売道具のタクシーやバスを、学生や市民たちの「盾」として、戦闘警察の、そして国軍と正面衝突して闘った。タクシー・ドライバーという職業的立場は、日本においても韓国においても、それほど変わるものではない。彼らは、深夜の路上をさまよう、移動民であり、移民である。不良タクシー・ドライバーの文忠明（そして梁石日）が、そうした韓国のタクシー・ドライバーたちと、海峡を隔てて、まったく無意識的に、無自覚に「共闘」していたと考えることをあえて否定する根拠は、何もないだろう。

小説の中に、一度タクシーを運転してみたかったといって、飲酒運転のあげくに、車と家の門とを大破させるという東大教授が出てくる。梁石日の小説作法を考えると、これはその人物にごく近いモデルがいるエピソードだということができるだろう。彼もまた「光州」に連帯したかったのである。

一九八〇年代は、こうした「光州」のタクシー・ドライバーたちが示した破壊衝動が、日本にも、韓国にも、そしてもちろん在日社会にも（北朝鮮においては、たぶんこれからの検証が必要となるだろう）渦巻いていた時代だった。その時代を、文忠明が運転し、朴淳花が同乗する一台のタクシーが、新宿から、池袋から、銀座から夜の高速道路を疾走する。どこへ？　むろん、黒々と口を開いた闇の「終りなき始まり」へ向かって。これは、文忠明と朴淳花との、激しく、闘争的で、火花のような恋物語なのである。

（『一冊の本』二〇〇二年八月号）

※　朴淳花のモデルとなったと思われる李良枝に、その事実関係を聞いてみたいところだが、もとより〝死人に口なし〟で、答えることはできない。他にもモデルとおぼしき人物は多く、現実と虚構を行き来することが、この作品の「パワー」を生み出しているのかもしれない。

黄皙暎著・青柳優子訳『懐かしの庭』
岩波書店（二〇〇二年六月刊）

玄基榮著・中村福治訳『地上に匙ひとつ』
平凡社（二〇〇二年六月刊）

政治の時代は終わったのだろうか。黄皙暎《ファンソギョン》の『懐かしの庭』（上・下、青柳優子訳）と、玄基榮《ヒョンギヨン》の『地上に匙ひとつ』（中村福治訳）という、二つの長篇小説を読んで、そんな感慨を抱いた。二人とも、七、八〇年代には、軍事独裁政権に反対する民主化闘争に呼応し、連動する民主化・民族文化運動の先頭に立っている作家だった。その当時の苛酷で激烈な「闘い」の様子は、それらの作品のなかからもうかがい知ることができる。

『懐かしの庭』は、一九八〇年の光州抗争の後に地下活動を行っていた呉賢佑《オヒョヌ》と韓潤嬉《ハンユンヒ》の愛の物語といえるわけだが、公安警察や安全企画部（安企部＝昔はＫＣＩＡ）の取調室での手荒な「対応」は、呉の仲間たちの受けた「拷問」のわずかな記述によっても知ることができる。たとえば、次のような。「性器と肛門が電気の衝撃にどれほど敏感な場所なのかは、爆発するように外に飛び出した二つの目玉だけが知っている」と。

もちろん、作品中丹念に描写された政治犯としての呉の獄中生活には、北朝鮮を韓国政府の許可なく訪問したという罪によって、五年（懲役七年を特赦）の獄中生活を強いられた黄皙暎自身の体験が強く反映されていることは疑えない。そこでは、人間の思想や表現の尊厳性を暴力によっていかにうち崩すかという支配者側の攻撃に対して、孤独で絶望的な個人の「闘い」が試みられていたのである。

玄基榮の場合はこんなふうだ（本人が受けた拷問である）。「拷問者は裸の私の体に青い軍服を着せて殴りつづけ、軍に恥をかかせた、このアカ野郎といったが、彼らが私から発見した紅い色というのは打ちのめされた中指の先にべとべとと凝固した赤い血だけであった」と。

もちろんそうした民主化運動、反体制闘争への「拷問」や「懲罰」の非人間性を暴露し、告発することができるようになったのは、少なくとも現実の政治状況が変革されたからだ。政府や軍に恥をかかせたら、それだけで十分痛い目に合わせることのできる強権が支配している限り、それを表現し、告発し、暴露することは困難だ。これらの支配者の暴力と、抵抗者の「闘い」が描かれるようになったのは、『懐かしの庭』の「訳者あとがき」が繰り返しているように「和解と協力」という言葉に置き換えられるような時代になったというのだろうか。

その答えは「然《しか》り」と「否」だ。確かに、『懐かしの庭』は八〇年代の社会情勢を背景とした、若い男女のラブ・ストーリーといえるものであり、過ぎ去った時代を懐かしく回顧する青春小説のパターンといってよい。また、『地上に匙ひとつ』の作品世界の背後には、パルチザン・ゲリラとその同調者（と見られた住民）と、国軍・右翼・米軍との流血の済州島四・三事件の酸鼻な抗争が背後にあるが、それは彼のこれまでの『順伊《スニ》おばさん』のように作品の主題となるのではなく、あくまでも背景としてだけあって、作品そのものは、「私」とその故郷の済州島の自然との交流・交感ということをテーマとする、一種の教養小説、成長小説、あるいはエコロジー小説ともいえるものであり、政治的主題はもはやこの二つの長篇小説においても「主題」たりえていないのだ。

黄皙暎の書いた恋愛小説としての『懐かしの庭』。玄基榮の綴った教養小説としての『地上に匙ひとつ』。そこにはあの、空気までも辛く、風さえも臭った「政治の季節」の緊張感を失っているように思える。いってしまえば、それはどこかロマン的で、感傷的であり、懐古調なのだ。もちろん、これは単純な作品批判ではない。時代が変わったということの痛切な思いから、韓国の文学はこれからどこへと進んでゆくべきなのか。答えは、まだ見つかっていないということである。ただ、ひとつだけいえるのは、二十年前の「闘い」において、加害者となった側と被害者の側とで、そんなに簡単には「和解と協力」はありえないだろうということだ。

もちろん、この「和解と協力」は、政治的文脈において、国内の左右の衝突を回避するための国内向けスローガンであると同時に、分断された南北の「歴史的な」和解と協力だろう（ただ、南北共同宣言が、真に有効で歴史的なものであったためしがない）。さらに、かつての宗主国―植民地国としていがみあっている日本と韓国との「和解と協力」ということでもあるだろう（これも、そう簡単に民族心理の問題が氷解するとは思えない）。

政治的主題と対立するものは何だろうか。それは、より困難な、歴史的であり、文化的であり、人間的な主題ということだ。呉賢佑たちは自分たちが考え、実践しようとしたことが、一体何であり、それがどれだけの犠牲を生み、どれだけの成果を上げたかを考え続けてゆかなければならないだろう。獄中の時間も長いが、獄外の時間も長いだろう。「政治の時代」は過ぎ去っても、人間の時代が過ぎ去ることはないのである。

（『すばる』二〇〇二年九月号）

※　黄晳暎が北朝鮮へ入国し、韓国へ帰って逮捕され、収監されたという事件があった時、日本のペン・クラブでも彼の釈放運動を行った。政府に無断で〝祖国の北半分の土地〟へ行っただけで逮捕されるというのは、表現の自由の侵害であり、人権を踏み躙《にじ》っていると考えられたのだ。日本ペンの獄中作家委員会（私も委員の一人だった）は、調査団を派遣し、獄中の黄氏にも面会した。彼は、むろん確信犯であり、投獄を覚悟で北朝鮮へ行き、ドイツやアメリカで、当局のいう〝利敵活動〟をしたのである。『懐かしの庭』には、彼の獄中体験が反映されているだろう。そう考えると、彼がきわめてセンチメンタルに、その〝政治的活動〟を行っていたと思わざるをえなくなる。文学者の通弊といえばそれまでだが、彼にはほとんど北朝鮮の金日成体制の「現実」が見えていなかったのである。「文学」と「政治」との問題は、古くて新しい。黄氏に、もう一度「北朝鮮」でのことを、はっきりと書いてもらいたい。

玄基榮著、中村福治訳『地上に匙ひとつ』

平凡社

韓国の匙《さじ》は、スプーンではない、スッカラクである。というようなことをいっても、あまり意味はないだろうが、韓国のスッカラクは、西洋のスプーンのように受け口と取っ手にカーブ

がなく、平たく小さなお玉杓子のようなものだ。汁物も、ご飯もこれで掬《すく》って食べる。おかずは箸で食べる。匙と箸の両刀使いで、いずれも真鍮製が多く、何かのお祝いに匙と箸のセットを贈り物や引き出物とするケースも少なくない。

玄基榮の『地上に匙ひとつ』という小説の題名には、「銀のスプーンを銜《くわ》えて生まれてきた」という西洋の諺《ことわざ》がいくらか反映しているのかもしれない。中勘助の『銀の匙』がそうであるように。もっとも、「銀の匙」とは、ある意味で正反対の主人公の生い立ちである。食べ物に困らない、乳母日傘《おんばひがさ》の生まれ、というのが「銀の匙」だとしたら、作者とほぼ等身大の主人公は、「鉄の匙」や「木の匙」どころか、匙ひとつ銜えられずに生まれてきたのであり、みじめで貧しい幼少年時代を過ごしてきたのである。その貧しい生活、まさに食べるために生きる日々の苦難は、戦後生まれの日本人にとって想像の範囲を超えている。麦や粟はもちろんのこと、サツマイモやカボチャ、野草、山菜の類が、育ち盛りの少年の常食であり（その量も十分ではない）、米や魚や肉などは望んでも意味のないご馳走だったと聞けば、一体いつの時代の、どこの国の話かと思ってしまうが、一九四〇年代から五〇年代の韓国の南端・済州島の話に間違いないのである。

日本帝国主義による植民地収奪、朝鮮半島内部での離島・済州島の差別、米軍政とその傀儡《かいらい》ともいえる李承晩《イスンマン》による独裁政治などが、こうした「貧しさ」を五〇年代にもまだ継続させていたのである。

主人公の生い立ちには、もちろん父母や祖父母などによる家庭環境や、四・三事件に象徴される解放後の韓国における済州島の政治的な位置による影響が強い。とりわけ、広場に晒された生首に象徴される、血腥い、四・三事件のパルチザン蜂起と、それに対する国軍・右翼・米軍による徹底した掃討作戦と殺戮とは、少年の世界に幽霊や鬼神などの魑魅魍魎《ちみもうりょう》を跋扈させることになる。まさにそれは、人間の顔をしているとは思われない悪鬼の仕業としかいいようがないからである。「状頭の最後」に山に立て籠もった遊撃隊の隊長・李徳九《イドクク》の死体を晒した場面がある。十字架に高くつるされ、日本軍のカーキ色の軍服を着た彼の両ポケットには、わざわざ死刑執行人が差し込んだ匙がひとつあった。それは、山に籠もって飢えていたことへの嘲弄であり、また、銀の匙ではなく、真鍮の匙一本しか持てずに死んだ男の貧しさに対する揶揄であったのだが、「それを見て笑う人はいなかった」のである。

　地上に匙ひとつ持たずに生まれてきて、地上に匙ひとつ残して死んでゆく人間。そういえば、遊撃隊隊長の李徳九も、主人公の「私」の父親で、国軍の兵士、憲兵、将校になって除隊し、実業の世界へ進もうとして破綻し、すべてを失って故郷へ帰り、そこでやはり蹉跌と失敗を繰り返し、賭博に明け暮れして死んでしまった男とは、まったく同等なのである。「私」は五十年の自分の人生を顧みて、自分がこの「父親」の息子だったことを、あらためて納得する。「父」の死から始まり、「父」の死で終わる円環構造のこの小説は、だから成長小説であり、教養小説であると同時に、日本の私小説によく見られる「父子」の「和解」の物語であるといってもよい。その意味では、済州島という強固な風土性を別にすれば、この韓国の現代小説は、『銀の匙』や『次郎物語』や『路傍の石』や『人生劇場』といった日本の「教養小説」とよく似た感触を感じさせるものではないだろうか。

　もうひとつ類推をいうと、たぶんこれは日本では、沖縄などの琉球弧の島で生まれ育った少年の半生記と似たものとなるだろう。神話的な自然との交渉、豚、牛、馬から青大将や昆虫たち、蛙や蜘蛛や植物に至る生き物たちとの交感は、やはり都会やちょっとした地方都市ではすでにずいぶん失われてしまっているものだろうから（私は又吉栄喜の『豚の報い』や目取真俊の「魚群記」などを思い起こした）。風や波や水や雨や泥の描写は、本当にそれを全身全霊で味わったことのある人にしか書けないものだろう。国に革命の理念はたとえ「破れて」も、山河はそのまま「在《あ》」るのである。

小説家・玄基榮は、済州島四・三事件の「語り部」的な作家として日本では知られている。しかし、この翻訳によってむしろ叙情的であり、ややユーモラスな詩的で、大らかな語り口を持った散文作家であることを改めて認識されることだろう。その意味では、韓国の「陸地《ユッチ》」（離島に対する本土のこと）の文学とはひと味違った「済州島文学」（日本文学に対する「沖縄文学」という意味合いで）の真価は、これから見出されてゆくことになるだろう。むろん、政治的対立やイデオロギーの角逐の問題が、解決してしまったわけではない。歴史の闇や恨《ハン》が、氷解し、すべてが「和解」されたわけでもない。だが、済州島が新しい韓国文学の生まれるべき発生の現場の土地のひとつであることを、日本の読者に知らしめたことは、この翻訳作品の大きな効用であり、価値であることは疑いえないのである。

（『文學界』二〇〇二年九月号）

※　済州島には四回ほど行ったことがある。玄基榮氏にも一度お会いしたことがある。「陸地（本土）」とは違った方言と民間信仰と神話の残る「三多の島」。三多とは、女・馬・風のことをいう。耽羅《タムラ》の国

として独立的な政権を持っていた時期もあった。日本の龍宮国（琉球）＝沖縄のヤマト（本土）の関係に比定される。

『現代韓国短篇選（上・下）』
岩波書店（二〇〇二年四月刊）
『6stories　現代韓国女性作家短編』
集英社（二〇〇二年六月刊）

客　韓国へ行ってきたんだって？

主　うん、サッカーのWカップの試合日にさ、ソウルで作家のインタビューをやってきたよ。

客　Wカップは大変だったろうね？

主　そうね。文字通りソウルの街中が真っ赤に燃え上がっていた。トウガラシの赤と、ついでの日本の日の丸の赤もあってカッカしていたというところさ。

客　会ってきたのは、どんな作家のひと？

主　殷熙耕《ウンヒギョン》さんと金英夏《キムヨンハ》さんと申京淑《シンギョンスク》さんの三人にインタビューして、新作や近作の話を聞いてきたよ。『國文學』二〇〇二年八月号の「特集・世界の小説・最前線」の中で、「韓国小説のニューウェーブ」という私の現地リポートがあるから、読んでみてくれたまえ。

客　その三人だったら、ちょうど『現代韓国短篇選（上・下）』（三枝寿勝他訳、岩波書店）の中で作品が翻訳されているね。

主　そう、ちょうどタイミングがよかったから、それぞれの自分の作品の解説までしてもらっちゃった。いずれも上巻に収録されていて、申さんのは「よりそう灯り」、殷さんのは「妻の箱」、金さんのは「非常口」で、現代の三十代、四十代の、人気も実力もトップクラスの作家たちだよね。申さんのは独特のユーモア感覚があり、殷さんのは現代性と女性感覚、金さんのは、若者たちの無軌道な生活風俗が描かれていて、韓国の現代社会をもう一度見直すきっかけとなるんじゃないかな。

客　八〇年代以降といっていいんだよね。

主　そう、まさに八〇年代以降だね。民主化運動、ソウル・オリンピック、経済成長、IMF危機を経て、韓国も文学の場面がすっかり変わってしまった。

客　韓国風にいうと、「韓国文学の現住所」がめざましく変化したわけだ。

主　もう一冊、日本で韓国文学の翻訳書が出たね。「現代韓国女性作家短篇」と副題のある『6stories』（安宇植《アンウシク》訳、集英社）だ。これまでの日本の韓国小説の翻訳本の中では異色で、英語の題にしたことと、作家名もキム・ヒョンギョンやコン・ジョングとか、カタカナ書きでパッチム（語の末尾の子音）表記もしている。それだけでも新鮮な感じがするね。

客　表紙のカバー写真とか、造本もオシャレだね。

主　内容だってとてもオシャレさ。といって、風俗やら流行やらを追った「軽い」作品だと思ってもらったら困る。現在の韓国を「女」の視点から切り取った、かなりシリアスな文学作品集だ。
客　韓国でも文学は「女性」優位ということだろうか？
主　日本や韓国だけじゃないさ。去年、北京で日中女性文学者会議というのをお手伝いしたけれど、中国の女性作家たちの堂々とした存在感には、こっちはたじたじとなった。
客　残雪さんの話によれば、君は彼女たちには言葉もかけられず、汗ばかり拭いていたそうじゃないか。
主　うーん、実のところ、北京でもソウルでも、女性の文学者のパワーは、日本以上だからね。
客　でも、男性作家のものだって、日本で紹介されているだろう？
主　ああ、ちょうど、黄晳暎《ファンソギョン》の『懐かしの庭（上・下）』（青柳優子訳、岩波書店）と玄基榮《ヒョンギヨン》の『地上に匙ひとつ』（中村福治訳、平凡社）が出たね。彼らは八〇年代以前の、いわゆる民主化闘争世代だけど、これらの作品は、その世代の一種の今日的な「精神的な決算」という感じがするね。
客　女性が前衛となって文学世界を牽引し、後衛として男性作家が守りを固めるといった図かな。
主　韓国でも日本の若い作家の小説がたくさん紹介されている。日韓の現代文学の間には、国境線は限りなく希薄になっているね。文学でも、日韓「共催」の時代は近づいているね。
客　ただ、そうした韓国の文学状況を、文学史的な視野から解説したり、批評したりするという本は少ないね。日本の韓国文学の研究者は、何をしているのかな。
主　ちょっと前だけど、青柳優子『韓国女性文学研究』（御茶の水書房）というのが出たね。姜敬愛《カンギョンエ》などわりと古い女性作家についての論文が多いけど、新しい作家の紹介も少しある。こういう本がもう少しいろいろ出ると、作品の翻訳も活発になるし、理解も深まると思うんだ。

客 評論、研究部門が未だしという感じはあるね。

主 生活感情や感覚を理解するためには、映画や音楽もいいけれどやっぱり文学が一番だと思うね。

(『しにか』二〇〇二年十一月号)

※ 困った時の「対談形式」というやつで、書きにくい原稿は、対談方式にするとスラスラと書ける。あまり、滑らかなので、内容も上滑りしていないかとちょっと心配である。なるべく避けるようにはしているのだが、時には使いたくなるのである。

II

コリア社会を読む

アジアの二本の木

昨年春、韓国での四年間の生活を切り上げて日本へ帰ってきた。その四年間に考えたこと、感じたこと、調べたことをもとにして、『〈酔いどれ船〉の青春』（講談社）と『わたしの釜山』（風媒社）という本を二冊、昨年末に出したが、いわゆる〝韓国ブーム〟ということで韓国関係の本が続出していることもあり、〝ブーム（にわか景気）〟に棹《さお》さすものとして受けとめられた向きもあったようだ。

主観的にいえば八八年のソウル・オリンピックの前景気としての〝韓国ブーム〟と自分の本とは関係ないものと思っている。『〈酔いどれ船〉の青春』は朝鮮のいわゆる日帝時代《イルチェシデ》の〝親日文学者〟と在朝鮮の日本人文学者との関わりを私なりに考えてみたもので、書きながらこんな半世紀近くも昔の話に興味を持ってくれる人がいるだろうかと、やや危ぶんでいた。

『わたしの釜山』ほうは韓国での生活報告のようなものだが、われながら巫堂《ムーダン》（＝韓国のシャーマン）とか広大《クワンデ》（＝大道芸人）といった社会の下層文化に対する関心に内容が偏《かたよ》っていて、現在の〝韓国ブーム〟の中心にある、経済の高度成長とか大都市ソウルの変貌といった〝躍進韓国〟の姿が乏しいことは認めざるをえないのだ。韓国の遅れた部分、汚い部分を誇張していると批判されても弁解の余地はあまりない。しかし、これらのものが私が韓国で見て、聞いて、興味を引かれたものである以上、それを書くより他にしようがないのである。

雑誌などに求められて韓国のことを書いたり、話したりして一年が過ぎた。最初は自分の実際に見たもの、体験した範囲のことを取り上げていたのだが、だんだん手持ちの駒が少なくなるとそうもいかなくなった。本で読んだ知識や、また聞きのエピソードなどを織り混ぜてゆかなければ、書くことも話すことも何もなくなってしまうのだ。だったら、黙っていればいい、ということになるが、他に書く人もあまりいないということで、ずるずるといわば〝韓国専門屋さん〟になっていたわけである。

そうした鬱屈がたまったので、年末年始にかけて三週間ほど、中国・チベットの旅行に行ってきた。朝鮮半島を飛び越えて大陸を見ることによって、自分の思考の範囲が広がるのではないかと思ったのだ。もとより、短期間の駆け足旅行で何がわかるというものではないが、これまで韓国―日本という二国間だけで考えていたことを、中国やアジアという別の広がった視界で見ることのヒントぐらいはつかめるかもしれないと思ったのである。

広州や上海で出会った学生デモは、私に反体制、体制の区別よりも社会のエリートとしての学生の地位が、中国、韓国などの極東アジア地域に普遍的なものではないかという感想を抱かせた。また、社会主義と自由主義との違いはあっても、中国人と韓国人とは、その双方と日本人との距離よりも文化的、感覚的に近いと感じられた。そして、それはもう少し話を大きくすれば、ユーラシア大陸の東に広がるアジアの共通の根に触れてゆくものであると思われたのだ。

チベットのラサ市郊外にあるデプン寺の境内で、一本の立ち木に万国旗のような布を飾りつけたのを見た。チベット文字で教典の文句を書いた小旗状の布を巡礼者が木にゆわえてゆくのだ。チベット仏教というより、それ以前にチベットで行われていたボン教というシャーマニズム系の信仰が仏教の中に取り入れられたものという説明が案内書の中にあった。私がそれを見て思い出したのは、韓国の東海岸の火田民の村のはずれにあった〝堂山木《タンサンモク》〟だった。村の産土神《うぶすな》の宿るその木には、色とりどりの布が結ばれ、飾られていたのである。

ラサと、韓国の山村に立っていた二本の木、それはアジアの半径をはるかに超えた距離を隔てて、向かい合っていると思われたのである。

（『北海道新聞』一九八七年三月三日）

一年ぶりの釜山

四年間住んだ釜山《プサン》を一年ぶりに再訪した。朝になるのを待って、釜山港に入港した関釜フェリーの甲板から、龍頭山《ヨンドウサン》の上に立つ釜山タワーをのぞみ、影島《ヨンド》に架かる釜山大橋をながめ、山の上のほうまで、びっしりと建ち並んだ家並を見ると、胸の奥底のほうから、じわーっと熱いものがこみあげてくる。「トラワッタ！（帰ってきた）」という言葉が、思わず口をついて出てきた。

国際埠頭から出入国管理事務所、税関の建物のわきを通り抜けて、広い通りに出たぼくは、思わず「なんだ、これは!」と、つぶやかずにはいられなかった。韓国外換銀行と釜山郵便局とに挟まれた、釜山の目抜き通りには、まだ鉄骨の資材が積まれ、道路に鉄板を敷いた地下鉄工事が、進行中だったからだ。

ぼくが釜山を離れる年に、この工事現場で大きな事故が起こった。掘り進んでいた地下道の壁が崩れ、そのわきに建っていたビルひとつが、そっくりそのまま崩れてしまったのだ。道路に急に大きな穴があいてしまったので、朝のすいた道を気持ちよく飛ばしていたバスが、その穴におっこちた。続いて、タクシー一台も次つぎと……。

翌日、事故を知って現場へ野次馬にでかけた。大きくあいた穴に、ブルドーザーがせっせと土砂を詰めていた。転落したバスが、引き揚げられたというニュースはなかった。ぼくは不謹慎にも「人柱《ひとばしら》」という言葉を思い出し、これで難航続く釜山の地下鉄工事も、これからはスムーズに進むのではないかと、ため息まじりに思ったのだった。

その地下鉄工事が、ぼくの目の前で一年前とまったく変わらぬ調子で、繰り広げられている。何やら不思議な安堵の気持ちと、拍子抜けの感じが、ぼくの胸を交々《こもごも》おそった。ぼくの釜山は変わっていない! だが、それは本当に喜ぶべきことだろうか。

光復洞《クァンボクドン》のわき道の銀行街に立っているヤミ両替のおばさんに、日本円を換えてもらった。ウォン切り上げの噂に踊らされて、あわてて韓国語の資料を買い込みにきたわけだが、ヤミ両替のおばさんたちが、あわてていないところを見ると、まだまだ大丈夫なようだ。銀行レートより、わずかだが〝おばさんレート〟のほうが有利なのである。

光復洞はあいかわらず、人の波で埋まっていた。『白い風車《ハヤンプンチャ》』で、ジュースを飲み、『元山冷麺《ウォンサンネンミョン》』で冷麺を食べた。南浦洞《ナムポドン》の狭い路地の二階にある茶房《タバン》に入ると、女の子がぼくの隣に坐った。「ムォスルトゥリゲッソヨ？（何をさしあげましょうか）」「コッピ」「コッピ！」。女の子はのろのろと立ち上がり、「コッピ」を持ってぼくの前に置いた。砂糖壺にスプーンはなく、自分のコーヒーカップについたスプーンを使うのは、昔通りだ。

「遊びに出てきたの？」、女の子は私の荷物を見て、そう聞く。「ウン、まあね」「天気がいいから、旅行にはいいわよね。どこから来たの？ ソウル？」「いや、ペリー（フェリー）で、今朝着いたばっかりなんだ」「ペリー？ じゃあ、イルボン（日本）から来たんだ。キョッポ（僑胞）なのね」……。

ぼくは、こうした会話に、ふっと何年か前に引き戻されるような感じがした。何年か前にも、こうした会話を、こうした薄暗い茶房で、アガシとぽつりぽつりと話していたことがあったような気がしてならなかったのだ。

「ジェイルキョッポ（在日僑胞）なのね？」「いや、日本人だよ」「でも、お父さんかお母さんが韓国人なんでしょう？」……。あの頃は、片言でも韓国語をしゃべる日本人は珍しかったからなあ、でも、それは今でもあんまり変わらないか。そういえば、このタバン・アガシもどこかで一回ぐらい会ったことがあったかもしれないな。林権沢《イムグォンテク》が、『チケット』という映画を作り、そこでタバン・アガシが売春する様子が描かれていた、と友達が言っていたな。こっちにいるうちに、ぜひ見ておきたい映画だ……。

でも、ぼくが見たのは、昨年の大鐘《テジョン》賞の作品賞、主演女優賞、男優賞をとったという『霧の柱』という映画だった。学生の時に知り合って、結婚した若い夫婦。夫は大企業でばりばりと仕事をし、その実力を認められて、エリート・サラリーマンとして出世コースに乗っている。妻はその英語力を生かして翻訳の仕事をしている。とも稼ぎの夫婦の間に、いつしか心のひび割れが生じてくる……。

この映画がいままでの韓国映画と違っているのは、妻が夫の側に子供を置いたまま家を出て、〝転落〟するのではなく、自活の道をたどるということだ。韓国では、母と子の結びつきは切っても切られない〝絶対的〟なものであり、それを無理矢理に引き裂くところに、母もの映画の悲劇があったのである。だが、この映画では、妻であり母である主人公は、まず自立した「女」であることを第一義として、子供を夫の家に残したまま、それほどの愁嘆場もなく家を出るのだ。それだけでも、この映画は画期的といえるのではないだろうか。

だが、ぼくをもっと驚かせたのは、その映画を見て、釜山劇場《プサンクッジャン》を出るときに、通りがかりに聞いた、女子大生らしい若い女性の批評の言葉だった。彼女はつれの男友達らしい若い男に、「面白くなかったわ。微温的なんだもの！」と、言ったのである。家を出て、社会の中で自立した女性として働くこと。夫、子供の奴隷、犠牲としてではなく、自らの生きてゆく道をもとめる女性。それを〝微温的〟だと一言のもとに切り捨てる若い世代の女子学生……。

ぼくはあらためて、老若男女の往き交う光復洞の繁華な通りをながめた。確かにぼくが五、六年前にながめたものと較べて、建物や人々の服装は、新しく、豊かになった。だが、それよりも人々の心の中のほうが、少しずつ、そして確実に変わってきているのかもしれない、ぼくはそう思いながら、コプチャン（ホルモン焼）で一杯やるために、チャガルチー市場のほうへ向かって歩き始めたのである。

（『旅』一九八七年六月号）

クレオールとしての日本語

『現代コリア』という雑誌に連載中の矢野謙一氏の「朝鮮語のひびき」という文章は、韓国語を学ぼうとしている私に、示唆するところの多いものだが、その中にこんな一文があった。日本ではブッカケ飯といえば、飯に汁をかけるが、韓国では汁の中に飯を入れる。この動作を韓国語で何というのか、苦労して突きとめた矢野氏は、ある在日朝鮮人の友人の一言を聞いてショックを受けた。汁に飯を入れて食べる彼を友人は、「日本人はマラして食べるのは下品なんだろう」と、とがめたというのである。韓国、韓国語にほとんど関心のない、日本化した在日二世の友人が、矢野氏が辛苦の末突き止めた動詞マルダ（マラはその連用形）をいとも簡単に使ってみせたのである。くだんの友人いわく、「うちじゃ皆そういってる」、「汁に飯を入れるのもマラする。紙を巻くのもマラする」と……。

クレオール語とは、太平洋地域やアフリカ、ラテンアメリカにおいて、現地語にヨーロッパ語であるフランス語やスペイン語、ポルトガル語が入り混じって変形した言語のことをいう。

そういう意味では、〈在日〉の人たちは、日本語をクレオール化した言葉を生みだしているのではないか。矢野氏の文章を読んで私が思ったのは、そういうことだった。そして、最近出版された在日二世の小説家・元秀一《ウォンスイル》の『猪飼野物語』（草風館）を読んで、その思いを一層強くしたのである。

元氏の〝故郷〟である大阪府〝猪飼野《いかいの》〟の朝鮮人街。そこに生活する在日一世のハルモニ（おばあさん）、ハラボジ（おじいさん）、アジュマ（おばさん）、アジョシ（おじさん）たちの姿を活写するこの作品群は、韓国語、それも済州島《チェジュド》なまりの非標準語と日本語（大阪弁）とがチャンポンになった、奇怪な言葉が流通し、飛び交う言語空間なのだ。

「チェジュド（済州島）にチュウオルのピョンシン（知恵おくれ）の息子いてた。イルチェシデ（日帝時代）終わってすぐチュウォル済州島帰った。そやけどチェス（運）ないことに選挙反対や、選挙反対ゆもんペルゲンイ（赤）やゆて、チェジュッサラム（済州島の人）とユッチサラム（本土の人）殺しあいしたゆ話お前も知ってるやろ。そのどさくさに出来たピョンシンの息子コモニム（姑母様）に預けてチュウォル日本へ逃げてきたやげ」（『ムルマジ』）。

美しく正しい日本語を推奨する人が、聞いていたら卒倒しそうな日本語といえるわけだが、異国、異民族の中で差別にも蔑視にも負けず、たくましく生きてきた〈在日〉の人間の、いかにも生活感あふれた〝母語〟ではないかと、思わずにはいられないのだ。ピジン・イングリッシュ（太平洋地域で使われる崩れた形の通商英語）やクレオール語は、まだ正統的な言語の世界では、認知されない。〝英語のくずれ〟〝ヨーロッパ語の乱れ〟としか思われていない場合も多いのだが、そういう意味では、『猪飼野物語』の言語世界は、日本語と韓国語、しかもその方言同士が混淆した許しがたい混乱ぶりを示しているといわざるをえないだろう。

だが、逆転して考えてみれば、言葉の純粋性、純血性など、これまでの言語の歴史においても、厳密にはありえたためしなどないのだ。言葉はいつも「必要」という指標だけを頼りに変転し、外来語と格闘し、〝国語純化〟の運動をものともせずに、したたかに生き延びてきたのである。『猪飼野物語』の示して見せた〝イカイノ語〟の世界も〈在日〉の人間たちが切り開いてくれた「日本語」の可能性の貴重な一面にほかならないだろう。なぜなら、それは少々大げさにいうならば、日本語のクレオール化がどの程度可能かという問題と、単一民族国家ではない〝複合民族国家〟としての日本の、言語的未来を示唆するものでもありうるかもしれないのだから。

言葉について最も保守的であるのは、その言語を使ってものを書く文学者であるという。確かにある種の詩人や小説家たちは、自分だけの基準によって、〝美しい日本語〟などと言い出し、現在の乱れた国語を嘆いてみせるだろう。だが、最も言葉を大胆に、自分たちの表現のために革新してみせるのも、やはり文学者なのだ。言いたいことがあり、言わねばならぬことがあれば、人は言葉の規範や一国語の範囲を蹴破っても語るだろう。坂口安吾の「墜ちよ、生きよ」という言葉は、日本語という言語そのものについても言えるのである。

（『東京新聞』一九八七年七月一日）

「声」のある街

朝、オンドル床のひやっとした、固い感触を背中に感じながら目を覚ますと、家の外から聞こえてくる物売りの声が耳に入ってくる。「塩《ソグム》、買わんかねー」と、朝一番に声をあげて坂道を上ってくる塩売りのおばさんの声。頭の上に塩と桝《ます》を入れたタライをのせ、キムチ用の粗塩《あらじお》を売りに来るのだ。シジミや野菜を売る物売りの声が聞こえる頃、寝床を離れ、仕事場へ出掛ける準備をする。カン、カン、カンと、鐘を鳴らしてゴミ集めの車が来るのもこの頃だ。近所のおばさんたちが、レンタンの燃えかすを、やはり頭の上のタライにのせて集まってくるのである。

昼近くなると、「化粧紙《ファジャンジ》が来たよ、化粧紙が来ましたよ」と、擦り切れたテープの声を響かせて来るのは、もちろんリヤカーにトイレット・ペーパーを山のように積んだ化粧紙売りだ。大きなハサミをカチカチと鳴らしてくるのは、不要品やダンボール紙を集めている廃品回収のおじさんで、傘直し、鍵の付け替え、刃物研ぎおじさんたちが、ときどき玄関のチャイムを鳴らす。午後には小型トラックに季節の果物や野菜を積んだ、夫婦者の青果商がやってくる。苺、瓜、西瓜、葡萄、林檎、梨、蜜柑などの果物が、季節毎に八百屋の店頭や、路地の店先いっぱいに、色鮮やかに溢れるように盛り上げられ、さらに行商人たちが街のすみずみまでその新鮮な香りを運んでゆくのだ。もちろん、トウモロコシ、サツマイモ、クリ、ニンニク、ハクサイ、トマトなどの野菜も、季節ごとに街の通りや路地の奥を埋め尽くしてしまうのである。

　韓国で数年間暮らし、いろいろなことを経験したつもりだが、韓国の魅力と問われると、こんな日常の生活の中での何気ない現象が、真っ先に頭に浮かんできてしまう。塩売りのおばさんの声。夜遅くまで路上で遊んでいる子供たちの声。朝の澄んだ空気。どこまでも青い町の空。夜遅くまでともされた屋台の天幕にシルエットとして浮かぶ酔客の姿。言葉にしてしまえば、別段変哲もないものばかりだけれども、声、音、匂い、光と影の記憶が、私にまざまざと韓国の街で暮らした日々の生活を思い出させるのだ。それはもちろん、他人には伝えることのできない個人的な感傷にしか過ぎないといわれてしまうものかもしれないが、私にとって韓国という土地が、自分を引き付ける最大の理由はやはりそこにあるといわざるをえないのである。

　韓国の生活にノスタルジーを感じる日本人のこうした感傷に、反発を覚える韓国人もいるかもしれない。しかし、朝のジョギングと薬水《ヤクス》汲みを兼ね、ハイキングと野遊会《ヤユフェ》を組合わせる韓国人にとって、日本人が獲得したものと、失ってしまったものとを統合的に手にすることは可能なのではないだろうか。それは近代的なオリンピックを開催できる都市と、季節感のある町並み、人間の声の響く街路が共存することであり、古さと新しさとの共栄する街が生みだされるということなのである。

（『東洋経済日報』一九八七年九月十八日）

「近代」としての歌謡曲

一昨年の冬、私は中国の四川省の省都・成都《チョンドゥ》を旅行した。街角をぶらぶら歩いていると、電器店の店先からカセットの音楽が流れてきた。

何気なくそのメロディーに耳を傾けたまま通り過ぎようとし、ハッと気がついて店先に立ち止まった。その曲が韓国の歌手・周炫美《チュヒョンミ》の歌う『雨降る永東橋』のものだったからだ。

中国の地方都市で韓国の演歌を聞く不思議さ。しかしよく考えれば、それをさほど不思議がる必要はないのだ。

演歌を代表とする日本の歌謡曲は、台湾や香港を通じ中国や東南アジアで広く享受される。また、日本にも韓国、香港、台湾製の歌はいくつも入っている。香港や日本を経由して、中国に韓国歌謡が伝わるのも、こうした〝アジア〟世界の歌の交流を思えば、むしろ当然のことである。

そもそも周炫美は父親が中国人の華僑で、永東橋はソウルの新興繁華街・永東《ヨンドン》に架かる橋、曲調はついこの前までなら〝倭色《ウェセク》〟（＝日本調）と批判されそうなド演歌調だ。つまり、そこには韓国、中国、日本の三国の要素が混在しているのである。

「夜の雨降る永東橋を／一人歩くこの心／あの人は知らないだろう／知らないでしょう／雨に濡れ／悲しさに濡れ／涙に濡れ／やるせなく歩いている／夜の雨降る永東橋／忘れなければと思いながら／忘れられないのは／未練／未練／未練でしょうか」（チョン・ウニ作詞、ナム・クギン作曲＝筆者訳）。

夜、雨、橋、悲しさ、涙、やるせなさ、未練といった語彙は、日本の演歌に似て、まさに紋切型である。これに旅人や港や峠や別れや故郷を付け加えたら、韓国歌謡の決まり文句をほとんど網羅したことになる。日本と韓国の庶民的な心情がいかに近いものであるかを、このことは示しているのだろう。

草創期の朝鮮歌謡は、日本の影響を受けている。一時、日本演歌の韓国源流説が唱えられたが、これは逆であって、日本経由の近代音楽、流行歌が朝鮮半島に渡ることにより、韓国（朝鮮）近代歌謡の礎石となった。

朝鮮の近代歌謡は、いわゆる歌曲と大衆歌謡の二つに分岐する。知識層の歌曲と〝無識《ムシク》（無教養）〟層の歌謡曲という〝二重構造〟が最近に至るまで保持されていたのは、韓国歌謡にとって不幸なことだが、その両者において次々と人々の心をとらえる名曲、ヒット曲を生みだしてきたことは事実であり、それは起源、源流の問題はともかくとして、まさに韓国人による、韓国人のための歌なのである。

いや、韓国だけではなく、それは日本も含めた汎アジア的なものといえるだろう。『カスマプゲ』『帰れ釜山港へ』の日本での流行、李成愛《イソンエ》、趙容弼《チョウヨンピル》、金蓮子《キムヨンジャ》、桂銀淑《ケーウンスク》などの日本の歌謡曲界での活躍、金民基《キムミンギ》、宋昌植《ソンチャンシク》などフォーク系歌手、あるいは比較的新しい歌手としてヘウニ、金秀姫《キムスヒ》、李仙姫《イソンヒ》などの日本での紹介は、日韓の歌謡世界の交流の熱っぽさを表している。

こうした熱気が香港、台湾、中国へと広がることは私には当然のことと思える。それは基層的な〝心情〟のアジア的普遍性を意味しているからだ。

もちろん、それらはそれぞれの民俗文化をベースに受けとめた「近代」という現象の一つにほかならない。アジア世界はその「近代」との関係の底辺や影の部分の軋みとして、涙や別れや追憶の情感を歌謡曲の形で表現したのだ。

韓国の歌謡曲が持つ基本的な情感が、こうした近代化、都市化への庶民層の夢と挫折に根ざしたものであることは、他のアジア諸国の場合と同様なのだ（それはアジアを超えて普遍的ともいえるかもしれない）。

雨に濡れながら橋を渡る人影に、私は失恋の悲哀や孤独を見るのと同時に、「近代」（都市）と「アジア的なもの」（地方）の間に引き裂かれた心情を見るのである。

（『産経新聞』一九八八年八月三十一日）

行けない道

行くことのできない道、通ることのできない道は、かえって行ってみたくなるものだ。韓国に住んでいた頃、時々道があるのに行かれず、悔しい思いをしたことが何度かある。
ソウルから板門店《パンムンジョム》へ行く途中に、臨津江《イムジンガン》にかかる「自由《チャユエ》の橋《タリ》」がある。そこから先は行くことのできない〝帰らざる橋〟だ。外国人観光客は許可をもらえば板門店まで行けるのだが、普通の韓国人は橋の手前の臨津閣のところまでしか行けない。私は日本人だから許可をもらえば板門店まで行けるが、それが何となくおっくうで、普通の韓国の市民といっしょにバスで臨津江のほとりまで行った。

軍用トラックやら観光バスやらジープなどが、「自由の橋」を渡って行く。そのたもとまで歩いて行き、銃を持った韓国兵にじろっと睨まれて帰ってくる。山は青く、川はのどかに流れていて、橋の向こうも何ら変わることのない郊外の風景だ。それはまるで白昼夢でも見ているような、奇妙な心のざわめきを覚える風景だったのである。

同じような感覚を、今年の秋にもう一度味わった。場所は中国の、北朝鮮（朝鮮民主主義人民共和国）との国境の町・図們《トウメン》。豆満江《トウマンガン》を隔てた北朝鮮の南陽《ナミャン》とこの町の間には汽車、自動車用の二本の鉄橋がかかっている。一般人はむろんその橋のたもとや、堤防上の散策路からすぐ川向こうの南陽を眺めることができるだけだ。河原では中国側の子供たちが、雑魚を取って遊んでいる。水の少ない時期には、河原や中洲を渡って川の真ん中あたりまで行くことができるのだ。

小さな観光船に乗って、豆満江の流れに浮かぶ鉄橋の下をくぐり、北側の川岸のすれすれまで近づく。ひょいと跳べば、向こう岸に渡れるほどの近さだ。高い草が邪魔をして南陽の町は、高い建物の頭が見えるだけで、人影は見えない。山の中腹にはハングルで「速度戦《ソクドチョン》」と書いてある。しかし目の前には「速度」と関わりなさそうな、のんびりとした緑の山河が横たわっているきりなのだが。

　行くことのできない道。それは「道」の〝本質〟からはずれる。通るため、行くための道が、遮《さえぎ》るため、足をとどめさせるものとしてある。それはまったく「道」としても不本意なことだろう。道があれば歩いて行きたいし、橋があれば渡りたい。壁があればよじのぼり、向こうを眺めてみたい。そんなやじ馬的好奇心で、鬱陵島《ウルルンド》の山道を登っていって見張りの兵士に誰何《すいか》されたこともあるし、鶏龍山《ケリョンサン》の軍の管理地区に行って銃を突きつけられそうになったこともある。

　行くための道、橋を作って、そこを行かせず、通らせないようにする。人間という奇妙な生き物のすることとは、矛盾と不合理に満ちている。でもだからこそ、人はその道を通り、橋を渡り、壁を超えようとする。道を行こうとする者と、それを防ごうとする者の滑稽でかつ真剣なドタバタ喜劇は、二十世紀末の現在まだまだ世界中で続いているのだ。

（『東京新聞』一九八九年十二月十日）

江陵端午祭見聞記

盧泰愚《ノテウ》大統領が来日した五月末、私は韓国へ行った。江陵《カンヌン》で行われる端午祭《タノジェ》見物のためにである。旧暦五月五日を中心に行われる江陵端午祭は韓国の無形文化財に指定されている最大の民間主導型の祭典で、市内の南大川の河川敷が、サーカスや見せ物、露店のテントで埋めつくされ、民俗芸能や相撲《シルム》、ブランコ《クネテギ》大会がその会場で連日、催されるのだ。活気、雑踏、喧噪。韓国人のまさに韓国人的な体臭や人情味のむせかえるお祭りを私が見物するのは四度目で、私を引き付けるのもそんなにぎわいの中の〝サーラム・モルミ〟（人酔い、朝鮮文学者の故・長璋吉氏の造語）の感覚なのである。

会場の中心にあるのは、ムーダンと呼ばれるシャーマンたちの祭儀場である。そこで彼女（彼）らは、大関嶺国師城隍神と女城隍神の紙牌を祀り、その前で歌、踊り、語りのパフォーマンスをひねもす続ける。テントの内外には老若男女がひしめき（老女がとりわけ多いが）、シャーマンによるクッという巫儀を見物、あるいは参加するのである。

この端午祭は古くは魏志韓人伝に記録された舞天という収穫祭に起源を持つといわれ、山から神を降ろし、里の女神と合祀するということから、日本の「田遊び」や「種下ろし」の祭りに類似したきわめて古代的な農耕民の信仰を背景としたものといわれる。祭りのイベントの一つである江陵官奴仮面劇も、男女の仮面神による婚姻と豊饒を祈念する無言劇で、南大川の河原いっぱいに広がる会場が、まさに年に一度の舞い、歌い、演じ、騒ぐという祝祭空間と化するのである。

夜になると河原のテントには灯が入り、イルミネーションと音楽とがいっそうお祭り気分を盛り上げる。トンドン酒やマッコリ（濁酒）の碗を、キムチやパジョン（ネギのお好み焼き）を肴《さかな》に傾けるというのが、端午祭の楽しみの一つのため、なかなか会場を立ち去りがたいのだが、そんな酒席でちょっとした経験をした。といっても大したことではなく、店のアガシ（若い女性）と何気ない話をしているうちに、私が日本人だと知った彼女が、「日本では在日僑胞《ジェイルキョッポ》を差別しているんですってね」と怨ずるように言ったのである。

実は同じような言葉は昼間、韓国在住の在日韓国人（ややこしい言い方だが）の友人といっしょに入った食堂でも聞かされた。日本人の客は初めてというその店の主人が、自分は解放前に学校教育を受けた最後の世代だから日本は嫌いだ、日本人はまだ在日僑胞を差別していると語ったのである。そんな場面に慣れている友人が、店の主人に近親者や知人に在日僑胞がいるかと問うと、主人は、いや別に知人はいないが、テレビや新聞で僑胞の現状はよく伝えられていると答えたのだ。

しかし、私が知っている限りでは、韓国での在日韓国人に対する待遇も、それほど芳《かんば》しいものとは思えない。日本人の私が下手な韓国語を使うと上手だと賞賛してくれる人が、在日の人の韓国語を「あの人のハチオンはおかしい」と嘲《あざわら》笑った例がある。本国の韓国人が在日韓国人・朝鮮人に対して無関心であったり、往々にして冷たい反応しか示さないのを見て、韓国にやって来たばかりの私は、不思議に思ったものである。

大統領訪日を前にして、〈在日三世問題〉が韓国のマスコミの話題となり、日本での在日差別が、格好のテーマとして語られたことは明らかで、おそらく日頃、在日僑胞についての関心も知識もなかった人々の間にも、日本での〝韓国・朝鮮人に対する差別〟は大きくアピールされたのだなと思わざるをえなかった。そして私がその時連想したのは、天安《チョナン》というソウル近郊の町のはずれに建てられた韓国独立記念館のロウ人形による再現シーンだった。日本の浪人が閔妃《ミンビ》を惨殺している場面、日本軍、警察の朝鮮独立の烈士、烈女たちに対する拷問シーン。残酷で、迫真的な再現場面を、修学旅行や遠足の小学生や中学生がぞろぞろと見学していた。むろんそれは事実や史実の問題ではなく、そのアピールの仕方が問題だということである。

侵略と植民地支配の過去をまともに謝ろうともせず、潔《いさぎよ》い反省もなく経済的な豊かさと繁栄ばかりを追い求めてきた日本。国内の政治矛盾や社会問題のホコ先を「反日」感情の発散という形にすり替えようとする韓国。これは何とも鬱陶しい隣国同士の関係ではないか。〈在日〉問題も、ともすればこうした歪んだ両国のはざまでの外交の駆け引き材料として使われてしまうことが多いのだが、少なくとも、今回の天皇の謝罪の言葉や大統領の訪日と〃取引〃されることは、〈在日〉の人々の立場としてはやり切れないものではないかと思わざるを得なかったのである。

翌日、私はタクシーを走らせ、江陵の町から少し離れた大関嶺の城隍堂と山神堂を見に行った。冬はスキー場となる山の少し奥にある城隍堂の中では、老女がいくつもの結び目を作った白い布の端を持って振っていた。コップリという儀式だ。ほどけやすいように結ばれた結び目は、布を振れば解ける。それは悩みや苦痛や病気、一切の〃恨《ハン》〃を振りほどくというお呪《まじな》いなのである。

当日の韓国の新聞は、〈日王アキヒト《イルワン》〉が、盧大統領と韓国民に対して〃痛惜の念にたえない〃という表現で謝罪したと一斉に報じた。そして、その〃お言葉〃に対して不満だという社説や世論もいっしょに。植民地支配という〃恨《ハン》の結び目〃は、どんなコップリを行えば解けるのだろうか。私は目の前で解けてゆく布の結び目を見ながら、そう考えていた。そして、東京で行われている〃お言葉〃をめぐるお祭り騒ぎと、日韓友好の儀礼的な祭典よりも、やはり端午の祭りのほうがよほどパワフルで発展的であると、一人納得した気持ちになったのである。

（『産経新聞』一九九〇年六月）

言霊の幸わう国

韓国でも北朝鮮でも街中にスローガンや標語の類が多い。韓国に住んでいた時に「隠れて暮らすよりも、申告して明るく生きよう」（スパイ自首勧告の標語）といったハングル文をメモして集め、解読して一人で面白がっていた。この六月に平壌《ピョンヤン》と開城《ケソン》を短期旅行したが、建物や記念物、看板に多く書かれているスローガンや標語を〃考現学〃的な興味から少し蒐集してみることにした。

　といっても、平壌の街角や通りのスローガンにあまり多様性はない。一番よく目につくのが「偉大なる首領金日成《キムイルソン》同志万歳《マンセ》！」というもので、それのヴァリエーションとして「偉大なる主体思想《チュチェササン》万歳」とか「栄光の朝鮮労働党万歳」といったのがある。開城の民俗旅館の前の通りに大きな看板があり、若く福々しい金日成氏が少年少女に取り囲まれ、花や風船で祝賀されている絵があって、その下に「偉大なる首領の万寿無疆《マンスムガン》を謹んで祝願いたします！」と書いてあった。

正直なところこの「マンスムガン（万寿無疆）」という単語がわからなかった。辞書を調べて、ようやくこの厳めしい漢字熟語を知ったのだが、はたして北朝鮮でこの漢字を思い浮かべられる人はどれほどいるかと考えざるをえなかった。基本的には漢字を全廃した北朝鮮では漢字の識字能力は低いはずだ。たぶん、大抵の人は〝マンスムガン〟というのは、金日成氏の長命をお祈りするお呪《まじな》いのような言葉と思っているのだろう。日本の子供たちが、『君が代』をよく意味のわからないまま、長生きしようという歌だと思っているように（大相撲の歌だとか、日本体育協会の歌だという説もあるそうだが）。

このマンスムガンというのは、金日成氏の長命、長寿を祈る時にだけ使われる〝首領様語《スリョンニムマル》〟ということができるのではないか。もちろん、一般的な使用が皆無とは思わないが、〝偉大なる《ウィデハン》〟が金日成氏の枕言葉であり、〝親愛なる指導者《チネハヌンチドジャ》〟が金正日《キムジョンイル》氏のそれであるのと同様に、これらは〝首領様〟とはほとんど切り離して使われることはないのではないか。むろん「首領」「嚮導《ヒャンド》」などの語彙もそうだ。人民の平等を理想とする国が、特殊な絶対〝敬語〟を発達させるという不思議な現象が見られるのである。一度韓国の全羅道で横断幕に「偉大なる指導者金……」と書いてあるのを見てギクッとしたが、次の名前は〝大中〟だった。南であれ北であれ、言語感覚や修辞法はあまり変わらないものだと思った。日本で「偉大なる海部首相」とか「親愛なる田辺委員長」といえば、たちの悪い冗談でしかない。

ところで、私がメモ帳に書き留めた文句はこんなのだ。「みんながインテリになろう」「世の中に羨むものはない」「私たちは幸福だ」「社会主義の完全な勝利のために」「現代化・主体化・

科学化」「党が決定すれば我らはする」「党と首領様に忠誠と孝誠を尽くそう」「我われ式で生きてゆこう」等々。朝鮮半島は〈言霊《ことだま》の幸わう国〉なのである。
（『しにか』一九九一年十一月号）

サハリンのハルモニの日本語

ユジノサハリンスクの駅前、花を売る朝鮮人のハルモニ（おばあさん）が「花を買っていきなさい」と日本語で声をかける。「日本人が花を買ってどうするんだい」「ひゃあ、どこに行ったらあんなに黒くなるもんかねえ」。ハルモニたちは道行く日本人にはわからないはずと、朝鮮語で勝手なおしゃべりをしている。私はマーシャル、トラックと日本の旧植民地・南洋群島を回って来た日焼けした顔のままで、八月上旬、やはり日本の植民地だったサハリンの州都にやって来たのだ。

ミクロネシアでもサハリンでも、私は旧植民地文化の研究のため日本の植民地時代の〃遺蹟〃を尋ね歩いた。細長いマジュロ環礁の村の日本軍弾薬庫の跡、トラックの旧春島ではゼロ戦の発着した飛行場跡で、折からのスコールにヤギとブタとが雨宿りしていた。旧夏島では礁湖を向いて錆び付いた大砲が、洞窟の台座からまだ敵艦を狙っていた。けれど、日本時代のもっともはっきりした〝遺蹟〟は、それらの島々に残っている「日本語」だった。マジュロの一本道で、私はすれ違いざまに「こんにちは」とマーシャルの老人に声をかけられた。小型トラックの荷台というトラック流タクシーの相客からは、「〝内地〟から来たのか」と聞かれた。日本が国際聯盟委任統治領として支配したミクロネシアに残る日本語は、何にもまして日本時代を記憶しているのである。

ユジノサハリンスク（旧豊原）、ホルムスク（旧真岡）、コルサコフ（旧大泊）。私の訪れたサハリン南部の街に、表面的には「日本時代」を想起させるものはほとんど残っていなかった。天守閣の形をしたサハリン州郷土博物館（旧樺太庁博物館）には、サハリンの歴史のコーナーがあったけれど、ウィルタやニヴヒなどの北方少数民族やアイヌ民族の時代の次は、ロシア開拓の時代となり、次はソ連時代だった。

旧真岡駅は廃駅となり荒れ果て、ただ壊されるの待つばかりだ。旧豊原の樺太神社は台座だけが草叢《くさむら》に残り、灯籠の台と石段の一部が残るだけで、駅前の大通りにまっすぐに続く眺望は、戦後に建てられた病院の建物によって遮《さえぎ》られている。もっとも日本時代の建物が活用されている例は、旧拓銀豊原支店が美術館として残り、旧大泊の拓銀支店がそのまま銀行として使われているなどいくつかあるが、もちろんそれが日本時代の建造物であることを示すものなどになかった。

日本時代の〝遺蹟〟、それは自由市場（バザール）で花や果物を売っている朝鮮人のハルモニたちの「日本語」だった。サハリン旅行の五日間、私は時間があれば自由市場へ行き、タバコやウォッカのビンを台の上に並べた朝鮮人やロシア人のおばあさんと会った。バケツいっぱいのイチゴが商品だったり、ひょろひょろのニンジン数本という〝個人商店〟もあった。インフレと物不足、官僚的な流通支配は旧ソ連の商業をメチャメチャにし、ようやく自由市場でみんなが手持ちのものを持ち寄る〝物々交換〟から、資本主義が始まったという感じだ。朝鮮語でシジャン、市場の活気と熱気はソウルの南大門や東大門の市場でもわかるように、朝鮮民族のもっとも愛好するものではないだろうか。

サハリンにはロシア人と朝鮮人とがいる。これらの朝鮮人の二世や三世に関しては「抑留」とか「残留」とかの冠詞をつけて呼ぶのはもはやふさわしくない。彼（彼女）らははっきりと朝鮮系ロシア共和国民であり、サハリンの中の朝鮮族だ。日本や韓国との経済交流の始まったサハリンにおいて、彼ら朝鮮族の果たす役割は大きなものとなるだろう。自由市場のビニール袋に入ったキムチやカクテギは、塩味がききすぎてあまりおいしくなかった。しかし、やがてキムチを肴にウォッカを飲むためにサハリンへ行くということが実現されるかもしれない。ハルモニたちの「日本語」はその時まで生き残っているだろうか。植民地時代の〝樺太〟の遺蹟を訪ねるはずの私の旅は、海外の朝鮮族がたくましく生活する、そのバイタリティーを確認する旅として終わったのである。

（『日本経済新聞』一九九二年九月一日）

日韓文学シンポジウム'92東京

韓国から何人かの小説家、評論家がやって来て、日本の同業者に会いたがっているから出てこないかと、安宇植《アンウシク》氏から誘われたのは、昨年初めのことだった。そこに集まったのは故中上健次、島田雅彦、栗原幸夫氏などで、一夕歓談して別れたのだが、ほどなく安氏から、また日韓の文学者が出会う機会を作りたいが、今度はもっと本格的に、お互いの文学観や文学状況、社会とのかかわりなどを語り合うものにしようという提案があった。話が具体化したのは今年の夏過ぎだが、中上氏はすでにガンで亡くなっていた。私はある文芸雑誌に頼まれて書いた追悼文に「中上健次・ソウル・アジア」と題名をつけた。私が初めて中上氏と会ったのはソウルであり、韓国の文学者たちといっしょだったのである。

そんないきさつから、今回の「日韓文学シンポジウム」の日本側の実行委員長を引き受けることになった。主催はシンポジウム実行委員会と、アジア・アフリカ作家会議である。

これまで政治的な問題をテーマとして日韓の文学者の話し合いがもたれたことはあるが、文学とりわけ自らの創作体験に基づく純文学的な討論は初めてのことだと思われる。

一日目のテーマは、「日韓両国における現代文学の歩み」。しかし、ここからすでに日韓の文学状況の差異や懸隔は、容易には埋められないものとして参加者に認識され始めたものと思う。そもそも双方の使う用語自体が決して共通の理解を得ているわけではない。

たとえば「民族」という言葉一つとっても、「ミンジョク」と「みんぞく」という発音の違い以上に、それを基本的に肯定的なものとしてとらえるか（韓国）、否定とまではいわずとも、距離を置いて見ようとするか（日本）で、文脈上の意味合いはまったく異なってしまうのである。それは民衆文学、解体小説といった韓国側の用語に対する違和感として日本側には受けとめられ、韓国側には民族、民衆、抵抗、自我の問題が問題ともならない現在の日本の主題を失った文学状況に対する驚きとなったようだ。

もちろん、こうした言葉の差異はその背後にひめられた文学者の体験の違いに由来している。一つの民族が二つの国家、体制に〝分断〟されているという現実は、「民族」という言葉を獲得すべき価値として輝かせずにはおかないのである。

たとえば、二日目は「作家の経験と文学的形象化」というテーマで、小説家、詩人が自らの創作体験や自作のモチーフを語ったが、韓国側では金源一《キムウォニル》氏が、共産主義者として朝鮮民主主義人民共和国（北朝鮮）に渡っていった父を持つ家庭の長男として育った自分が、いかに〝分断時代〟をテーマとして小説を書き続けてきたかという作家としてのこれまでの経験を基にした発表を行った。

〝分断時代を書いてきた作家〟といわれる金氏は、南北に分かれた朝鮮半島の現実を背負いながら「一人の小心者の小説家が、その暗がりの中に鉱脈を求めて不安のうちに記録してきた足跡」として自分の文学を規定していた。分断時代という過渡期における文学という金氏の自己規定は、片肺飛行でしかない現在の韓国文学に対する冷静な評価と、一つの民族の文学に対する強い期待をうかがわせるものだったのである。

三日目のテーマは「高度情報化社会における文学の位相」だったが、ここでも日韓の現代文学に対する把握の仕方の違いが目立った。マンガやノンフィクションを文学の問題として論じようとする日本側に対し、韓国側の発表者の呉圭原《オギュウォン》氏は、後期産業社会において韓国文学が「政治的」にならざるをえないゆえんを語り、ポストモダン的な「高級文化と大衆文化の区別の破壊」は、あくまでもそれが「韓国的な重さを風刺する形になるように形象化している」ものであると語った。「軽さ」をも「重さ」に奉仕するものと考える韓国側と、「軽さ」のままでカルチャーとして考える日本側とは、ここでもすれ違った。

日韓の文学観、文学状況の認識の違いや隔たりは、時には絶望的なまでに大きかったといわざるをえない。「こんなに違うとは思わなかった」という韓国側参加者のつぶやきが印象的だった。だが、すぐそれに続いたのは「だからこそ話し合う意味があった」という言葉だ。

たった一回の出会いで、日韓の文学者同士の実りある対話、交流が満足に行われるはずはない。まず手始めは互いの違いを認識し、相互理解の前提となるべき差異をはっきりと認めることが肝心なのだ。私たちは政治の言葉で語らずに、文学の言語で語ろうとした。これは日韓の文学者間で、当然のようで当然ではなかったことだ。今度はソウルで語ろう、私たちはそういって別れたのである。

(『日本経済新聞』一九九二年十一月二十八日)

アジアとの出会い

ここ一、二年の日本で翻訳出版された中国、韓国の文学として、『花束を抱く女』の莫言《モーイエン》、『黄泥街』の残雪《ツァンシュエ》、北島《ペイダオ》らの中国人文学者の作品があり、また『われらの歪んだ英雄』の李文烈《イムニョル》、『アダムが目覚めるとき』の蒋正一《チャンジョンイル》、朴《パク》ノへなどの韓国人文学者の作品がある。これらの文学者に共通する要素がある。それは彼（彼女）らがまだ現役の若い文学者であって、中国、韓国の文学世界においてまだ未知数の〝新鋭〟であるということだ。

一九四九年生の北島、五三年の残雪、五六年の莫言、李文烈は四八年、朴ノへは五六年、蒋正一は六二年生で、いずれも三十、四十代の新鋭、あるいはせいぜい中堅というべき作家、詩人なのだ。いわば近隣アジアの同時代の文学がタイム・ラグなしに日本でも受容されているのである。

これは新しい事態だといえるだろう。文壇の権威、長老の定評のある〝古典的名作〟が紹介されるのではなしに、いわば溶鉱炉から出たばかりの熱い鉄のような同時代のアジアの文学が日本で読まれているのだ。北京で、上海で、ソウルで読まれている作品が、同時代のものとして東京でも読まれる。それは川端や谷崎や三島、あるいは大江、安部ではなく、村上春樹や島田雅彦がニューヨークで読まれることとパラレルな現象なのである。

これまで日本とアジアの国々の間には、地理的、空間的なへだたりと同時に、時間的、時代的なへだたりがあった。たとえば、これはもっぱら経済的指標として言われることだが、日本に較べ〝何年遅れ〟という言い方がある。韓国の経済水準は日本の七〇年代、中国の消費経済は日本の十数年前の水準といった言い方が使われている。そこには日本とアジアとの〝時差〟が当然のように前提されていて、経済成長のタイム・ラグこそが、日本とアジアの国々の間にある差違だったのである。しかし、いま疑われているのはこうした〝時差〟だ。確かに日本は何十年遅れで追走していたアメリカと、ようやく肩を並べるところまで来た。数十年の日米の〝時差〟は、ほとんど限りなくゼロに近付き、さらに逆転してアメリカに追い付き、追い越すことを戦後の国民的悲願としていた。たぶん、韓国が日本についてそう思っているように。つまり、そこでは日米や日韓の地理的へだたりより、時間的へだたりのほうが重要だったのである。

歴史学や社会学の世界では「アジア的停滞」や「アジア的生産様式」が語られた。地理的な概念としてのアジアが、歴史的な概念として時間の中に繰り込まれる。日本人の心の中にあるアジアは、時間や時代を遡ったところにある郷愁としてのアジアであり、時には前近代と結びつくアジアなのである。儒教的な感性や習慣、近代以前の非西欧的な文化の伝統や儀礼が生き延びている世界としてのアジア。日本人のアジア観の中には、こうした近代化や経済成長の過程で見失ってきた自分自身の中のアジア的なものを再発見しようというモチーフが残っていて、それが中国や韓国あるいは北朝鮮（朝鮮民主主義人民共和国）などへの過度にセンチメンタルな思い入れを醸成してきたのである。

　だが、最初にあげた中国、韓国の新しい世代の文学者たちの作品に、日本の前世代と重なり合うアジアのイメージを見いだすことは困難だ。莫言の『花束を抱く女』には中国の軍隊と村落共同体とが出てくるが、それは中国の大地に根ざした前近代のアジア的な景観というよりは、きわめて政治的に組織された人間の集団から個人が零《こぼ》れ落ちた場合の、戦慄感のある幻想世界にほかならない。あるいは、蒋正一の『アダムが目覚めるとき』には、ロックやセックスの快楽に耽溺する韓国の若者の姿が描かれているが、これを〝何年遅れ〟の日本小説と同じと評することはできない。もちろん朴ノへの労働詩にプロレタリア詩の運動を思い起こしたり、北島の詩に日本の戦後詩のような硬質な抒情性と思想的な緊張感を感じ取ることは可能なのだが、それは貿易の不均衡と同じように、互いの文学史の不均衡な発展を示すだけのことであって、絶対的な〝時差〟としての年代比較の根拠となりうるものではないのである。

　同時代としてのアジア。これはごく当たり前のことのようでありながら、それほど当然のことではなかった。たとえば、日本人は韓国の金芝河や、インドネシアの小説家プラムディヤ・アナンタ・トゥルなどの、独裁政権に抵抗する文学活動に喝采を送りながらも、軍事独裁の時代を遙か昔に通り過ぎてきた（あるいはそんな時代があったことさえ忘れてしまった）立場から、そうした第三世界、発展途上国の民主化への道を支援し、共感しようとした。だが、民主化の進んだ国から、民主化の遅れている国へ援助の手を差し伸べるといった〝時差〟感覚に基づくアジア連帯論は、急速にそのリアリティーを失っていった。経済においても政治制度においても文化においても、「遅れている」ことと「進んでいる」こととの間に、絶対的なへだたりを設けることの現実感が薄れてしまったからだ。

中国や韓国やその他のアジアの国々が、経済的に日本と肩を並べるようになったから、同時代としてのアジアがせり上がってきたわけではない。日本は経済大国の道を走ってきたとどのつまりに、「脱亜入欧」という明治以来の近代日本の大きな国家的、民族的な目標を見失い、再び未知の選択を迫られているのだ。未知数のアジアの文学が読まれるのは、「脱亜」の果てにまた未知のアジアに出会ったからである。むろんもこのアジアは教師でもなければ、同情すべき奴隷でもない。同時代という環境の中でともに困惑し、不安を抱え、政治に翻弄されている隣人にしかすぎない。不均衡な関係の中の同時代の姿は、私たち自身の鏡像であって、郷愁ともエキゾチシズムとも無縁なアジアがそこに映し出されている。

(『朝日新聞』一九九三年一月四日)

大衆文化は国民の「コメ」

十年ほど前、韓国の釜山《プサン》に住んでいたころ、よくアパートの屋上へ上がった。別段対馬の方を眺めて郷愁にひたっていたのではない。TVアンテナの向きを直すためだ。釜山の海に向かう高台の建物ではアンテナをうまく向けると日本の放送が入るのだ。対馬を中継地としてNHKと長崎放送の電波が流れてくる。風向きやアンテナの方向で画面が鮮明になったり乱れたりする。屋上と部屋の中とで「イイカイ?」「イイヨ」とやっていたのである。

時々、道を行く人に怒られた。日本の放送を見るのはけしからんというのだ。〃日本の放送を見ない運動〃というのがあったのだ。それでも日本のTV放送を見ている人もいて、日本のアニメで日本語を覚えたという学生や、時代劇が好きだという老人に会ったこともある。現在は衛星放送があるので屋上へ上る必要はもうないだろう。〃日本の放送を見ない運動〃も有名無実となったことだろう。

街角で売っている音楽テープからは五輪真弓や近藤真彦の歌が流れていた。酒の席ではよく「ブルーライト・ヨコハマ」を歌わされた。韓国人にとっても「ヨコハマ」や「恋人よ」はもはやナツメロに近いのだ。もちろん日本の歌謡や映画は公式的には公開禁止である。しかし、旅行者や在日韓国人が持ち込む音楽やビデオのテープは禁じられず、その海賊版が出回るのも防ぎようがない。ハングルのセリフをしゃべるアラレちゃんやドラえもんのマンガを見れば、〃大衆文化にこそ国境はない〃と考えざるをえないのである。

韓国では日本の大衆文化の開放の声が高まっているという。当然のことだと思うし、今更という感じがしないでもない。街角で日本歌謡が流れ、日本のファッション雑誌が本屋の店頭に並べられているのに、公的な場所では日本の「大衆文化」の流入を規制するというのは理屈にも現実にも合わない。しかし、ひるがえって考えてみると、韓国でなぜ半世紀にもわたって日本の「大衆文化」が禁制になっていたかを考えてみようという日本人があまりいるとも思えないのである。

日本が朝鮮半島を植民地支配したいわゆる「日帝時代《イルチェシデ》」、日本の大衆文化は朝鮮半島へ大手を振るって上陸した。コロムビアやビクターなどのレコード会社は、競って「京城」支社を作り、日本人街の繁華街「本町通り」には東京と同じように新譜レコードがかかっていたという。現在でもソウルの中心部にある古くからの映画館はもと「中央座」や「若草劇場」や「黄金座」であって、日活や松竹あるいは国策映画を作った「朝映（朝鮮映画製作株式会社）」の〝内鮮一体〟や〝朝鮮人志願兵〟奨励の宣伝映画を上映した。そしてJODK（京城中央放送局）は「速成国語（日本語）講座」や朝鮮語の浪花節などを流し、文字通り植民地政策のスピーカーだったのである。

韓国にはそうした日本の植民地文化の流入に対する古い記憶がある。だが、日本人はそんな植民地文化のことなどすっかり忘れてしまい、自分たちが戦後にアメリカの「大衆文化」をどれだけ受け取らされたかということさえ忘れてしまったのである。大衆文化は政治的、経済的な〝力〟とともにやってくるということさえも。

私はいまだ日本の大衆文化の解禁に反対している韓国の保守的な文化人に提言したい。金芝河《キムジハ》氏が姜甑山《カンジュンサン》（＝甑山教の創始者）の言葉に倣って「メシが天です」といったように、「大衆文化はコメです」といって反対すればいいのではないだろうか。まさに大衆音楽や映画やTV放送は国民にとっての「コメ」のようなものであって、栄養価のことや農薬汚染や価格のことをいくらいわれようと、基本的に国民は「国産米」を食べたがるのであって、輸入米反対を唱えたからといって決して偏狭なナショナリスト呼ばわりされることはないのだ。日本人が日本の稲作農耕民的な文化を守ると称して「コメ」の自由化に反対しているように、韓国は一国の文化的主食たる「大衆文化」について安易に外国産に依存したり、輸入規制の門戸を開放したりする筋合いはないのである。

かつて日本帝国主義は朝鮮半島の群山《クンサン》や木浦《モッポ》の港から大量に「コメ」を〝移入〟して日本国内の米不足を補った。〝大東亜共栄圏〟の構想の中ではインドネシアやベトナムやタイは日本の穀倉地帯となるはずだった。日本文化のために「コメ」輸入に反対し、外米はまずいとキャンペーンした日本の文化媒体は半世紀前のことをまったく忘却してしまったのだろう。それに反し、半世紀前のことをしつこく覚えている韓国の文化人たちはあまりにも過去にこだわりすぎているし、また「国産文化」に対する自信がなさすぎるともいえる。コメも文化も〝国策〟が働くとろくなことがない。というのも、それは国民のための策ではなく、国家のための策にほかならないからだ。日韓の半世紀の歴史はまさにそのことを明らかにしているはずである。

（『朝日新聞』一九九四年五月十二日）

最後の〝現人神《あらひとがみ》〟の死

金日成《キムイルソン》主席の死が伝えられ、平壌の映像がテレビで流されるのを見て、私は九一年と九二年、二度訪れた平壌の印象を思い起こした。万寿台《マンスデ》の広場にすっくと立つ金主席の巨大な銅像、それは平壌市内の各所から頭や上半身が抜け出して見えるのだった。「大魔神だ！」、しかし、私の冗談にチュチェ（主体）科学院招待の訪朝団のメンバーは誰も笑ってくれなかった。この国では金父子に関わるものを笑うのは国禁というべきことだったのである。その巨大な銅像の前で、直立不動で頭を垂れていた若者がいた。「偉大な首領様に尊敬の念を捧げるために、あのように立っているのです」、案内人がそう教えてくれた。金日成主席は神様なのだ！　私は改めてそう思わざるをえなかった。それは昭和天皇の病気の時に、皇居前広場に額突《ぬかず》いていた人の写真を思い出させた。最後の現人神《あらひとがみ》がここにいた、私はそうつぶやかずにはいられなかったのである。

暗い平壌の街の中で、万寿台の金日成像はライトアップされ、その光の届く公園のベンチでは多くの学生たちが本を読んだり、ノートをとったりしていた。文学を勉強しているという若い女性のノートを見せてもらうと、小さな字がびっしりと埋まっていた。節電が常態の平壌では、ライトアップされた記念建築物のそばでこうして勉学に励む若者が多いのだ。彼らにとって「金日成」主席とは蛍雪の光を与えてくれる、電気スタンドのような存在ではあるまいか。私の頭はそんな、〝不敬〟な考えしか思いつかないのである。

平壌は日が暮れると、ほとんど無人の静寂の街となる。夜の空に浮かびあがっているのは平壌駅の正面の金日成主席の肖像画だ。ピョンヤンという赤い文字と、きりっとした表情の主席の顔は、まるで平壌という街の守護神のように私をにらみつけているように思われた。この偉大なるアボジ（父）は、夜寝ることもなく、子供たちである朝鮮人民を外敵から守る不寝番の役割をはたしていてくれるのである。だから、彼は常に巨大であり、慈愛に満ちた微笑や、たのもしい果敢さをその表情に浮かべているのだ。絶対的な保護者であり、すべてのことを指導し、指揮し、領導する首領様。ここにはまさに家父長制の典型的な家長、族長としてのアボジがいる。主席の「万寿無疆《マンスムガン》」を祈るのも、家、国家、民族の庇護者の長命を祈らずにはいらない、子供たちの真情にほかならないのである。

金日成主席を民族の英雄にし、現人神にしたのは日本だという説がある。日本の植民地時代、朝鮮総督府や日本政府は〝共匪《きょうひ》の首魁《しゅかい》〟金日成の悪業を大々的に宣伝するために、その戦闘力や組織力を誇大に伝えたフシがある。「長白県と撫松県の奥地に金日成一派の集落があり、そこには教練場、学校、散髪屋、沐浴場、雑貨店等がずらり軒を並べ、又有望な砂金や金山を持って自給自足をやっている。関東軍でも守備隊でも情報によってほぼ見当が付いているが、地図が出来ていないので、積極的討伐が出来ず残念がっている」（『国境警備記念集』平安北道警察）と一九三七年（昭和十二年）に京城日報の記者は書いている。

しかし、当時女性パルチザンとして活動していた金明花《キムミョンファ》は『不屈のうた』（朝鮮青年社、一九六一年）という自伝の中で、ドングリの粉を挽いたり、野草や樹の皮を煮た粥《かゆ》を食べたりして飢えをしのぐのが精一杯で、食べ物、着る物、武器・弾薬に非常に困窮した状態にあったことを回想している。パルチザンの現実と日本側の〝緑林の英雄〟〝長白山の虎〟という報道の仕方には大きな乖離《かいり》があり、解放後の北朝鮮（朝鮮民主主義人民共和国）の建国期に、金日成が民族の英雄として凱旋し、国家の指導者となった一因には、こうした誇大に伝えられたパルチザン活動の〝実績〟があったことは確かなのである。

「長白の山やまを　手足のごとく伸び縮ませ　泰山をも　たなそこに忍ばせ」「神出鬼没」で

「千里の高峰も　ひと息に越す」という超人的な「朝鮮のパルチザン　キム隊長」と、夭折した革命詩人・趙基天《チョウギチョン》は解放後にその『白頭山』という長編詩で歌った。金日成将軍は日本の植民地支配というくびきから民族を解放し、北朝鮮を建国し、米軍と南の傀儡軍《かいらいぐん》とを圧倒的に制圧した（と信じられている）、人間離れした「伝説の英雄」としての金日成主席という神話は、一九七〇年代からの後継者と目される子息・金正日《キムジョンイル》書記による「個人崇拝」キャンペーンの中で、強化されることはあっても弱化することはなかった。英雄から神人、そしてついに「神様」として祀《まつ》りあげられた朝鮮人民の偉大なるアボジは、いつどこでも朝鮮の子供たちを見守り、庇護し、その行く道を領導してくれる、自信に満ちた万能の指導者であり、絶対的な保護者だったのである。

しかし、偉大なる父親はいつの時代でも孤独だ。万雷の拍手と歓声の中で、ニコリともしない憂鬱な男の顔を、記録映像の中に見た。何万人の熱狂の中で一人だけ醒めている男。それが首筋に大きなコブを負った孤独な老人としての金日成主席の姿にほかならない。コブの中につまっているのは、粛清した政敵たちの血だろうか、それとも悔恨の涙だろうか。「神様」の意志とは別に成長してゆくコブ。それは昭和天皇の「下血」と同じように、現人神の悲しい身体性を私たちに意識させずにはおかなかったのである。

平壌はいま偉大なる父親を失って悲嘆の涙にくれている。しかし、その涙の何分の一かは、あまりにも偉大過ぎた父親の重圧から解き放された安堵感の混じった涙であり、そして、これからその息子たちがどうこの国を導いてゆくのかということに対する不安の涙であるだろう。

「父なる神」が死んで、「人の息子」の時代が始まったのである。

（『産経新聞』一九九四年七月十二日）

安さんの家のキムチ

この秋、中国吉林省の農村へ行った。満蒙開拓団の調査ということで、グループを組んでの研究旅行である。戦前の「満洲国」時代に日本人の開拓団が入植したところで、日本の貧しい山村が二つに分かれ、村人の半分がやって来て作ったという「大日向村《おおひなた》」のあったところだ。昔の村の様子を調べているうちに、一人の老人がやって来て、ここには元開拓団の倉庫があった、ここには食堂があったと、日本語でいろいろ教えてくれた。それが朝鮮族の崔《チェ》老人だった。

彼は十七歳の時に鴨緑江《アムノクガン》の朝鮮側の川べりの町、新義州《シンウイジュ》から「満洲国」に渡って来た。〝新京（現・長春）〟にあった中学校に入学するためだったという。敗戦によって日本人移民たちが引き揚げた後、朝鮮族の人たちが住みついて、一面の水田を作った。あっちの水田のところには日本人たちの学校があった、と崔老人が指差したあたりには、黄金色の稲穂がまさに頭を垂れ、たわわに揺れていたのである。

二十一歳の時に朝鮮半島の慶州《キョンジュ》から「満洲」に移って来たという権《クォン》老人は、今でも中国語が苦手らしく、彼の息子さんが老人の朝鮮語を中国語に通訳し、それを中国人の通訳の人が私たちのために日本語に直すというややこしい手続きで話を聞いた。

「満洲国」が崩壊し、「大日向村」から日本人がいなくなった時に、ここに移り住んできた。二十四歳だった。その時にはもう日本人の造った建物はなかったという。今でも残っているのは、日本人の造った神社の裏に立っていた一本の樹ぐらいのもので、日本の開拓村の痕跡はもはやほとんどないと言っていいのである。

「大日向村」の隣には、水曲柳という、やはり日本人の開拓団が入った村がある。村の老人たちを十数名呼んで話をうかがったのだが、その中にも安《アン》さんという朝鮮族の農民がいた。私は安さんと話をして、久しぶりにキムチが食べたいなと言うと、うちに来て、キムチを食べて行けと言う。安さんは、慶尚南道《キョンサンナムド》の故郷から七歳の時に両親に連れられて、当時の「満洲」に移住して来たのである。

安さんの家へ行き、奥さんの作ったキムチを食べた。安さんは、家が汚いからとひどく恐縮していた。朝鮮族は貧乏だから、家が「キタナイ」んだ、と安さんはしきりに言うのだが、家の中はきちんと整頓されていて、家の周りもきれいに掃かれていた。それでも安さんは、「キタナイ、キタナイ」と言う。水田作りと清潔好きというのは、〝日本族〟よりも、もともとは朝鮮族の特長なのではないか、私は麦茶を飲み、キムチを食べながら思ったのだった。

マイクロバスで村を離れようとした時、一人の老女が、手にお金の束を持って私たちのところに近づいてきた。見ると「満洲中央銀行」という文字の入った、いわゆる「満洲国」の紙幣だ。「此の票は満洲国政府が大同元年（一九三二年）六月十一日に施行した教令第二十五号の貨幣法に依拠して発行した（原漢文）」と裏面に書かれていて、「壱圓」と「五圓」と「拾圓」札とがあった。「満洲国」のお金だが「大日本帝国内閣印刷局製造」という文字が、日本の傀儡国家としての「満洲国」の実態を如実に表しているようだ。

老女は、日本人たちが村に来たから、これまで大切に保存してきた「満洲国紙幣」を交換してもらいに来たらしい。もちろん、日本国家を代表しているわけでもない私たちが、「満洲」のお金を両替できるわけはない。私は記念として三種類の紙幣を老女から貰うことにして、いくばくかの中国の人民幣を渡した。ここでも、日本の戦後処理は、まだ片付いていないと思わざるをえなかった。

「旧満洲」の朝鮮族の日本語と、「満洲国」の貨幣。半世紀を経た現在においても出会うことのできる日本の植民地主義の痕跡に、私は日本の「現代史」の語り残したものを実感したのである。

(『日本経済新聞』一九九四年十月二十五日)

金剛山も食後景

金剛山《カムガンサン》は昔から朝鮮半島第一の名勝として知られた所である。私は一九九二年の夏、文学研究者の訪朝団の一員として朝鮮民主主義人民共和国（北朝鮮）の平壌《ピョンヤン》、南浦《ナムポ》、金剛山を訪れた。平壌から元山《ウォンサン》までの〃高速道路〃は、路面の状態が悪く、油断していると頭を車の天井にしたたかに打ちつけた。対向車がほとんどないので、ベンツ、日本車数台を仕立てた私たちの隊列は、道路中央を猛スピードで駆け抜けるのである。

元山、三日浦《サミルポ》を経て金剛山の入り口にある金剛山ホテルに到着する。そこからすぐのところに金剛山温泉がある。「透明なること塩類泉たる金剛温泉は、探勝の労を慰す唯一の賜である」というのは、一九三九年（昭和十四年）に民論社から発行された「朝鮮風土記」にある文章の一部である。入浴料は〝独り湯〟で六ウォン、二人以上で使用の場合は一人四ウォン。タイル張りの個室浴室にはポリ容器と腰掛け、底には丸石を敷いた浴槽がある。お湯は澄んでいて、清潔だ。神経炎や神経痛に効くというが、一回ごとに取り替えるためかちょっと温《ぬる》い。湯に漬かり鼻歌の一つの出そうなところだが、日本や韓国の演歌メロディーでは政治的な問題になりそうで、気が引けるのである。

翌日、神渓川《シンゲチョン》に沿って玉流洞《オクリュドン》を経て、九龍《クリョン》の滝へと向かう。奇岩怪石の絶景の山道を登ると、工事現場の飯場のような小屋があり、川の向こうの岸壁を見ると、絶壁にゴンドラのような足場板がロープでつるされ、その中で岸壁にノミやハンマーで字を刻む人たちが見える。カーン、カーンという岩をたたく音が聞こえ、ゴンドラがそのたびに微かに揺れる。「チュチェ思想万歳」とか「金日成首領様万歳」といった文字が、登山道からよく見える岸壁、岩肌に刻み込まれ、赤く塗られている。「志遠」というのは金日成の父親の金亨稷《キムヒョンジク》のモットーだった言葉である。登山の途中、大きなバケツにモツと水を入れたのを運び上げる男たちを見たが、それは岩に字を彫る労働者の昼食だったらしい。「肉」の配給のほとんどない北朝鮮の人にとってモツはご馳走であり、キツく危険な仕事をしている労働者に対する特別配給ということだろうか。

それにしても、国立公園というべき金剛山の岸壁に政治的スローガンや、金日成・正日親子を称賛する巨大な文字を刻む感覚は理解しがたく思うのだが、九龍の滝にたどりつくと、そばの岸壁に「弥勒佛」と彫られていた。解放前に日本人が彫ったものだという。石や岩に文字や名前を刻み込み、千年、万年に残そうとする。いつの時代でも過度な信仰心や忠誠心はあるものだと、妙に感心してしまったのである。

元山から平壌へと戻る途中、私たちの乗った一台の車の調子が悪くなり、一時停車した。道端にちょうど大きなリュックサックを置いて、休んでいたおばあさんがいたので、何気なく何が入っているのかと聞いてみた。おばあさんはあわてて、これは米とジャガイモで、人民軍に入っている息子のところへ持っていく途中だと、弁解するように答えた。どうもおばあさんは、黒塗りの乗用車から降りてきた私を、政府役人か党幹部か何かと勘違いしたらしい。ヤミ物資の運び屋だと思われたら大変だと、あわてて言い訳したのだろう。私は、やはり軍隊に入った息子に、ぼた餅や赤飯のお重を持っていったという、昔の日本の〝軍国の母〟のことを思い出してしまった。いつの時代、どこの国でも〝母〟の心は悲しく、切ないものである。

北朝鮮は、植民地支配した軍国日本から解放され、独立し、その正反対の国を作り上げようとしながら、結局はきわめて閉鎖的で、専制的で、独断的な軍事独裁国家を作り上げてしまった。「党が決定すれば我らは行う」「私たちは幸福だ」といった平壌市内のいたるところに掲げられたスローガンに、私は「八紘一宇」や「王道楽土」という軍国主義日本の〝こだま〟を聞く思いがしたのである。

（『日本経済新聞』一九九四年十月二十八日）

※「金剛山も食後景《シクフーギョン》」は、「花より団子」という意味の韓国の諺。

アジア的・日本的な文学交流

一九九四年の暮れ、私は韓国のソウルの最大の書店「教保文庫《キョボムンゴ》」で一冊の本を手に取った。キム・ジハの書いた「東学《トンハク》」についての本だ。今から一世紀前、一八九四年に朝鮮の全羅道で農民たちの反政府運動、いわゆる「東学党の乱」（韓国では甲午農民戦争という）が起きたが、その主体となったのが崔済愚《チェジェウ》の創始した「東学」の教徒たちだった。「人乃天」、人すなわち天という思想を中心とする「東学」の教えは、「西学」すなわち西方のキリスト教に対抗する東方の学を意味し、シャーマニスティックな民間信仰をベースに、儒教・仏教・仙教（道教）を習合した一種の新興宗教なのである。

「甲午農民戦争」から百周年ということで、書店の売り場には、多くの「東学」関係の本が並んでいた。それ以外にもソウル建都六百年を記念したソウル関係の本、また最近ブームとなっている風水地理説や占卜《せんぼく》に関する本など、ナショナリズムと民間信仰と土俗的なオカルティズムに対する関心が韓国で高まっていることを証明するような書店の店頭風景なのである。きらびやかなカラー印刷の表紙の本が平積みにされ、けばけばしいといわれそうな陳列台の上で、キム・ジハの本は地味な装丁で、あまり目立つことなく、ひっそりと本の山の中に埋もれているように見えた。

十数年前、キム・ジハの本は書店の棚に並ぶことがなかった。それは発禁本として日本から持ち込んだり、学生街の書店でヤミで手に入れることしかできなかった。売り出されると同時に発禁となった詩集『灼《や》けつく喉《のど》の渇きで』や『大説《テソル》・南《ナム》』を私はこっそり買い求めたものだった。だが、現在キム・ジハの本は、その他の新刊書といっしょに書店の店頭に並べられ、誰もが自由に気兼ねなく手に取り、読み、買うことができる。そうなると逆に、彼の本は、韓国の社会の中でインパクトを失っていったような気がする。おびただしい量の新刊の文学書。しかし、それらの大半はミステリー、武侠的歴史小説、翻訳のロマンス小説だ。韓国は高度経済成長によって大衆文化社会を実現し、文化・文学の自由化・民主化は〃大衆文化・文学〃の隆盛を実現したが、しかし、それはシリアスな文学（純文学）の後退という現象を伴ったといわざるをえない。私はキム・ジハの本を手に取り、そしてまた棚に戻した。それはあまたある「東学」についての本の一冊にしかすぎず、社会や時代を予言し、リードする〃ただ一冊の本〃ではなくなっていたからである。

日本のある出版社で編集者がキム・ジハの本を出そうとしたら、営業サイドからストップをかけられたという話を聞いた。理由は政治的なものなどではなく〃売れそうにない〃からだという。逆に韓国の新しい作家の小説を翻訳出版したいが、何か面白いものはないかと、別の出版社の編集者から二、三問い合わせがあった。キム・ジハではなく、誰か〃新しい〃韓国の作家、作品。日本の出版ジャーナリズムの移り気を責めるより、大衆化、商業化、娯楽化に追いまくられ、シリアスな文学（純文学）がどんどん後退させられている現状を見るべきだろう。それは日本も韓国もあまり変わらない同時代的な現象である。

中国でも事態は似ていると思われる。一九九四年の夏に行った上海の大型書店には、大江健三郎のノーベル文学賞記念講演「あいまいな日本の私」に出てきた三人のアジア文学者のうちの二人、中国の小説家の鄭義《チョンイー》や莫言《モーイエン》（もう一人はキム・ジハ）などの小説は見当たらず、「文学」コーナーにあるのは、扇情的な表紙絵や写真の目立つ台湾、香港の娯楽小説の類だった。〝純文学〟が娯楽小説に駆逐されるだけではない。本屋自体が目抜き通りの店舗から次々に追い出され、ファッションや電機製品の店に変わってしまうのが、現在の中国の文化状況であり、これまで生活から出版まで中国共産党の丸抱えだった中国作家協会の文学者たちは、〝自由化〟〝資本主義化〟の冷たい風の中にいた。

日本、韓国、中国は、こうした文学の大衆化、商業主義化、エンターティンメント化という共通した流れの中にいるといってよい。逆説的にいうと、日本とこうしたアジアの「文学」とは、シリアスな文学（純文学）の後退という一致点を共通することによって、初めて互いを理解しうるような共通の立場を見出すことになったといってよいのである。つまり、それは文学の力が社会や時代を変えるということがもはや信じられず、また人々の心の必需品とはなっていないということだ。人々は文学にＴＶや週刊誌のような娯楽性や情報性しか求めていない。そこでは民族的な思想や歴史観、信仰なども、エスニックな料理や音楽のように、一種の情報として〝消費〟されるだけだ。

東京とソウル、上海、北京、台北、香港、シンガポール、バンコクなどとは文化的時差はもはやほとんどない。衛星放送もファッション雑誌もエイズ情報も、こうしたアジアの文化状況の均質性を高めている。そうした中でたとえば吉本ばななや村上春樹の小説が、これらのアジアの市場に出されることも当然だと思われる（韓国では今年新しく創刊される文芸雑誌が、村上春樹を特集するという）。厨《くりや》や台所ではなく〝キッチン〟が、焼酎やドブロクではなく〝缶ビール〟がアジアの各地域でも普遍的になったからである。日本と韓国、中国、その他のアジアの文学者たちが話し合い、理解し合う土台が、こうしたシリアスな文学の危機や後退にあるというのは皮肉な出来事だ。しかし、そこに現在の普遍的な「文学」の問題があり、その問題を共有するところに、日本的なアジア的な相互の交流がありうるのかもしれない。キム・ジハは民衆や民族について、今どう考えているのか。私はやはりキム・ジハの本を買ってくるべきだったと思い直したのである。

（『読売新聞』一九九五年一月五日）

ハレルヤ祈禱院のヒーリング

舞台に真っ白なドレスをきた中年女性が登場し、片手にマイクを持って賛美歌を歌い、舞台上を踊るように動き回る。胸をはだけた中年男性が「アーメン、アーメン」と唱えながら介助者といっしょに現れ、背中を支えられ両腕を高く上げ、舞台の正面に立つ。白いドレスの女性は、右手の手のひらで男の胸をバンバンたたく。やがてそこから流れ出した血で女性の手は染まり、二の腕を伝わってドレスに血が染みつく。女性は男の胸の血の染まった傷口から小さな血の塊《かたまり》のようなものを取り出し、「これが癌のもとだ！」と大きく叫び、それをかざして見せる。聴衆は歓喜し拍手し、〝癌の元〟を体内から取りだしてもらった末期癌の患者は、アーメンを叫び、飛び跳ねて歓喜と感謝とを表現する……

これは一九九四年のクリスマス・イブの前々日に私が実見した韓国の「ハレルヤ祈禱院」の院長・金桂花《キムケファ》氏の神霊による病気の癒し、すなわちヒーリングの現場である。ソウルから車で一時間ほどの抱川《ポチョン》市郊外に建設継続中のハレルヤ祈禱院は、大集会場を中心に宿舎や礼拝堂や食堂、ちょっとしたスーパー並の売店まで持っている。だが、ここは教会でも教団でもない。あくまでも信者が〝祈禱〟に来る場所だ。日本では馴染みがないが、韓国ではキリスト教、仏教とも山間部に修行場としてこうした祈禱院を持つ場合が多い。本来は信者たちの任意の集まりということだが、韓国では金氏のハレルヤ祈禱院のように、霊的指導者の下に新興宗教教団のように組織化された祈禱院が現れてきた。その代表例が一九八一年に設立されたこのハレルヤ祈禱院なのだ。

舞台後方には背広服姿の男たちが座り込み、金氏の〝公演〟の間、祈ったり、頭を垂れたりしている。彼らはすべて教会の牧師であり、奇蹟の現場を見ようとしている。というより、いかに信者を熱狂させ、多くの信者を獲得するかというノウハウを学びに来たといったほうがいいだろう。韓国キリスト教界において、金氏はその派手なパフォーマンスとヒーリングの実践で、無視できない強力な宗教的パワーとなっているからである。

〝癒し〟はむろん昔からキリスト教の重要な教義としてあった。イエスがハンセン病者や身体障害者たちを癒したことは福音書に書かれ、多くの人に信じられている。人々は宗教に魂の慰安と同時に、いやそれ以上に病気や身体障害の治癒を求めたのだ。「病院治療が可能な患者は受け付けません」というのがハレルヤ祈禱院の原則で、祈禱院の中を歩いていると、障害者や老人が目につく。現代医学の治療から見離された人、重度の身体障害者や末期癌患者たちが、〝癒し〟を受けるために、ここに集まってくるのである。

祈禱院の構内に生命の泉があり、そこから溢れる水は、聖水として人々が遠くからポリ容器を持って貰いに来る（無料である）。これも金氏の霊力によって湧出したものと言われている。韓国には昔から薬水《ヤクス》（泉水）の信仰があるが、ハレルヤ祈禱院もそうした土着的信仰を取り入れている。そういう意味でいえば、金氏の癒しは土着シャーマニズムである巫堂信仰の病気直しと近似している。パフォーマンスとしての歌と踊り、見物客を興奮状態へと盛り上げてゆく音楽と演出もムーダンのクッ（巫儀）と相似的なのである。私の見たところ金氏の〝治療〟はトリックである。肩の病気で腕を動かせなかった子供が、癒しによって腕を振り回せるようになるという実演があったが、子供の肩が動かなかったという証拠は何も提示されない。それに癒しを受ける人は予め決まっていて、任意の病人や障害者が癒されるわけではない。私の前には障害を持った子供が母親に抱かれていたが、その子はそのまま帰っていった。つまり、予め癒すことが可能な患者が選別されているとも言えるし、またそれらの患者がサクラでないとは言い切れないのだ。

しかし、そうしたいかがわしさを持つ霊能者、宗教的指導者のところに人々は〝癒し〟を求めに行く。現代の韓国人がいかに切実に癒されることを求めているかが、このハレルヤ祈禱院に来ると実感させられる。癒し（ヒーリング）ということは、まさに現代の宗教にとって本質的な問題となっているのである。

（『仏教タイムス』一九九五年一月十九日）

日韓文学シンポジウムin島根

韓国から作家たちが来、日本の文学者に会いたがっている、晩飯でもいっしょにどうかという誘いを受けたのは、もう五年も前のことだ。新宿の、さるレストランに集まったのは、中上健次、島田雅彦、栗原幸夫、それに私など数人の日本人文学者だった。呼びかけ人は在日韓国人文学者の安宇植《アンウシク》、韓国から来たのは評論家の金炳翼《キムビョンイク》や小説家の金源一《キムウォニル》たちだった。ほぼ初対面の韓国と日本の文学者たちの間でそれほど話がはずんだわけではないが、それでも作家は作家同士、評論家は評論家同士、どこかでつながった問題意識を持っているというカンのようなものは働いたように思う。

韓国の文学者たちと別れてから、中上健次と島田雅彦と私は飲み直しと称して新宿の酒場へ行った。湾岸戦争が勃発して、世間が不思議と、なりをひそめている時だった。そこで私たちは二つのことを話し合った。反戦のアピールを出そうということと、日韓の文学者の間でもっとちゃんとした対話、議論の場を作り上げようということだった。前者が「湾岸戦争についての日本文学者の反対アピール」に、後者が「日韓文学シンポジウム」につながったことはいうまでもない。

韓国の文学者たちと直接的に語り合う場を持つこと。それは日本と韓国との関わり合いが、それまであまりにも政治・経済的、歴史的な問題に限定されすぎていて、文化や文学の問題、いわば「心」や「魂」のことが置き去りにされていたと思わずにいられなかったからだ。しかも、文学者同士の交流においても、マスコミやいろいろな組織や団体がお膳立てしたものに乗っかったものがほとんどで、文学者自身の自主的で、手作りの交流というものは少なかった。個々の文学者たちの営みは別として、日本において韓国文学が、韓国において日本文学が、その地理的距離や交通機関の所要時間に較べ、あまりにも遠く距《へだ》たっていることを、私たちは短い出会いを通じて実感せざるをえなかったのだ。

第一回の「日韓文学シンポジウム」は一九九二年十一月十七日から十九日にかけて、東京で行われた。実行委員会とアジア・アフリカ作家会議の共同主催で日本側からは柄谷行人、島田雅彦、栗原幸夫、岩橋邦枝、関川夏央などが参加し、韓国側はベストセラー作家であり、かつ実力作家と目されている李文烈《イムニョル》や金源一、若手の期待株・林哲佑《イムチョルウ》、蔣正一《チャンジョイル》などが参加した。しかし、日本側で当然中心的な役割をはたすはずだった中上健次は出席できなかった。彼はその年八月にがんで死去していたからだった。

第二回は、翌九三年の九月八―十日の三日間、日本側と韓国側が韓国の最南端の島である済州島で再会し、そこで開かれた。映画『西便制《ソピョンジェ》』（邦訳名『風の丘を越えて』）の原作者の李清俊《イチョンジュン》や、人気作家・金周栄《キムジュヨン》の新入参加があり、日本側も津島佑子、久間十義、中沢けい、藤井貞和らが新しく参加した。東京の次はソウル。それがこれまでの「日韓」関係のシンポジウムの常識だったが、私たちはあえて済州島を選んだ。それは文学があらゆる中央集権的なものに反対するものであり、むしろ精神的な意味において常にローカルなものを目指すものという考え方があったからだ。ローカルであること、それは決して負の要因ではなく、すべての政治・経済の権力、文化や情報が大都市に集中し、あらゆる部門における中央集権的な性格が自然の生理であるかの如く蔓延《まんえん》した日本と韓国においては、それはアンチテーゼとしての意味を持っていると思えたからである。

私たちが日韓シンポジウムで語らなければならなかったのは、たとえば「民族」という言葉一つをとっても、そこに横たわる溝の深さである。「民族主義」という言葉は、韓国では肯定的なニュアンスで語られることが多いが、日本では屈折したニュアンスを持つ。柄谷行人のナショナリズム批判のレポートが、洪延善《ホンジョンソン》などの韓国側の気鋭の評論家との論議の焦点となったのは、そうした互いの共通する地盤と相違する地盤についての認識が深まったことを意味していると思う。

三回目のシンポジウムである「日韓文学シンポジウム95 in島根」は、十一月十六、十七の両日、松江市のくにびきメッセで行われる。韓国側十七人、日本側二十八人は、これまでの中でももっとも多い参加者だ。日本側では加賀乙彦、三枝和子、リービ英雄などが新参加である。一年ぶりの再会と新しい参加者との出会いが期待されるのである。

（『山陰中央新聞』一九九五年十一月十一日）

「在日文学」の世代交替

一九九七年は「在日韓国人文学」にとっては一つの節目の年であったように思える。一つには柳美里《ユウミリ》が在日作家として三人目（李恢成《イフェソン》、李良枝《イヤンジ》に続いて）の芥川賞を受賞したことであり、二つ目は金石範《キムソクボム》が大作『火山島』全七巻（文藝春秋）を完成させ、戦後文学あるいは日本の近代文学においての金字塔を打ち立てたこと、そして三つ目には在日韓国人文学の創始者ともいえる長老格の作家・金達寿《キムダルス》が亡くなり、柳美里、梁石日《ヤンソギル》、元秀一《ウォンスイル》、金真須美《キムますみ》、金重明《キムジョンミョン》などの新しい在日作家たちと世代交替が進行したということだ。そして、この世代交替にともなって、これまでの「在日韓国人文学」というジャンルの定義が変容してきたことを指摘せずにはいられないのである。

在日韓国人文学は、これまでも明確な定義によって規定された概念ではなかった。在日韓国人（朝鮮人）による日本語で書かれた文学作品、といちおうは定義することできるが、立原正秋のようにその出自を隠すような形で「日本」的な小説を書き続けた場合はどうなのか。四分の一が韓国系（祖母が韓国人）だとする鷺沢萠の場合はどうするのか。つかこうへいや伊集院静のように、日本名で在日ということを明らかにしないでデビューした場合はどうか、など、在日韓国人文学というまとめ方の外側の輪郭は曖昧なものだ。

また、柳美里の『家族シネマ』（講談社）や『タイル』（文藝春秋）のように、直接的に「在日韓国人」の生活世界とは関わりのない作品空間が作られており、いわば主題としての「在日韓国人」性が徐々に希薄になってきているし、梁石日、元秀一、金重明のように純文学の「問題性」よりも、エンターティンメント文学としての娯楽性、大衆性を追求する作風も強まっており、一時の金達寿、金石範、李恢成、金鶴泳《キムハギョン》たちのような深刻な政治問題、民族意識、社会性を主題化することは絶えて、ないことのように思える。

もちろん、それは表面的なことであって、新しい世代にもそうしたこれまでの「在日文学」の遺産は引き継がれていると見る見方もある。たとえば、柳美里の小説作品には在日韓国人の家庭とは明示しないものの、李恢成や金鶴泳の小説が主題としていた夫婦や親子などの家庭内での凄まじい葛藤が描かれ、そこから現代の社会の中での個人の屹立という問題が提示されているとも読むことができる。

また、元秀一が久々に発表した『A・Vオデッセイ』（新幹社）は、金達寿や金石範の庶民性に根ざした巧まざるユーモア感覚や戯画化を、現在の大阪や東京という日本の大都市と韓国の都市とを舞台に極限的に繰り広げてみたものといえる。

さらに、金真須美の「燃える草家」（「新潮」）は、ロサンゼルスの黒人・ヒスパニックによる暴動によって店を焼かれた韓国系アメリカ人たちの苦難を描いて、むしろ地球大に広がった民族差別と民族間葛藤を「在日」の枠の幅を広げて表現したものと評することができるだろう。鷺沢萠の『きみはこの国が好きか』（新潮社）は、「在日文学」が抱えてきた民族的、文化的アイデンティティーの問いを取り上げたもので、「在日文学」の中心的な主題を形成していたものである。

また、在日韓国人の作者によるものではないが、野村進の『コリアン世界の旅』（講談社）は、在日韓国人の問題を文学者だけではなく、芸能人・実業人の世界へと広げて切り込み、「在美《ジェミ》（在米）」僑胞の社会にも取材したスケールの大きいノン・フィクションであり、大きな話題となった。これもまた、在日韓国人社会、そして韓国と北朝鮮が大きく変動する予兆を示したものといえるかもしれない。

詩歌の世界では崔華国《チェファグク》が亡くなり、李正子《イチョンジャ》の新歌集『葉桜』（河出書房新社）が出され、宋民鎬《ソンミンホ》の詩集『ブルックリン』（青土社）が刊行された。新しい抒情の世界の表現。世代交替がここでも促進されたのである。

（『東洋経済日報』一九九七年十二月二十六日）

W杯に見た連帯の予感

「兄弟鬩《けいていかき》に鬩《せめ》ぐも外其の務《あなど》りを禦《ふせ》ぐ」という成句がある。

日本と韓国の関係を「兄弟」になぞらえるのは、とかくの論議のあることだが、このたびのサッカーのワールドカップを見ていると、お互いに一勝もできなかったこと、敗戦の責任のとり方（とらされ方）、サポーターたちの応援の仕方など、「兄弟」のように似ていると感じられることが多かった。

日韓同祖論は論外だが、遠いフランスまで行ってしまうと、アジアの北東の半島と列島の住民を厳密に区別することなどできないだろう。キムチとタクアンのにおいは、ヨーロッパの人間にとっては単に「異臭」でしかない。

どちらが「兄《けい》」で「弟《てい》」かはわからないが、「世界」に通用しないアジアのサッカー弱小国という意味では日韓はまさに「兄弟国」といってもいい。

負けっぷりが違う。五十歩百歩の違いはあると、微細な差異を強調するのは可能だ。

しかし、共に「世界の壁」に挑戦し、完敗したことは紛れもない事実だし、そこで弱者同士の奇妙な連帯感が生まれたことは、日韓関係史において極めて珍しい体験だった。

経済不況においても同じような現象が目に付く。銀行がつぶれ、失業者が増え、為替も株も信用も底を突いた。以前ならば韓国から「悪いのはすべて日本だ（日本の陰謀だ）」説が出てきそうなものだが、日本の整然とした（？）銀行や証券会社の崩壊ぶりに、韓国からはむしろ感嘆の声があがったという。

日本も韓国の不況に「やっぱり韓国」論＝うわべを繕《つくろ》って中身が乏しい「外華内貧」の経済構造や、ケンチャナヨ（気にしない）式の韓国人のメンタリティーについて、「やっぱり韓国だ」と嘲笑する日本人の韓国蔑視論＝が、それほど聞かれないというのも新しい現象のように思える。

世界は日本中心にも、韓国中心にも回っていない。フランスからの衛星中継を見ながら、日本人も韓国人も、そんな当たり前のことに今更のように気が付いた。サポーター席では、白地に丸の模様の、よく似た国旗を互いに振り合う日本人、韓国人サポーターが登場したのである。日の丸も太極旗も世界の「国旗」の中の一つにすぎず、しかもそれはブラジルやイタリアなどのようなサッカー大国に比べれば、辺境の新興国の「象徴」にしかすぎない。

おそらく、日本と韓国がこれほど互いに「同情的」な時期は、これまでかつてなかったことではないだろうか。

社員は悪くないと泣いた社長や、首切り反対のために丸刈りの断髪式を行う労働組合員をテレビで見て、その文化差に驚いた両国民も、しかし、その立場と心情についてはしっかりと「共感」したのである。

そういえば、と私は思った、車《チャ》監督と岡田監督との交換という「奥の手」があったことに、なぜわれわれは気が付かなかったのだろうか？

二〇〇二年のワールドカップで勝ち、あわよくば優勝戦に参画すること。日韓両国民が同じ目的を持ちながら、違う道筋をたどってそれを実現させようとする時、初めて真の意味での「隣のライバル」という関係を結ぶことができるのである。

（『北海道新聞』一九九八年）

日韓文化交流新時代に思う

韓国での日本の大衆文化解禁で、日韓の文化交流が新しい時代に入ったといわれる。「家族シネマ」「ＨＡＮＡ－ＢＩ」「影武者」が韓国の映画館で上映された（あまり受けなかったらしいが）。ＴＶアニメやコミックの世界では、「日本製」が元から幅を利かせていた。日本語の歌も、近くリサイタルやＣＤが許諾されることになるだろう。

そういう報道を見ながら、私は文化交流の上層流と底流とがすっかり反転したのだと感じた。これまで、文学や芸術などが文化の上層流として、いわば一国の「文化」を代表するものとして「交流」の中心にあったのに対し、映画や歌謡や漫画などの大衆文化は、あくまでもその底流に、表立たないものとして、人々の心を惹きつけていたのである。韓国歌謡や韓国映画を享受することは、日本人の私にとって「趣味・娯楽」の範囲に入るものであって、「文化交流」といった大袈裟なものではなかった。

　だが、今後は映画や歌謡やコミックなどが、文化交流の中心的な要素となるのだろう。

　日韓の間で地道な文化交流の実践があった。東京、済州島《チェジュド》、松江、慶州《キョンジュ》とその開催場所を日韓交互に交代して行った「日韓文学者シンポジウム」（一九九二年〜九七年、全四回、実行委員会主催）などの、文学者たちの交流、文学作品の紹介である。共通するテーマの下に互いに意見を述べ合うシンポジウム形式は、やがて会食や酒の席での胸襟を開いた文学者同士の「交流」となり、個人的な知り合いを頼っての相互訪問となったりもした。韓国での日本の小説や批評の翻訳出版、日本の文芸雑誌での韓国文学特集など、相互の文学（者、作品）交流は地下水脈のように続いているのである。

　韓国のベストセラー作家・李文烈《イムニョル》の作品紹介（安宇植《アンウシク》訳『ひとの子』集英社。尹学準《ユンハクジュン》訳「弟との邂逅」雑誌すばる96年6月号）、若手の女性作家・申京淑《シンギョンスク》と文芸評論家・方珉昊《バンミンホ》の福岡、大阪、東京での講演会（開高健記念アジア作家講演会）や、その作品の紹介（安訳「聖日」ほか、すばる98年8月号。岸井紀子訳「じゃがいもを食べる人たち」アジア文学第3号）などは、こうした「交流」の流れの中から生み出されたものであった。

　韓国の現代史を波乱万丈の大河小説として描き出した趙廷来《チョウジョンネ》の長編小説『太白山脈』全十巻が今秋から翻訳出版されることになっている（尹他五名訳、集英社。筆者も校閲者として関与している）。全羅南道のある町を舞台に、パルチザンと警察、軍隊、一般人を巻き込んだ「革命」の勃発から敗北までを描いたこの歴史小説は、現代の朝鮮半島の政治情勢がどんな近い過去の歴史を持っているかを、日本人読者に認識させてくれるはずだ。

また、韓龍雲《ハンヨンウン》の詩集『ニムの沈黙』や近刊の『李陸史《イユクサ》詩集』（ともに安訳、講談社）など、韓国近代文学の「古典」的作品が翻訳出版され、先にあげた申京淑と同様に、現代韓国文学の新しい流れを代表する三十代の女性作家である孔枝泳《コンジョン》の『サイの角のようにひとりで行け』（石坂浩一訳、新幹社）や殷熙耕《ウンヒギョン》の「鳥の贈り物」（三枝寿勝訳、アジア文学第3号）、あるいは九〇年代に入ってデビューした新鋭作家・尹大寧《ユンデニョン》の「あゆ釣り通信」（安訳、すばる98年8月号）のように、最先端ともいえる文学動向も紹介されている。

そういう意味では、日韓の文学交流は底層流として確かに存在しているのである。

しかし、日本での韓国文学紹介が、商業性とほど遠いところで行われていることは言っておかなければならない（韓国における日本文学の翻訳紹介は、村上春樹、村上龍、島田雅彦、丸山健二、柳美里、渡辺淳一などの現代作家の作品を中心に、ベストセラーの一角に食い込む勢いを見せており、商業的にも成功していると思われる）。

『太白山脈』の翻訳は、開始してから五年目を経過しているが、隔週一回の翻訳者グループの打ち合わせ、月一回の訳文の検討会、年一回の現地視察と原作者との打ち合わせなど、出版社側がほとんどの費用を負担している。これは現在の韓国文学の翻訳書の「売れ行き」を考えたら、現時点では大幅な赤字となることを残念ながら予想せざるをえない。その他の訳書も、国際交流基金や日韓文化交流基金の経済的な支援や、商業性を度外視した編集者、出版者のボランティア的な協力があって初めて実現したものが少なくない。

文学交流が「文化交流」の基層底流としてあっていいと私は思っている。「文化」はある意味では政治や外交の戦略として利用され、大衆文化、娯楽文化が商業性と切り離すことのできないことは明らかなことだ。今後の日韓の文化交流が、〝普通〟の隣国間の本格的な交流になるためには、商業性や大衆性は欠かすことのできない要因だろう。さらに隣国や隣人のことをより深く知ろうとする時に、文学作品を読むことは重要な手だてとなるはずだ。「底流」としての文学交流を進める意義は減じていないのである。

（『朝日新聞』一九九九年二月二日）

日韓文学シンポジウムin青森

一九九二年に東京で始まった日韓文学シンポジウムも、その後、済州島《チェジュド》、松江、慶州《キョンジュ》と回を重ね（というか、漂い歩き）、とうとう青森にたどりついた。漂い歩き、とか、たどりついた、とかといった言い方には少々語弊があるかもしれないが、青森県出身の祖父母を持つ私には、何となく自分のルーツの地に帰りついたような気がするのだ（私の生まれ故郷は北海道だが）。

この日韓シンポジウムは、日本と韓国の作家・評論家とが、新宿で一夕、宴を共にしたのがきっかけだった。通訳を介しての必ずしも活発ではなかった会合は、もっとお互いがその作品を読み、理解し合い、刺激し合うことが必要だという結論に双方を導いた。日本側は故中上健次氏、島田雅彦氏、安宇植《アンウシク》氏、それに私などであり、韓国側はそれ以来代表となっている評論家の金炳翼《キムビョンイク》氏、小説家の金源一《キムウォニル》氏などだった。

残念ながら、翌年東京で開催された第一回シンポジウムの時には中上氏はすでに肝臓ガンで死去していた。しかし、中上氏との関わりから柄谷行人氏、津島佑子氏などに参加してもらい、その後の日韓双方に場所を換えてのシンポジウムは、ますます盛況となった。

ところが、二めぐりして三たび日本側の主催の番となった時、私たちはいささか疲れはて、困りはてていた。実行委員会といってもそれは恒常的なものではなく、私や安氏などがそのたびにでっちあげた（言葉は悪いが）ものだ。

組織もなく、お金もない私たちは、「武士の商法」ならぬ「文士のボランティア」ですべてを切り抜けてきた。報酬や謝礼は我慢してもらうとしても、交通費や宿泊費、会場費や通訳費まで参加する文学者に負担してもらうことはできない。国際交流基金や日韓文化交流基金、あるいは地方公共団体からの助成や協力がなければ不可能だ。

そんな時に済州島以来参加してくれていた中沢けい氏から青森県が協力してもよいという意向を持っていると知らされた。青森県といえば太宰治、石坂洋次郎、寺山修司、三浦哲郎といった文学者を輩出した〝文学県〟だ。私たちは一も二もなくこの渡りに舟に乗り込むことにした。こうして日韓文学シンポジウム・イン青森が実現することとなったのである。

韓国でも日本でも若者たちの活字離れが進み、シリアスな文学に対しての関心は決して高くない。しかし、生きることの目標や目的、指針や方向が得られない時代であればあるほど「文学」は必要とされ、人々は結局は言葉・文章・活字というメディアを手離すことはできないはずだ。もちろん、文学という型式自体は、その外形を時代や状況とともに変化させずにはいられず、脱皮してゆくものである。

日本ではどうであり、韓国ではどうなのか。若い世代を中心とした文学の担い手たちが、自分たちの未来を占う話し合いを行う。これは日韓の文学双方にとって一つの〝事件〟にほかならない。

（『奥羽日報』二〇〇〇年五月二十二日）

南北分断を越えて——首脳会談に思うこと

板門店《パンムンジョム》の三十八度線を南側からと北側の両側から見たことがある。開城《ケソン》から車で南下し、数十分のところで降り、建物の中に入ってバルコニーのような所に出たら、目の前にカマボコ型の建物と南側の展望台があった。恐い顔をして米兵がこちらを睨んでいるような気がした。「手を振らないで下さい。もし、米兵が狙って撃ってきたら、こちらからも援護のために射撃します」。北朝鮮の兵士が力強く、日本人ツアーのわれわれに言った。

南側では誓約書にサインを求められた。万一事故があれば、生命の保証はしないという文面だった。展望台に上って、数年前にそこに上ったことのある板門閣を見た。北朝鮮の兵士が恐い顔をして立っていた。「手を振ったり、声をかけたりしないように。挑発して撃たれても、われわれとしては関与できない」。韓国兵は、あらかじめ板門店ツアーのわれわれに、そう念を押していたのである。

不謹慎な言い方かもしれないが、「三十八度線」は日本人のわたしたちにとって、世界に残された最後の秘境かもしれない。日本のパスポートにはどこの国、どこの地域においても有効であることを書いている。しかし、南北朝鮮の休戦ライン地帯である「三十八度線」は、日本人だけではなく、ほとんどすべての人間がそれを越えて、互いの領分に入ることのできない秘境地帯なのである。

もちろん、少数の人間はこのデッド・ラインを越えた。南で捕まった北の兵士や、拿捕《だほ》された漁民たちは、敵側から支給された衣服を投げ捨てて、向こう側に渡った。韓国の女子大生・林秀卿《イムスギョン》は歩いて三十八度線を渡り、韓国側で逮捕された。北側出身の韓国人の大実業家は、贈り物の牛やトラックといっしょに向こう側へ渡った。細々とした、それはまさに「半島の細道」だった。しかし、魯迅の言葉を借りていえば、もともと地上には道はない、人がそこを歩くことによって道ができる。三十八度線を跨《また》ぐ細い道も、少しずつ人が往来することによって道らしくなってゆくはずだ。

そういう意味で、今回の金大中《キムテジュン》大統領が、ソウルから平壌へと空路をたどったことは、私にはとても残念に思えた（復路も板門店から韓国入りする予定を変えて空路となった）。予想通り、南北の首脳会談のその最初の幕開けは「劇的」だった。大韓民国と書かれた専用機から降り立つ金大統領。それを迎える金正日《キムジョンイル》総書記。二人は固い握手を交わし、北の市民たちの熱烈な歓迎を受けながら、同じ高級車に乗り込む。「劇的」とはまさに文字通りに、ドラマの演出のようである、という意味だ。

金大中大統領、金正日総書記とも、劇的な演出、パフォーマンスの得意な政治的指導者だ。その世紀の「頂上会談」（韓国式表現）、「最高位会談」（北朝鮮式表現）が、ドラマチックで、劇的なものにならないわけはない。金正日総書記が、これまでテレビにあまり出てこなかったり、その肉声を聞かせなかったのは、この日の劇的な盛り上がりを準備するためではなかったかと思えるほどだ。

しかし、こうした演出が派手であればあるほど、私の気持ちは冷静なものとならざるをえない。ベルリンの壁の崩壊は「劇的」だった。しかし、それは誰かが「演出」したものではなく、東西両ドイツの人々が演じた本物の「劇」だった。それにひき較べ、今回の南北朝鮮の「首脳」同士の出会いは、歴史的ではあるかもしれないが、本当の意味での「劇的」なものではない。南北の和解と統一、緊張緩和と平和定着、離散家族再会、経済・社会・文化などの多方面の交流・協力という四原則の合意は、確かにこれからの「統一」の過程を進展させるものとして期待されるものだが、しかし、そこにはどのような「道」を切り開いて行くのか具体的な方法論がないのだ。同じ地上、陸続きなのだから「道」を行くべきだ。「頂上」「最高位」の人だけではなく、普通の人が互いに行き来する「道」がなければならない。その一歩が踏み出されただけなのである。

（『東洋経済日報』二〇〇〇年六月十六日）

「濁音」の破壊力

1

日本から韓国の釜山《プサン》へ飛行機で行った時、客室乗務員が「ただいまより、キムハエ空港に着陸します」とアナウンスした。最初は何のことかと思ったが、すぐキムハエ空港＝金海空港であることに思い至った。金海の韓国語読みはキメである。キメがキムハエになるからくり。ここから始めよう。

韓国語には二重母音がある。ア＋エ、ア＋イといった音だ。また、日本語のアイウエオ以外にも陰母音のオとかウがある。これをローマ字で表記すると「ＡＥ」とか「ＥＯ」となる。キメ空港のメは二重母音で「ＫＩＭＨＡＥ」となる。これを日本式のローマ字読みすると、確かにキムハエとなるのである（韓国語では語中のＨは発音しない）。ソウルは「ＳＥＯＵＬ」となる。「ＥＯ」は陰母音のオである。これをセオウルと読まないのは、ソウルという固有名詞が、すでによく知られているからに過ぎない。現代財閥のヒョンデ（ＨＹＵＮＤＡＩ）がヒュンダイになるのも、韓国語のローマ字表記と、日本語式のローマ字表記の仕方の違いによるもので、「（ＫＩ）ＭＨＡＥ」を（キ）メと読むのはおかしいなどといっても始まらない。ＫＯＫＫＡＩ

ＧＩＪＩＤＯＭＡＥ（国会議事堂前）というアルファベットの並びは、普通の西洋人ならば「コッケージジードメー（滑稽爺いどもめ）」と的確（？）に読むこと、必定なのである。

韓国（語）を鏡として日本（語）を見る。そのことによって日本（語）がよく見えてくるということがある。たとえば、ハングルを少し勉強すると、日本語の音が母音と子音＋母音とで構成されているようだが、実は子音＋母音＋子音でという構成を持っていたということがわかってくる。たとえば「書く」という動詞は、ＫＡＫ（각）が語幹であり、それに書か（ＫＡ＋Ａ）ない、書き（ＫＡＫ＋Ｉ）、書く（ＫＡＫ＋Ｕ）、書け（ＫＡＫ＋Ｅ）というように母音が活用形としてくっつくわけだ。母音動詞、子音動詞という分類がここから導き出される。これを敷衍して、雨（天）はもともとＡＭ（암）という語であり、活用形のＥ、Ａがそれについてアメ、アマ（ゾラ、ガサ）という言葉になったのではないか、と考える。ＳＡＫ（삭）も、サケ（酒）、サカ（酒屋、肴）と変化するのである。

さらにハングル表記をして分かってくるのは、日本語の「ん（ン）」が四つの音であるということだ。アルファベットで表記すると「Ｎ」「Ｍ」「ＮＧ」「ＵＮ」だが、ローマ字では「漫画ＭＡＮＧＡ」も「蜜柑　ＭＩＫＡＮ」も「勤務　ＫＩＮＭＵ」も「ん？　Ｎ？」もみんな「Ｎ」となってしまう。しかし、ハングルではこれらはきちんと書き分けられる（Ｎ＝ㄴ、Ｍ＝ㅁ、ＮＧ＝ㅇ、ＵＮ＝응）」。日本語は、これらの別々の音を一つの文字「ん」で表して済ませてしまうような、きわめてアバウトな言語（文字）なのである。

2

「オダ君、ぼくのゴム靴はトプように売れたで」と言うのは、小田実の短篇小説「『アボジ』を踏む」の中に出てくる「アボジ」である。アボジとは父親のことであり、オダ君にとっては妻の父親、娘のお祖父さんにあたる人だ。彼は若い頃に「君が代丸《クンデワン》」という船に乗って日本へ来た。ゴム靴を作って東北地方へ売りに行き、それが「トプように売れた」と自慢しているのである。

韓国人は濁音、半濁音の音を正確に発音できない。これが日本人が韓国人に抱いている偏見の一つであり、「パカにするな」といった言い方で、朝鮮人をバカにしたのが、日本人の差別心の表れだった。もう一つ、韓国人が発音しにくい音はザ、ズ、ゼ、ゾであり、オダ君の「オモニ（義母）」は、彼のことを最初は「ヤクジャ」だと思った。「役者」のようにカッコよかったわけではない。「ヤクザ」だと思ったのである。「シュジュキシャン（鈴木さん）と、イジェン（以前）、ジョー（象）を見に行きました」と、韓国人のチォェ（崔）さんは言うのである。「そして、お昼にトンカス（トンカチュ）を食べました」と。ザ、ズ、ゼ、ゾは拗音のジャ、ジュ、ジェ、ジョとなり、「つ」は「ス」または「チュ」になる。どの言語にも苦手な音がある。日本人は英語の「R」と「L」の区別がつかなくて笑われる。チョンジュ（全州）とチョンジュ（清州）の違いをきちんと発音できる日本人は少ない。私の本名の「川村正典」は、韓国語音で読むと、チョンチョンチョンチョンとなる。むろんこの「チョン」はすべて違った音である。カタカナ（ひらがなも同じだが）は、外国語音を表記するのには、きわめて不自由で不便な文字である。まあ、漢字ほどではないにしても。

韓国人が、日本語の濁音、半濁音の発音に苦労するということは、日本語の清音と濁音という分類が、あまり世界的なレベルで一般的ではないからだと考えることができる。そもそも、日本においても古文では「濁音」を正式には表記しない。本居宣長は「ん」や半濁音を「不正音」として弾劾している（ただし、この半濁音は今のパピプペポとは違う）。この清音と濁音との関係には不思議な性格がある。チチとハハに濁音がつくと、ジジとババになる。英語ではPAPAはチチでも、BABA（BARBER）は床屋である。

そもそもアルファベットの世界ではHとBとP、TとDはまったく無関係な音であり、文字だろう。韓国語でも、清音と濁音の区別などない。ピビンパプ（まぜごはん）は、ハングルで書けば 비빔밥 であり、日本語のピ、ビ、パ、プに当たる子音は同じ ㅂ だが、もちろん韓国人には同音として意識されている。日本語の清音と濁音のほうが玄妙であり、摩訶不思議なのである。

トントンは、濁点が付くとドンドンと大きな音になる。サラサラとした手触りは気持ちがいいが、ザラザラしていると不快になる。スルスルと麺を食べるのは上品だが、ズルズルとなると下品である。濁音という言葉からも推測できるように、テンテンが付くだけで、濁った、イヤなものになってしまうということが日本語にはありうるのだ。「サマを見ろ」より「ザマを見ろ」のほうが、迫力がある。「ツラを貸せ」も十分暴力的だが「ホエヅラをかかせてやる」ほうがもっと暴力的だ。グズでドジでゲジゲジみたいな奴をズダズダでグダグダにしてやりたいと言われたら、ほとんど人格を破壊されたようなものだ。

なぜ、濁音にはこうした「破壊力」があるのだろうか。もちろん、これは単に言語学的、国語学的な問題の範形の中で解き明かされるものではない。関東大震災の時に、朝鮮人と日本人を区別するために、自警団は怪しい人物には「一円五十銭」と言えと強要したという。「イチエンゴジュッセン」、これも濁音と拗音という、発音の問題だ。乱暴に、極端にいってしまえば、日本人（語）と朝鮮人（語）との差違は、この濁音と拗音の差違でしかない。それは、また清音との関係において「゛」だけの違いでしかない。だが、この差違によって、多くの朝鮮人（や社会主義者）が殺されたことは確かなのである。

　言語の問題は、言語だけの問題には収まり切らない。それは文化そのものの問題であり、「異文化」との衝突、葛藤、抗争を常に孕んでいる。韓国では韓国人の好きな言葉に「ヘドジ」とか「ムジゲ」とかがあるということを聞いて、その音の「汚さ」に閉口したことがある（そのうち何ともなくなり、やがて「美しい」と思うようになった）。「日の出《ヘドジ》」と「虹《ムジゲ》」ならば、日本人でも美しいと思う人は多いはずだ。日本人はなぜ濁音が嫌いなのか。そういう日本語論は、どこかで書かれているのだろうか。

（『國文學』二〇〇一年十月号）

日韓新時代を考える

ワールドカップ開催直前のソウルへ行ってみた。試合が始まったら、飛行機もホテルも予約がとれないだろう、熱狂的な「ウリナラ・マンセ！（わが国万歳）」に取り囲まれるのも御免である。嵐の前の静けさを味わうのも悪くない。ソウルの街を車で走りながら、何か前と違っていると感じた。ワールドカップに合わせて、道路脇のポールに国旗が並べられている。そこに「堂々と」日の丸が掲げられていたのだ。

ワールドカップは、日韓（Ｋｏｒｅａ・Ｊａｐａｎ）の共同開催だから、当たり前と言えば当たり前だが、私の感覚ではソウル、韓国では日の丸にめったにお目にかかれないというのが常識だった。学校の運動会などに万国旗が飾られる。これは日韓共通だが、韓国の万国旗には日の丸が見当たらなかった（それは偏見だと韓国の知人はいう。しかし、昔、私は意識して日の丸を探したが見当たらなかったことを覚えている。逆に、日本の万国旗には太極旗《テグクキ》が少ないと韓国人はいう。うーむ、それは確認してみたことがない）。

日本による三十数年の植民地支配があったために、韓国では日本のもの、日本的なものはタブー扱いになっている。日本の歌や映画やテレビ番組が全面的にはまだ解禁されていないのは、そうした過去の負の遺産がまだ清算されていないためである、というのはよく聞く話だ。いつまで、どこまでこの、「負の遺産」は続くのだろうと、やや絶望的に思われていたが、ワールドカップが始まると、日本でも韓国でも、互いの国の国旗やら国歌やら、ナショナリズムの動きまでもが、当然のように氾濫するようになったのである。

日本の危険なナショナリズムの台頭？　一昔前ならそういわれそうな「ニッポン・コール」や、スキン・ペインティングの日の丸など、日本人でさえ目に余るような気がする今日このごろである。韓国人としては、心穏やかならぬものがあるのでは、と思いきや、韓国の方もめいっぱいに愛国心を謳歌しているから、あまり相手のフリは目に入っていないようである。いや、目には入っていても、まさにあまり目くじらを立てようとはしないのだ。それはお祭りのための寛容さではなく、日韓がそれぞれお互いに「平等」であることを、ようやく体験的に納得できるようになったからではないだろうか。

それまでは「平等」ではなかったのか？　しかり、経済摩擦も文化摩擦も、古代における韓国（朝鮮半島の文化的優位）、近代における日本の政治的・経済的優位が、日韓の間を「不平等」な関係としていた。おそらく、そうした優位性と劣位性の入り混じった民族的心理が、かくもややこしく、複雑な日韓の心的葛藤を生み出したといってよいのである。

もちろん、日本の経済的な優位性や、韓国の歴史的な優位性（古代の日本文化はほとんど半島からのものであることが、最近の「捏造」ではない考古学的発見で、ますます明らかとなっている）は、一朝一夕では揺るがないだろう。だが、ワールドカップという共同作業を通じて、そうした優越感や劣等感といった、狭い井戸の中のケンカのような心理にこだわることの馬鹿馬鹿しさと、本当に対等で「平等」な関係がありえることを、それぞれの日の丸と太極旗をいっしょに掲げ、振ることによって、とりわけ若い世代の日本人・韓国人は身体的に身につけることができたのである。

だが、もともと日本も韓国もなかった。自分のことを「ワ」という人々と「ナ」という人々が、海峡のあっちこっちを「ワッタカッタ（行ったり来たり）」していたのが、昔からの日韓の関係だった。網野史観によれば、海は国境線ではなく、むしろ人々をつなげる交通路だった。日の丸も太極旗も、その航海のための旗印にしか過ぎない。旗は揚げたり、降ろしたりできる。ほっぺたに描いた日の丸は洗い流せる。それが健全なナショナリズムである。ワールドカップは、そうした健全なナショナリズムが育つことの一つ試金石となるだろう。

（『山梨日日新聞』二〇〇二年六月二十日）

女と男のいる韓国

私が個人的に親しくしていた韓国人のSさんの家は、子供が五人だった。上から四番目までが女の子、末っ子が唯一の男の子で、杯になみなみと盛り上がった酒を飲む時の気持ちを、まるで男の子が産まれたようだ、というと教えてくれたのは、彼だった。

Hさんは娘が三人、Sさんほどネバリがなかったのだ。三人とも嫁に行ったら、と彼は心持ち沈んだ声でいった、仕事を辞めて、田舎に引き籠もり、世捨て人のように暮らしたい、と。それが先祖代々に対する彼流の身の始末のつけ方ということであるらしかった。

二人の息子を連れて歩いていたら、見知らぬ老人から、それはお前の息子かと問われ、そうだといったら、でかした、と誉められた。タネがいいのか、ハタケがいいのか、或いは技術がいいのか。くすぐったい思いのまま、私は答えに窮したのである。

男尊女卑とまではいわなくとも（いってもいいと思うが）、男子優先の思想は、韓国社会に浸透している。ある日気がついたのだが、現代の韓国語では日本語の「女」に対応することばがなさそうなのだ。そんなバカなことはない、ヨソン（女性）でも、ヨジャ（女子）でも、アガシ（娘）でもアジュマ（おばさん）でもハルモニ（おばあさん）でも、「女」を表すことばはいくらでもあるではないか、と反論が返ってきそうだが、ヨソンもヨジャも漢字語であり、ケーチプ（女の子）やマヌラ（妻）やチプサラム（家内）は「女」の種類をいうことばであって、「女」という一般名詞ではない。固有語としての「女」（日本でいえばヤマトことば）に当たる語彙は、歴史のどこかで衰滅してしまったのではないか。それでいて「男」に当たるサナイというのはある。むろんナンソン（男性）、ナンジャ（男子）もそろっている。韓国の男性中心の思想は、まさに「ことば」から始まっている。

だから、韓国（朝鮮）には、日本の歌舞伎の女形や、宝塚や松竹少女歌劇のような、男装の麗人といった存在も、発想もない。ジェンダーの混乱や、中性的なものへの憧憬などはない。ただし、ホモセクシャルはあり、これはどうも学校や軍隊やヤクザ組織などの極端な男性社会の副産物のようだ。

「男」だけがいて、「女」のいない社会。女性が美しく、そして強いといわれる韓国の、現実と観念の世界の乖離は甚だしい。しかし、そうした矛盾こそ、韓国の魅力であるということもできる。夫婦別姓のように、一周遅れと思っていたのが、いつの間にか先を走っているということもある（女性は嫁となっても、夫の「家」には入れない。だから、姓は実家の時のままである）。男と女のことはすぐに反転する。美容整形だって、日本ならば女性差別の糾弾につながりそうだが、韓国ではそんな気配すらない。むしろ女性の権利だといわれそうだ。性についても、姓についても考え方は変化する。韓国の「男女」の問題は尽きない。

（『月刊みんぱく』二〇〇二年四月号）

Ⅲ

コリア人を読む

追悼・長璋吉

もはや過去形で語るべきだが、〝韓国ブーム〟という現象があった。それまで無縁だった大衆雑誌や週刊誌、若者雑誌が「韓国」を特集し、「韓国」「ソウル」を冠した本が、新刊で続々と出されるということが起こったのだ。

この〝韓国ブーム〟は基本的にはソウルオリンピックと韓国の経済成長に起因するが、その直接的な契機となったのが、別冊宝島の『朝鮮・韓国を知る本』と、関川夏央の『ソウルの練習問題』だったという定説がある。八十年代初め、それまでの暗く、鬱陶しく、怖いイメージの韓国を、等身大の、身近な隣人たちの国としてアピールし、〝面白く、興味深い〟国へとイメージチェンジさせる呼び水となったのが、両書だったというのだ。

だが、七十年代の初頭に、「韓国・朝鮮」についての本といえば、〝軍事独裁〟〝民主化運動〟〝謀略〟といった語彙が、連想ゲームのように並ぶのが通例だった中で、「下宿」「アジュモニ（おばさん）」「妓生《キーセン》」といった単語ばかりの、あまりにもノンポリで、感性的な朝鮮語の語彙集が出されていた。長璋吉氏の『私の朝鮮語小辞典――ソウル遊学記』がそれである。

私は、田中明氏の『ソウル実感録』とこの本を前後して読み、そこに描かれたソウルの町と人とが、自分の肌に親しく触れてくるのを感じて、ホッとした気持ちになった。そこに気負いも衒《てら》いもなく、自分の感性と思考力とで、韓国を見、感じ、知ろうとする姿勢が痛いほど感じられたからだ。これこそまさに、韓国を自分の目で見、自前で考えることの可能性と必要性を教えてくれる「パイオニアワーク」（関川夏央）だったのである。

長璋吉氏は七十年代初めに出た『朝鮮文学――紹介と研究――』のメンバーだった。田中明、梶井陟（今年九月死去）、大村益夫、小倉尚といった人たちが参加したこの雑誌は、日本人が主体的に朝鮮文学に関わろうとした日本で最初で、唯一の研究誌だったといっていいが、そこに軽妙、シニカルで、ガンチクのあるソウルの遊学記が連載された。このエッセイは、口伝えにその面白さが広まり、洛陽の（一部の）紙価を高めた。これが現在は河出文庫に収録されている『私の朝鮮語小辞典』の原形なのだ。

学生時代には中国語を、ソウルでは朝鮮語の助詞を研究した長氏が「朝鮮文学」に入り込んでいったのは、韓国で〝人酔い（サーラムモルミ）〟にかかったからに違いないだろう。「韓国へいってみれば、性善説そのままとしか思えない人物、喜怒哀楽・妬《ねた》みそねみ・欲望その他人間的なあらゆる感情の生地が、生地そのままに露呈しているような人物に出会うことができるだろう。人間の質の露天掘り現場にでも入りこんだ気分になれる」（『普段着の朝鮮語――私の朝鮮語小辞典2』河出書房新社）と書いている長氏は、おそらく人間性という粗鉱を掘り出すつもりで、彼の国の文学にツルハシを打ち込んだのだろう。

その成果は著書『韓国小説を読む』（草思社）、訳書『韓国現代小説史』（龍渓書舎）、『朝鮮短編小説選』『韓国短編小説選』（岩波書店）などの著作として見ることができるが、やはりそのユーモアと不思議な魅力のある語り口のエッセイに、彼の人間としての〃生地〃が最もよく表れているというべきだ。

遺著となってしまった『普段着の朝鮮語』の中の「『五月の薫風』を歩こうと思ったが」「今度は『夕陽』を歩いてみようか」の二編の散策エッセイを読めば、長氏が〃韓国ブーム〃というにわか景気や、オリンピックのお祭り騒ぎとは無関係に、韓国の人と風景とを自分の目で、ゆっくりと観察し、それを描き出そうとしていたことがわかるだろう。

ソウルと慶州《キョンジュ》の街の中を、一編の朝鮮小説とともに歩く長氏の後ろ姿は、薫風や夕陽を浴びながらふらふらと気ままに揺れている。そして、ポドナム（柳）の並木の道をずうっと遠ざかり、やがてふっと消えてしまったのである。

（『図書新聞』一九八八年十二月三日）

追悼・李良枝

李良枝《イヤンジ》氏が「由熙《ユヒ》」で芥川賞を受賞した時、私はソウルへ行き、彼女が下宿している家でインタビューを行った。すでに何回か候補にあげられ韓国で〈韓国人というハンディキャップのために憤涙をのまねばならなかった〉と紹介された彼女の受賞は、「在日韓国人文学」のためにもよいことで、「由熙」も「在日」の一つの立場を物語ったものと思われるだろうと私がいうと、彼女はそれを手厳しくはねつけた。

「由熙」は「在日」の立場を代表なんかしていない、「在日」を一般論的に語るのではなく、李良枝あるいは「由熙」のことだけしか話すことはできないと、彼女はきっぱりと語ったのだ。「在日韓国人文学」という大ざっぱなくくり方に彼女は反発し、「由熙」が徹底的に個人的な問題を書いたものであり、だからこそ徹底的に普遍的であると語った。私は少し上気して語る彼女の前で話の接《つ》ぎ穂《ほ》に苦労しながらも、したたかな〝作家魂〟を見るようで、こちらもいささか上気してきたことを覚えている。

「由熙」という小説の主人公は、韓国に留学に来た在日韓国人の女学生で、日本で生まれ育ち、ソウルへ文学と舞踊を学びに来た李良枝氏自身と重ねてみられることが多い。しかし、作中の由熙と作家自身はもちろん同一ではなくて、あえていうならば由熙と韓国社会との懸け橋役のオンニ（姉さん）や「叔母」などの由熙のまわりの人物にも、作者自身が投影されている。そういう意味でいうならば、由熙は作家の中で、あるいは韓国社会との葛藤の中で〝逃げ帰ってしまったかもしれない自分〟を描いたといえる。もちろん、そうした由熙を韓国社会に溶けこませ、引き止めようとしているのも作家自身なのだ。

李良枝氏は、たぶん韓国にも日本にも〝逃げ帰る〟必要性がなくなった時、日本にいったん戻ってきた。日本にいないと日本語の小説は書けないと彼女はいった。日本に〝帰る〟のではなく〝行く〟ようになり、こだわりなしに二つの国の間を往来できるようになった時、「由熙」の次の作品が書かれるだろう。私はそれを期待し、彼女の下宿で飲んだ焼酎の二日酔いに悩まされながら、翌日のソウル発東京行きの飛行機に乗りこんだのである。

それから三年、私たちは彼女の新しい作品の完成というニュースの前に、彼女の訃報《ふほう》を知らされた。私の耳には「ふろしき包みを背負って、由熙はもう一度韓国に戻って来ますよ」という彼女の明るい声が残っているだけだ。

（共同通信系、『京都新聞』一九九二年五月二十六日）

＊＊＊

李良枝氏の本名は、田中淑江だった。本名？　在日韓国人の本名は韓国名であり、それをハングル読みしたもの、すなわち彼女の場合は〝イ・ヤンジ〟ではなかったか？　こんな疑問がとっさの間に出されるかもしれないが、李良枝氏は子供の頃に家族といっしょに韓国籍から日本籍へと帰化していて、法的には彼女の〝本名〟は田中淑江であり、イ・ヤンジはあくまでもペン・ネームにほかならなかったのである。

日本名が本名で、韓国名が筆名だった在日韓国人二世の小説家。李良枝氏につけられる肩書きはこんなふうなものとなるだろう。それはたとえば〝本名〟が金胤奎《キムインギュ》で、〝筆名〟が「立原正秋」だった韓国人作家とは、まるっきり逆のようだが、その複数の名前に自分が引き裂かれているように感じるという点では、あまり違わなかったかもしれない。〝よしえ〟から〝ヤンジ〟へ。それは民族名、民族のアイデンティティーを取り戻そうという彼女の決意を表すものかもしれない。

しかし、彼女がそうした韓国人としてのアイデンティティーを求めて、韓国文学と韓国舞踊を学びに韓国に留学に行くことによって、彼女は日本における在日の韓国人に対する〝差別〟とは別の〝僑胞〟に対する〝区別〟を実体験をしなければならなくなった。「刻」あるいは「由熙」は、祖国である韓国の留学に来た在日韓国人の女性が、韓国社会の中で精神的なバランスを崩してしまうという過程が、感覚的な、モノローグ的な文章で描かれていたのだが、それはいわゆる在日韓国人文学の中に、新しい〝在日の光景〟を切り開いてみせたものとしてきわめて新鮮な衝撃を与えたのである。

李良枝氏は、ウリナラ（わが国）、ウリマル（わが言葉）と、日本、日本語との間にたたずんでいた。ウリナムサラム（わが国の人）と日本人の間で、彼女は自分が何者であるのかを必死に探りあてようとした。韓国の伝統的なシャーマニズムに根を持った韓国舞踊、韓国音楽を習い、韓国文学を学び、そして日本語で小説を書いたという彼女の短い生涯の軌跡は、日本、韓国という海峡を隔てて両国のいずれの土地にも、本当に落ち着く場所がないという彼女の〝寄る辺《べ》なさ〟を表現したものだったかもしれない。

けれど、それは彼女の舞踊や文学が、根無し草のような漂泊性を帯びていたということではない。彼女の舞踊は、韓国人の持つ伝統的な優美で激しく律動的な身体のリズムを体現していたし、また、彼女の日本語による小説は、いってみれば平安朝の女物語のように繊細で、女性的感覚によって彩られていたのである。二つの国、二つの言葉に〝引き裂かれている〟と感じるか、あるいは〝つなぎ合わされている〟と感じるか。彼女はそのあわいに立ったまま、まるで舞台で踊り尽くして倒れるように、逝《い》ってしまったのである。

(『読書人』一九九二年六月八日)

追悼・金達寿

金達寿《キムダルス》氏は、在日朝鮮人一世の作家だった。一世というのは朝鮮半島で生まれ、物心がついてから日本へ渡ってきた世代で、二世は日本生まれ日本育ちの、その子供たち。三世ともなると民族や国籍はともかく、文化的には日本人とほとんど同一だ。現在の「在日コリアン」は二世、三世がその大半を占めるようになり、一世や一世的な民族文化を伝える人はもはやわずかとなってしまった。金氏はその一世の文化を身につけたほとんど最後といっていい「在日朝鮮人」一世の文学者だったのである。

伝記「わがアリランの歌」によると、金氏は満十歳の時に生まれ故郷の慶尚南道《キョンサンナムド》から、先に渡日していた母や兄弟の住む東京へやって来た。納豆売りから始まり、屑拾い、ふろ屋の釜焚き、映写技師見習いなどの職業を転々としながら夜学に通い、大学を出て、神奈川県で新聞記者となった。

その後、植民支配下の朝鮮でやはり新聞記者となったが、総督府の御用記事を書くことに耐えられず、日本へ帰ってくる。日本の敗戦、祖国の解放を日本で迎え、在日朝鮮人の組織を作り、文化雑誌「民主朝鮮」の編集の傍ら、旺盛な創作活動を行う。「後裔の街」「玄海灘」「太白山脈」など氏の代表作が書き継がれたのである。

金達寿氏は在日朝鮮人文学者の代表というより、金氏自身が「在日朝鮮人文学」そのものだったといってよい。氏の履歴は在日一世の苦難と苦労を一身に体現するものであり、それは「一世」の体験の典型なのである。氏は短編を集めて「小説在日朝鮮人史」という作品集を編んでいるが、それはまさに「在日朝鮮人」の自画像といってよいのである。

金氏は志賀直哉の「私小説」に傾倒したとその自伝で語っているが、在日朝鮮人にとっての「私」を描いたのが氏の小説だった。もちろん、それはスタイル的にも、思想的にも「私小説」とは異質だが、在日朝鮮人が自らのことを描き、語り続けたという意味に於いて「私小説」なのであり、金氏は「私＝民族」をその作品世界で描き続けたのである。

「日本の中の朝鮮文化」に見られる、日本の中での朝鮮人としてのルーツ捜しの旅も、決してそのことと無縁ではない。氏は日本の中に故郷の「朝鮮」を求めて歩き回った（近年になるまで、「左傾」作家と目されていた氏は韓国に入れなかった）。金氏の歴史紀行がともすれば日本の古代史を朝鮮文化の流入で覆ってしまう結論となったのも、金氏のそうした望郷の念の強さであると考えねばならないだろう。

（共同通信系、『琉球新報』一九九七年五月三十日）

わが交遊

1 安宇植《アンウシク》氏の巻

安ソンセンニム（先生様）を友達扱いしたらバチが当たりそうだが、ここ三、四年の間、日韓文学者シンポジウムというのを三回ほどやり、また懲りもせず今秋、いっしょに慶州《キョンジュ》に出かけてゆこうというのだから、世間の狭い私にとっては安ソンセンニムは、定期的にしばしば出会う人の部類に入る。友達づきあいというよりは、年齢差、キャリア差からいって師弟関係といえるかもしれないが、生意気で怠け者の私は、韓国語（朝鮮語）についても韓国文学（朝鮮文学）についても、いっこうに斯界《しかい》の碩学《せきがく》に学ぼうとはしないのである。というのは、私が今、少しずつ書いている「在日朝鮮人文学史（論）」の中で安ソンセンニムはむしろ登場人物の一人であり、どうも登場人物の一人にいろいろと逸話やウラ話を聞くというのはルール違反のようで気がひけるのである。許南麒《ホナムギ》や金達寿《キムダルス》や金鶴泳《キムハギョン》の在日世界での評価のことなど、いろいろと聞きたいこともあるのだが、えてして、在日の世界のことを日本人の私が根ほり葉ほり聞くという感じにはならない（なれない）。それで、安ソンセンニムの不思議な在日ネットワークにお相伴《しょうばん》して、ただただ韓国料理やお酒やらをいただくこととなるのである。

安ソンセンニムについての「伝説」は数多い。とりわけ原稿の遅れ、翻訳の遅延について、私には別に何の関係もないのだが、安ソンセンニムの居場所や電話連絡の方法を聞かれることが何度かあった。家にも仕事場にもどこにもいない、連絡もない、どうしようかということだが、安ソンセンニムの雲隠れ先など私にわかるはずがない。じっとファックスを待っていたら、原稿が送られてくるかもしれない（送られてこないかもしれない）から、気長に待っていたらとアドバイスをするだけである。会合や待ち合わせの場合は、私も遅れてゆくので、安ソンセンニムの遅れ具合がどうなのかよくわからないが、この前の会合の時は、部屋の水道工事の順番を待っているということで、ずいぶん遅れそうだということだったが、結局、二時間近くの会合の間についに姿を現さなかった。この次には水道が直って来られるだろう。私たちはそういって、散会したのである。

2　李文烈《イムニヨル》氏の巻

李文烈氏は、韓国の超ベストセラー作家である。そんな彼を友達扱いするのはいささか気がひけるが、これまで日韓の文学者シンポジウムでは二回、東京と済州島で会い、日本の文芸雑誌「すばる」の対談で、ソウル近郊の仕事部屋やソウル市内の本宅に一度お邪魔している。対談が終わってから、しこたま酒を飲み、彼の車（運転手付きである）でホテルまで送ってもらったが、どうやって部屋までたどりついて、ちゃんと衣服を脱いでベッドに寝たのかは記憶がない。そういえば、ローム・サロン（女性のいる個室のバー）に最後に雪崩れ込んだのだが、誰が金を払ったのか覚えがない（といって私が払うはずがなく、李氏が払ったに決まっている。

たぶん結構高かったと思う）。

　そういえば、最初に李氏に会った時にも、酒代を奢って貰ったことを思い出した。私がまだ釜山にいた頃のことで、ソウルで金鶴泳《キムハギョン》の『凍える口』の翻訳版が出て、未亡人や息子さんや娘さんを韓国まで呼んでパーティーをしたことがあった。ソウルまで出かけ、パコダ公園（今はタプゴル公園という）の裏の酒場で韓国の文学者たちと二次会をやった。その時に遅れてそこにやって来たのが李文烈氏で、ちょうど『英雄時代』という長篇小説がベストセラーになっていた時だった。それで、彼が私たちの分も含めて、そこの勘定を全部まとめて払ったということなのだ。その時に、李氏が日本人の私に猛烈な調子で話しかけてきたのだが、残念ながらその韓国語は私には十分の一ほどもわからなかった。私としても、韓国でもっとも精力的に作品活動を行っている彼に興味があったのだが、情熱的な語りは、あまり相手の貧弱な韓国語の理解力を顧慮したものとは思えなかったのである。

　『われらの歪んだ英雄』（情報センター出版局）『ひとの子』（集英社）の日本語訳が出て、ようやく彼も日本で少しずつ知られるようになった。映画化された『われらの歪んだ英雄』や『九老アリラン』が日本でも上映されることになったという。彼は現代の韓国文学者の中では、もっとも海外での翻訳が多く、評価の高い文学者である。ノーベル文学賞がもう一度アジアのほうに回ってくるとしたら、彼は韓国ではもっとも有力な候補であるといわれている。そうなれば――ひそかに私は期待する――もっと高級な酒を、豪華な店でふんだんに奢ってもらえるのではないか。やはり、友は選ばねばならぬ。

3　崔吉城《チェギルソン》氏の巻

崔吉城パクサニム（博士様）は、韓国の巫俗信仰（シャーマニズム）研究の第一人者である。ただし、現在は広島大学教授で、日本の国家公務員である。韓国籍の日本国の国家公務員。ボーダーレス時代を象徴するような崔パクサニムの「現住所《ヒョンジュソ》」（現在の立場という意味合いの韓国風の言い表し方）なのである。私が釜山で日本語教師をしている時に、現在都立大の先生である鄭大均《チョンテギュン》氏の紹介で初めてお目にかかった。鄭氏の言葉では、韓国でもっともよく勉強する先生で、とりわけ日本についてもっともよく知っており、またもっとも偏見のない研究者ということだった。お会いしてなるほどその通りだと思い、以来、おつきあいいただいているのである。

崔パクサニムの専門は文化人類学、社会人類学、民俗学だが、その興味と関心の広さは驚くばかりだ。日本の焼き肉のルーツは韓国にあらず、戦後の在日韓国人から発祥したものだという「焼き肉文化」起源に関する論文や、韓国の喫茶店にいる「茶房《タバン》アガシ」に関するフィールドワークなど、余人には及びもつかない研究成果であるといえるだろう。誤解のないようにいっておくが、崔パクサニムは好事家とかディレッタントとか呼ばれる種類の人たちとは無縁である。あくまでもそれは人類学的関心から発するものなのである。

ここ何年か、沖縄や韓国や中国をいっしょに調査旅行する機会に恵まれた。どこにでも入り込み、カメラで写真を撮り、ビデオを回す崔パクサニムは、夜になると丹念にフィールド・ノートを細かく記載している。『恨《ハン》の人類学』『韓国の祖先崇拝』『日本植民地と文化変容』といった大部な研究書が続々と出されたのも、こうした崔パクサニムの日頃の研鑽の賜物であることがよくわかるのである。だが、私といえばろくにノートも取らず、フィールドに入っても、すぐにジュース類やアイスクリームを買い求め、休憩ばっかりをとり、日が暮れるともうすっかり晩飯と晩酌のことしか頭にない。崔パクサニムがせっせと調査・研究してくれるから、私は安心して遊び呆けていられるのである（?）。内蒙古の草原や、大興安嶺の森の中の町からも、ベトナムの田舎町や、沖縄や韓国の離島からも、必ず日本のサモニム（奥さん）に現状報告の電話をする。私も真似て家内に電話したら、「もう帰ってきたの?」といぶかしげな声が返ってきた。

4　尹学準《ユンハクジュン》氏の巻

昔、『朝鮮文学――紹介と研究』という雑誌があった。一九七〇年十二月に創刊号が出され、七四年八月の季刊十二号が終刊号だった。「朝鮮語と朝鮮文学に魅せられて、こんにちまで二年あまりともに歩んできた日本人五人」が「朝鮮文学の紹介と研究」のために創刊したものであり、その最初の五人とは大村益夫、梶井陟、石川節、長璋吉、山田明（田中明）氏たちだった（このうち梶井、長の両氏はすでに亡くなられた）。発行母胎は「朝鮮文学の会」で、日本人主体の研究会だったが、その同人たちの「先生」格だったのが尹学準ソンセンニム（先生様）であり、日本人の朝鮮文学研究を守り育ててきたゴッドファーザーというべき人なのである。私は、長璋吉氏の『ソウル遊学記』や田中明氏の『ソウル実感録』などを読んで、韓国（朝鮮）文学や文化に目を見開かされた世代なので、尹ソンセンニムは、いわば「大先生」ということになる。

「大先生」とは月に一回、お寿司屋さんでお酒を飲む。というのは、かれこれ四、五年前から韓国の大長編小説の翻訳を進めており、月に一度の例会をやっているのだ。例会そのものにはいつも義理を欠くのに、その後の飲み会にだけいつも顔出しをする。飲むだけでもいいから、月に一回は顔を出すべきだと大先生がいってくれたというので、私は何の憚《はばか》ることなく、終宴間近の大先生と女性たち（翻訳者、編集者とも大先生と私以外はみんな女性である）の間に割り込むのである。年に一度の韓国調査旅行も行う。一昨年の旅行では原作者の著名作家（今はあえて名前を秘すが）もまじえて「爆弾酒（ビールのコップの中にウィスキーを入れたグラスを沈め、チャンポンで飲む）」を酌み交わすなど、まあ、はるかに昔の修学旅行を繰り返すような旅なのである。尹ソンセンニムの思いとしては、たぶん「朝鮮文学の会」を継ぐような日本人の朝鮮文学の紹介者、研究者がこうしたグループから出てもらいたいということだろうが、翻訳グループから私はすっかり破門されているし、それに大きな声ではいえないが、女性たちもアガシとはいえずアジュモニのほうがふさわしい年齢で（あえて訳語は付さない）、勉学時間もなかなか取れないのである。しかし、「朝鮮文学の会」とまではいわないが、日本人、あるいは女性主体の朝鮮文学の紹介・研究が盛んになるとしたら、大先生の破顔はこれに優るものはないだろう。

（『読書人』一九九七年六月六日、十三日、二十日、二十七日）

朝鮮というテキスト

崔華國《チェファグク》氏と気まずい別れをしたことがある。あるパーティーで久しぶりに崔氏と会った。帰りのエレベーターの中で、もう一杯だけ飲んでゆきましょうか、ということになった。銀座の一角の騒々しい居酒屋の二階で私は崔氏と向かい合わせでビールのコップを挙げた。豆腐の鍋も煮えた。どういうわけでそうなったのか、いまだに私はわからないのだが、崔氏は急に立腹して、帰るともいわずに立ち上がった。私は崔氏を怒らせるようなことをいった覚えがない。ごく普通の世間話の類だったと思う。いや、話も何も、居酒屋の席に坐って、ビールで乾杯し、注文した豆腐鍋がようやく煮立って食べられるようになっただけの時間しかたっていないのだ。

しかし、崔氏は大層、腹を立て、席を蹴って立ち上がった。そしてふらつく足どりで店を出ていった。私はまだ手を着けていない鍋と酒の勘定を大あわてて済ませ、崔氏の後を追った。深酔いした崔氏が無事に家に帰れるかどうか心配だったからだ。追いついた私は、最寄りの駅まで送ってゆこうといった。街はまだ深夜にはならず、人と車がざわめいていた。だが、崔氏は私を肘で押しのけ、私にはわからない早口の韓国語で罵《ののし》るようにいった。「この野郎」というような意味らしかった。しかたなく私は物陰から、私の介護を拒絶した崔氏が、急にしゃんとなってタクシーに乗り込むのを見送ったのである。

その時のことを時々思い出す。私は自分で気がつかずに、崔氏をそんなに怒らせるようなことをいってしまったのだろうか。それともそれは崔氏の酔いの癖で、いわば「怒り上戸《じょうご》」なのだろうか。ひょっとすると――と私は考えた――崔氏は目の前にいる「日本人」が急に小面憎くなったのではないか。あるいは、目の前に「日本人」がいるということが。私でなくても「日本人」ならば誰でも（いや、日本人でなくても）自分の前に存在していることが、彼には腹立たしく、鬱陶しく思われたのではないだろうか。

家族が降り立ったのは／ピッツバーグ大学前のバス停だった／すごい形相の黒いおっさんが／追っかけるように降りるなり／私の前に立ちはだかって／ユーコーリアン？／イエス／と答えると／ユーの国の戦争のために／俺は右脚をもぎとられてこのざまだ／どうしてくれる／今にも殴りかからんばかりに松葉杖をふりかざすのだ／呆然自失の私の前に／脱兎のごとく娘がおどり出て

なにさ／おまえさんたちの国のために／私たちは胴体をチョン切られて／今も血を垂らしているんだよ／文句があるならおまえさんたちの／国の政府に言うがいいよ

（「いつの日にか」部分）

おまえは「日本人」か、と私は崔華國氏に問いつめられたような気がする。彼がユーコーリアン？　と訊かれたように。なんで俺が「日本人」としゃべったり、酒を飲んだりしなければならないのか、と崔氏は自問自答したのではないか。そんなことは不当で不可解だ。俺が日本にいて、日本語で詩を書き、日本人といっしょに酒を飲んでいるということは。

勝手に他人の心の中を憶測することは失礼なことだが、崔氏の「怒り」は私にとって謎めいた「朝鮮」というテキストのように思えたということはいっておいてよいと思う。「朝鮮」を祖国とする詩人の心の中にあるものを、私は崔華國氏の遺した詩篇によっておぼろげながら触知することができるような気がするのだ。「昭和六年」に刊行された崔然の『憂鬱な世界』という詩集がある。「昭和十二年」に出された林時民の『新しき感情』という詩集もある。これら戦前に書かれた朝鮮人による日本語の詩集を読むたびに、彼らにとっての「朝鮮」、そしてそれに向かい合う私の「日本」を考えざるをえなくなる。

(『現代詩手帖』一九九八年六月号)

※　ここで書いた出来事があった数年後に、H氏賞の受賞詩人・崔華國氏は亡くなられた。知り合いの編集者に聞くと、崔氏の酒癖にはそうした突然の「怒り」ということがあったようだ。なお、林時民は「満洲」出身の中国人であることが、後に判明した。したがって、ここで朝鮮人の詩人としたのは間違いである。

コ・リョウン（高麗雄）氏のこと

『韓国文芸』という雑誌があった。私の手許にあるのは、バラバラの十冊ほどだが、創刊号は一九七五年冬号で、同年十月一日に発行されている。発行兼編集人全玉淑《チョンオクスク》氏、主幹柳周鉉《ユウジュヒョン》氏、編集委員として古山高麗雄氏一人の名前が載っている。そこに古山氏は「『韓国文芸』への期待」という巻頭文を書き、韓国の現代文学を日本語で紹介するこの雑誌に日韓の文学者が「生身の個人同士としてつきあう」ことへの「期待」を持つと書いた。

この雑誌がいつまで刊行されていたのかは、実はよくわからないのだが、私の持っている最も新しい号は一九八六年八月発行の秋号で、発行兼編集人は全氏で、編集委員として古山氏と尹興吉《ユンフンギル》氏、朴範信《パクボムシン》氏（一時期は尹氏と黄皙暎《ファンソギョン》氏だった）三名が連記されている。

古山氏が『韓国文芸』の編集委員に名前を連ねることになった経緯は、古山氏の編とされる『韓国現代文学13人集』（新潮社）の「解説」に語られているが、全玉淑氏が古山氏のところに訪ねてきて、韓国旅行に誘ったのがきっかけで、彼女に頼まれて『韓国文芸』の編集委員を引き受けたというのだ。「ありていに言って、私には、韓国の雑誌の編集委員になるほどの知識も抱負もなかったが、なにか全さんの相談相手になって多少のことはしようと思」ったと書いている。いかにも、古山氏らしい言い方で、気負いも衒《てら》いもなく、韓国と日本の文学の「多少の」橋渡し役をしようという彼の誠実さが伝わってくる。だが、そこには言葉にされていない、古山氏なりの韓国や朝鮮に対する負い目、贖罪の意識を感じられると思うのは、私一人だけの感覚だろうか。

古山氏が「高麗雄」という名前を持ったことの意味は小さくない。昔の「高麗」の地である新義州《シンウィジュ》の町で生まれた日本人少年が、「高麗」という名前を「背負った」ことの意味はどんなものであっただろうか。私は一度、古山氏に自分の「高麗雄」という名前についての感想を聞いてみようと思ったことがある。数年前に、汎世界韓国人文学者会議という催し物がソウルで開かれ、そこに古山高麗雄氏と私が〃純粋《スンスハン》な〃日本人としては二人だけ、招待された時のことである。

シンポジウムの会場では、古山氏は「コサン　コリョウン氏」と呼ばれた。漢字名前のハングル読みである。古山＝コサンを雅号と考えれば、高が姓で麗雄が名前となる。新義州を本貫（先祖の出身地籍）として、古山を号とする高麗雄（コ・リョウン）氏。まったく韓国人（朝鮮人）としても、少しの遜色もない名前だ。それに引き換え、私の場合、本名だと「チョンチョンチョン」になるという「変な」もので、ハングル読みされるたびに、プッと噴き出される。コ・リョウン氏の立派さとは較べ物にならない。

だが、その「高麗雄」という名前が、そして新義州の生まれ、育ちという来歴が、古山氏に普通の日本人よりは、より韓国・朝鮮に対する「責任感」や「負い目」を背負わせることになったのではないだろうか。もちろん、植民地に対する責任だの、戦争責任だの、大仰で言葉ばかりの「修辞的観念」に古山氏が拘《こだわ》ったとは思われない。朝鮮人従軍慰安婦の問題がかまびすしかった時期にも、彼は「セミの追憶」のような短篇を書いて、決して声高にそれを語ろうとはしなかった人物だったのだから。

ソウルでは、休戦ラインのある板門店のツアーに行った。「どんなことがあっても命の保証はしない」という物騒な誓約書にサインしないと、共同警備区域（ＪＳＡ）内に入ることができない。老眼鏡を忘れて書類の文字が読めない古山氏に、私はここに署名をするんですよと教えてあげた。

「自由の家」の展望台から、北側を眺める。板門閣という看板を掲げた北側の建物が見え、そこに赤い星の徽章《きしょう》をつけた帽子の北朝鮮人民軍の兵士が立哨している。あの休戦ラインを一歩超えると、そのまま歩いて新義州の町まで行けますね、と私は言葉にならない言葉を古山氏に投げかけた。新義州への望郷の思いを何回も文章にしているのを私は見ていたからだ。元大日本帝国軍人にして「高麗」という名前を背負った日本人の老作家は、感慨深げに、まだ「戦争」の臭いの残る、その場所を見つめていたのである。「高麗」という名前を負ったことも、植民地朝鮮に生まれたことも、一兵卒として戦争に行ったことも、俘虜になったことも、『韓国文芸』に関わったことも「運命」であり、「宿命」だった。そうじゃないのかな、カワムラくん。まあ、ホテルに戻っていっぱい飲もう、という古山氏の声が聞こえたような気がして、私は思わずあたりを見回した。老兵は消えていた。若い兵隊たちが交替のために、足並みを揃えて、三十八度線の向こう側を行進していた。

（『群像』二〇〇二年五月号）

ソウルよ、魂《ソウル》よ

最後の短篇集となった『落葉　神の小さな庭で』を読んで、私はと胸が突かれる思いがした。日野啓三氏は、こんなことを書いていた。「ガラス戸の向こうには中心街のオフィス・ビルとマンション、公園とサッカー場が薄明かりの中に並んでいるのだが、なぜかそれが東京ではなくソウルの街だと、ずっと私は思いこんでいた」。

もちろん、錯覚であり、妄想である。日野氏は、東京の信濃町にある慶応病院の一室に、クモ膜下出血の危うい状態を辛うじて切り抜けたところだった。日野氏は書いている。「新宿区信濃町の慶応病院に入院しているはずの私が『ここはソウルだ』『窓の外に見えるのはソウルの街だよ』と妻と息子に言い、見舞いに来てくれた友人たちにもそう囁いては、いかがわしい者を見るような目付きあるいは憐れむような表情で見返されるようになったのは、いつ頃からだったろう」とも。

日野啓三氏が東京で生まれながらも、父親の勤めの関係で幼少時に、当時日本の植民地だった朝鮮半島に渡り、そこで少年時代を過ごしたことは、よく知られたことだろう。自伝的な長篇小説『台風の眼』では、少年の眼で見たソウルとそこでの生活が書かれ、また、評論家から小説家として再デビューした時の短篇群では、新聞社の特派員として経験したベトナム戦争と重ね合わせるように、やはり特派員時代の朝鮮体験が語られ、さらにそれは幼少年時の朝鮮体験にオーバーラップしてゆくものだった。日野啓三氏のアジア体験、彼自身の言い方を真似れば「ユーラシア」体験は、朝鮮半島から始まったことは疑えないのである（これは、日本がユーラシア大陸の端っこにあるということを忘却しての言葉ではない）。

日野啓三氏は、「ひそか」に朝鮮（韓国）とつき合った。たとえば、日野氏と同じように、在朝鮮の日本人として、その青少年時代を「かの地」で過ごした作家（もちろん、後に日本に帰還してから小説家となったのである）は、小林勝や梶山季之などがいるが、小林勝が終生、その朝鮮体験にこだわった小説を作品を書き、また梶山季之が「族譜」や「李朝残影」のような「朝鮮もの」の小説を書くことを自分のライフワークと目していたことと、日野啓三氏の場合はちょっと違っていたように思える。変な言い方かも知れないが、日野氏の「朝鮮体験」（を書くことについて）は控え目なのだ。

それは日野啓三氏の性格の一つとしての「含羞」（遠慮深さ）が表れたものかもしれないし、かつての植民地に対する、宗主国側の人間の持つ当然の「節度」なのかもしれなかった（小林勝や梶山季之に、そうした「節度」が欠けていたということを、ここで言いたいわけではない）。しかし、何よりも、日野啓三氏にとって、「朝鮮体験」「ソウル体験」が、容易に言語や文章によって、簡単に表現できるものでなかったことを、そのことは示していると私には思われる。

四十代に近い、遅い、小説家としてのデビューを果たしたわりには、多作だった日野氏の作品中の、あまり目立たない連作小説集に『還れぬ旅』（一九七一年、河出書房新社）がある。管見の限りでは、この一冊の作品集は、文庫化されることもなく、日野氏の本のなかでももっとも稀覯《きこう》本に属するものだと思う（私は、数年間の古本屋めぐりの果てに、献呈の宛名のある署名入りのこの本をようやく手に入れた）。

「還れぬ旅」「めぐらざる夏」「喪われた道」という三つの中篇小説のうち、「還れぬ旅」は、「ぼく」という青年を語り手に、植民地の中学校から「本土」の高校（旧制高校）を受験し、合格し、入学のために「本土」に渡ろうとするのだが、交通事情が悪く、なかなか渡れないという経験を描いたものである。まるでカフカの小説のような、といえば、もはや手垢にまみれた比喩ということになるが、合格通知書を貰いながら、動員された工場では容易に学籍簿から自分の名前を抹消してもらえず、とどのつまりは、いつまでも「動員学徒」として、工場で監視下で労働をしなければならないことになるのである。

「めぐらざる夏」は、敗戦を迎えた旧植民地の都市で、家人が引き揚げてしまった同国人の家屋を一人で守ることになった「ぼく」の話。「喪われた道」は、日本に引き揚げてきて、「彼女」が帰っていった「実家」のある彼女の故郷の海辺の町に、大学生になった「ぼく」が訪ねてゆく話。このように要約してゆくと、後に『台風の眼』で具体的に物語られることになるエピソードが、すでに先取りした形で語られていたことがわかるだろう（だからといって、それが現実の出来事そのままということではないだろう）。「小説」でしか書けないことがある、「小説」を書き始めよう、と『台風の眼』の主人公が、決意する場面がある。ベトナム戦争たけなわのサイゴン市（現ホーチミン市）の広場で、ベトコンの公開銃殺を見た後のことである。「おもむろにベンチから立ち上がりながら、小説を書き始めようと不意に思う。背後の闇からゴーストに強く囁かれたように。／新聞の記事でも評論でもなく小説を／大きな説ではなく、小さな説を」と。

日野啓三氏が「小さな説」、「小説」で書こうとしたのは、単なる体験や事実でもなければ、また、根も葉もない虚構の幻想や夢想や観念でもない。『還れぬ旅』の連作小説集には、「ぼく＝日野氏」の、青春期における痛切で、切実な体験があるはずなのだが、そこでは具体性や現実性は剥奪され、敗戦後の、旧植民地での、あるいは帰国後の「異郷」としての祖国での、一人の若者の孤独感が、そこにはくっきりと浮かびあがっているのである。日野啓三氏がそこで物語ろうとしたのは、固有名詞のある場所や地域や国を舞台としたものではなかった。K市、本土、植民地、総督府、海峡、連絡船、占領軍といった語彙が、そこが「朝鮮」であることを指し示していることは確実なのだが、しかし、日野氏はそういう具体的な固有名詞をその作品世界の中では決してあげようとはしなかったのである。それは、なぜだろうか。

日野啓三氏の、「朝鮮」あるいは「ソウル」との関わりの原点のようなものがそこにあると思われる。解放後の（すなわち日本の敗戦後）、初めての日本の新聞社の韓国特派員としてソウルへ行った日野氏には、その地の女性を配偶者として連れ帰ったという意味においても、深い関わりがあったといわざるをえない。しかし、日野氏は、そうした朝鮮やソウルとの個人的な関わりについては、他人がいぶかしがるほど（私のことだが）禁欲的であり、過度に「節度」を示しているように見えた。それは、そう簡単には、日野氏自身と、朝鮮やソウルに突き刺さった棘は、抜き去ることも、癒すこともできないと思い定めているかのようだった。

日韓の国交回復は、とっくの前に実現され、日朝の国交正常化の幕が開かれるかとかまびすしい時期に、日野氏は、ひっそりと「ソウル」の幻影を抱きしめながら、この国、この街、この世界を去った。しかし、氏は書いている。

私は生き続ける、足はもたつくけれど。
私は存在する、どのように形と姿を変えても。

この文章を、私は自分の文章の中に三たび引用した。日野啓三氏の「魂《ソウル》」が、「形と姿」を変えても、「ソウル」の街を飛翔し、逍遙していることを疑わない。
(『すばる』二〇〇二年十二月号)

尹学準先生を想う

尹学準《ユンハクジュン》先生が亡くなられた。晩年の数年間、たぶん私が一番尹先生とお酒をいっしょに飲んだことになるだろう。韓国の作家・趙廷来《チョウジョンネ》氏の歴史小説『太白山脈』を足かけ七年かかって翻訳したのだが、そのために一ヶ月に一回は打ち合わせと称し、翻訳グループが集まり、お寿司屋さんでお酒を入れて食事会をしていたのだから。忘年会、新年会、年一回の韓国への研修の会と、尹先生と私以外は担当の編集者を含めて全員女性という構成では、いきおい、尹先生と私とが酌を交わし合うことにならざるをえなかったのだ。

その間、私は尹先生にいろいろ話をうかがうことになった。朝鮮戦争の時代下、密航で日本に渡り、法政大学に入学した当時のこと、朝鮮総連の活動家として主に文化事業に携わっていた頃のこと、初めて日本人が主体となって南北の朝鮮の文学を研究・紹介する同人誌としての『朝鮮文学』発刊の当時のこと（尹先生は、ネイティヴ・ランガーとしてその編集に協力した）、その同人で早逝した長璋吉氏や梶井陟氏のことなど。しかし、何といっても、私たちが何度も尹先生に話をせがみ、飽きずに聞いたのは朝鮮のヤンバン（両班）の話だった。「昔々、まだトラがキセルでタバコを吸っていた時代のことだ……」というのは、朝鮮の昔話のお決まりのマクラなのだが、尹先生は、まさに子供たちにそんな昔話をする時のハラボジ（おじいさん）のように、ちょっと居住まいを正し、書堂《ソダン》の謹厳な教師のような表情を繕って、ヤンバン話をしてくれたのである。

ヤンバンは、何事においても悠揚としており、鷹揚《おうよう》でなければならぬ、雨が降っても走ったり、傘をさしたりすることはない。そんなのは常奴《サンノム》や下男《モスム》のやることであり、ヒゲの先までびっしょり濡れても悠々と歩くのがヤンバンである。それは「武士は喰わねど高楊枝」の類のミエであり、虚飾であり、気位の高さに過ぎないのだが、日本の武士とは違って、どこかユーモアがあり、どこか精神的な余裕があるように想われるのだ。彼らにとって重要なのは、先祖を敬うことであり、その家系の記録である族譜《チョッポ》を子孫に伝えることである。

その頑迷さ、その事大主義、その浮世離れした文人趣味、その非合理性。「ヤンバン文化」のことごとくに、現代のヤンバンの子孫としての尹先生は反対（否定）していたにもかかわらず、激語を発することなく、鷹揚で、悠揚迫らざるその態度、その立ち振る舞いは、まさにヤンバンといってよかった。『オンドル夜話』（中公新書）や『歴史まみれの韓国』（亜紀書房）などの著書は、歴史的、伝統的（因習的）、なヤンバン文化を否定しながら、その文化的な風情を愛惜していることを隠すものではなかった。それは、尹先生がそのお祖父さんから『千字文』の素読を学んだという、朝鮮の伝統的、儒教的な教養世界の、おそらく最後の体験者の世代であったことともちろん無関係なはずがない。李退渓の住んでいた陶山書院にいっしょに訪れたことがある。儒者たちの党争の発祥の起源でもある李退渓《イテゲ》について私たちに悪口をいいながら、その書院や書室を眺める尹先生の目には、かすかな矜持とかすかな輝きがあったような気がする。

　しかし、そんな晩年（といってよければ、だが）の姿とは違った、疾風怒濤の若い日や壮年の日々があったことも、私は折に触れ、気がつかずにはいられなかった。韓国ミーハーの会と称して、尹先生を「先生」にして韓国旅行をする会を何年か続けて催したことがあった。関川夏央氏が学生会長で、私が学級委員という構成で、トウの立った学生（ミーハー）たちの修学旅行としゃれ込んだのである。その一回に百潭寺《ペクタムサ》へ行ったことがある。
その当時、大統領職を追われて（辞めて）、不正疑惑のため訴追された全斗煥《チョンドゥファン》元大統領が引き籠もっていたのが百潭寺である。そこが一種の観光名所の場所となっていて、全元大統領の講話（法話？）を聞くというのが流行となっていたのだ。根がミーハーである私たちがそれを見に行かないというテはない。私たちはバスに乗り込み、講話を聞き、あまつさえ元大統領と握手をし、夫妻とともに記念写真を撮るという暴挙に及んだのだが、この時、尹先生は敢然として、この軍人（元）大統領といっしょに写真に入ることを拒否したのである。

クーデター同様の手段で政権を取り、光州での民主化の運動を銃と流血によって弾圧した独裁者。権力を手放し、今は流謫の身同様とはいえ、そうした人物を許すわけにはいかなかったのだろう。隣国の気楽な若い世代のミーハーの私たちと違って。もちろん、急いでいっておかなければならないのは、そんな私たちの振る舞いを尹先生は決して批判をしたり、論《あげつら》ったりしなかったということだ。その寛容さに、私は尹先生の解放後、戦後の「生き方」のひとつの帰結を見たような気がしたのである。

尹先生の故郷の安東《アンドン》に行ったこともあった。米のよくとれる豊饒な平野（私には盆地としか見えなかった）の安東近郊を見学して回ったのだが、まさに朝鮮のヤンバンの本拠地ともいえる安東のなかでもっとも由緒正しいヤンバンの本家へ行き、その古さびた韓屋を案内してもらいながら、そのヤンバン村から朝鮮の最初の共産主義者たちが輩出したことを教えてくれた。金日成の朝鮮労働党より、もっと早い高麗共産党の指導者たちが、このヤンバン村の、もっとも伝統のあるヤンバンの家系から出ているのである。

民族主義と共産主義との関わりを、朝鮮史において簡単に解き明かすことはできない。日本からの独立、自立を考えた若い朝鮮人が、共産主義や社会主義的思潮に希望を抱いたことは否定しがたい思想的ななりゆきだっただろう。また、金日成が自力更生の道を選び、大国や外国の圧力や勢力を拒否する「主体」的な立場と考え方を大事にしようとしたことは、歴史的な過程として間違っていなかっただろう。尹先生が、密航してきた日本において、かつて朝鮮総連の専従活動家として働いたというのも、未来の社会主義的社会のユートピアの夢を抱いていたということを証明するものだろう。

しかし、若い夢は蹉跌《さてつ》し、挫折する。尹先生の目に見えていたのは、夢に傷つき、仆《たお》れ、血を流していた若い人たちの姿であり、歴史の中に埋もれていったそうした犠牲者たちの面影ではなかっただろうか。由緒正しいヤンバンの家に生まれ、貧農や労働者の解放のために共産主義者となった故郷の人々。尹先生の語る言葉の中に、やはり矜持の響きが籠もっていると聞いたのは、私の空耳だったろうか。

尹先生は『朝鮮の詩ごころ』(講談社学術文庫)や『タヒャンサリの歌』(丸善ライブラリー)などの多くの著書と文章を残した。それはもちろん貴重なものだ。それを十分承知のうえで。

「本当のヤンバンは、ね」と尹先生はいう、「文集を編むという条件がある。ボクも何とかヤンバンの仲間入りができたかな」。「ダメですよ、先生。本当のヤンバンは漢文で書かなくっちゃ。倭奴《ウェノム》(=日本人の蔑称)の言葉で書いた本じゃ、ヤンバンとは認めてもらえませんよ」。

ある日の、尹先生と私とのたわいもない話である。

(『異文化』二〇〇三年三月)

書評対象書籍リスト

伊藤亜人他編著『朝鮮を知る事典』平凡社
金洪信著『人間市場』朝日出版社
鄭飛石著『孫子の兵法』光文社
金正彬著『丹』八幡書店
室谷克美著『〈韓国人〉の経済学』ダイヤモンド社
趙基天著・許南麒訳『白頭山』れんが書房
金両基著『韓国仮面劇の世界』新人物往来社
姜晶中編・訳『韓国現代詩集』土曜美術社
卜鉅一著・川島伸子訳『京城・昭和六十二年』成甲書房
戸田郁子著『ふだん着のソウル案内』晶文社
阪東真澄・朴浩美著『バージンごっこ』太田出版
稲葉裕著『ソウルの塀の中』朝日新聞社
高野生著『20歳のバイブル』情報センター出版局
角田房子著『閔妃暗殺』新潮社
菊池正人著『板門店』中央公論社
滝沢秀樹著『韓国社会の転換』御茶の水書房
日本ペンクラブ編『韓国読本』福武書店
アサヒグラフ編『韓国再発見』朝日新聞社
荒川洋治著『ぼくのハングル・ハイキング』五柳書院
茨木のり子著『ハングルへの旅』朝日新聞社
大村益夫他編訳『韓国短篇小説選』岩波書店
長璋吉著『普段着の朝鮮語』河出書房新社
李良枝著『由熙』講談社
尹興吉著・安宇植・神谷丹路訳『鎌』角川書店
安宇植著『アリラン峠の旅人たち』平凡社
大村益夫編訳『シカゴ福万』高麗書林
若槻泰雄著『韓国・朝鮮と日本人』原書房
佐藤健志著『チングー・韓国の友人』新潮社
三宅理一著『江戸の外交都市』鹿島出版会
李賢世著・岡田理他訳『純姫(スニ)』三修社
茨木のり子訳編『韓国現代詩選』花神社
小田実著『オモニ太平記』朝日新聞社
角田房子著『わが祖国』新潮社
つかこうへい著『娘に語る祖国』光文社
吉岡忠雄著『韓国有情』皓星社
李正子著『ナグネタリョン』河出書房新社
李文烈著・藤本敏和訳『われらの歪んだ英雄』情

報センター出版局
金時鐘著『原野の詩』立風書房
高井有一著『立原正秋』新潮社
『韓国の現代文学』柏書房
チャン・ジョンイル著・安宇植訳『アダムが目覚めるとき』新潮社
帚木蓬生著『三たびの海峡』新潮社
宮塚利雄著『北朝鮮観光』JICC出版局
関川夏央著『退屈な迷宮』新潮社
鄭承博著『鄭承博著作集　私の出会った人々』新幹社
崔吉城著・重松真由美訳『韓国の祖先崇拝』御茶の水書房
李良枝著『李良枝全集』講談社
津川泉著『JODK　消えたコールサイン』白水社
鄭乙炳著・尹学準他訳『北朝鮮崩壊』文藝春秋
金石範著『転向と親日派』岩波書店
黄民基著『奴らが哭くまえに』筑摩書房
梁石日著『断層海流』青峰社
鄭承博著『鄭承博著作集　裸の捕虜』新幹社
鷺沢萠著『ケナリも花、サクラも花』新潮社
角田房子著『悲しみの島サハリン』新潮社
任展慧著『日本における朝鮮人の文学の歴史』法政大学出版局
大沼保昭著『サハリン棄民』中央公論社
許萬夏著・大崎節子訳『柔らかな詩論』紫陽社
李恢成著『百年の旅人たち』新潮社
崔吉城編著『日本植民地と文化変容』御茶の水書房
森崎和江著『二つのことば・二つのこころ』筑摩書房
野村伸一著『巫と芸能者のアジア』中央公論社
真鍋祐子著『烈士の誕生』平河出版社
金石範著『火山島』文藝春秋
李恢成著『死者と生者の市』文藝春秋
野村進著『コリアン世界の旅』講談社
申英姫著・金燦訳『私は金正日の「踊り子」だった』徳間書店
イ・ヨンスク著『「国語」という思想』岩波書店
安田敏朗著『植民地のなかの「国語学」』三元社
柳美里著『家族シネマ』講談社

書評対象書籍リスト

元秀一著『AV・オデッセイ』新幹社
李青若著『在日韓国人三世の胸のうち』草思社
徐京植著『分断を生きる』影書房
ヤン・グィジャ著・中野宣子訳『ソウル・スケッチブック』木犀社
姜信子著『日韓音楽ノート』岩波書店
奈良美那著『風に抱かれた鳥』新幹社
村田喜代子著『龍秘御天歌』文藝春秋
梁石日著『血と骨』幻冬舎
小田実著『「アボジ」を踏む』講談社
原尻英樹著『「在日」としてのコリアン』講談社
鄭大均著『日本（イルボン）のイメージ』中央公論社
李文烈著・安宇植訳『皇帝のために』講談社
金泰生著『骨片』創樹社
清水昭三著『夜明け前の物語』影書房
玄月著『蔭の棲みか』文藝春秋
梁石日著『死は炎のごとく』毎日新聞社
柳美里著『魂』小学館
チャン・ジョンイル著・大北章二訳『嘘　ＬＩＥＳ』講談社

関連書籍リスト

崔碩義著『放浪の天才詩人　金笠』集英社
姜信子著『安住しない私たちの文化』晶文社
梁石日著『終りなき始まり』朝日新聞社
黄皙暎著・青柳悠子訳『懐かしの庭』岩波書店
玄基榮著・中村福治訳『地上に匙ひとつ』平凡社
三枝寿勝編訳『現代韓国短篇選』岩波書店
安宇植編訳『６ｓｔｏｒｉｅｓ』集英社
川村湊著『〈酔いどれ船〉の青春』インパクト出版会
川村湊著『わたしの釜山』風媒社
金明花著『不屈のうた』朝鮮青年社
柳美里著『タイル』文藝春秋
鷺沢萠著『きみはこの国が好きか』新潮社
李正子著『葉桜』河出書房新社
宋民鎬著『ブルックリン』青土社
趙廷来著『太白山脈』ホーム社・集英社
韓龍雲著・安宇植訳『ニムの沈黙』講談社
李陸史著・安宇植訳『李陸史詩集』講談社

孔枝泳著・石坂浩一訳『サイの角のようにひとりで行け』新幹社
元秀一著『猪飼野物語』草風館
長璋吉著『私の朝鮮語小辞典』河出書房新社
田中明著『ソウル実感録』三修社
長璋吉著『韓国小説を読む』草思社
長璋吉訳『韓国現代小説史』龍渓書舎
『朝鮮短編小説選』岩波書店
『韓国短編小説選』岩波書店
李文烈著・安宇植訳『ひとの子』集英社
金達寿著『わがアリランの歌』中央公論社
金達寿著『日本の中の朝鮮文化』講談社
崔吉城著『恨の人類学』平河出版社
古山高麗雄編『韓国現代文学13人集』新潮社
梶山季之著『李朝残影』インパクト出版会
日野啓三著『落葉　神の小さな庭で』集英社
日野啓三著『還れぬ旅』河出書房新社
尹学準著『オンドル夜話』中央公論社
尹学準著『歴史まみれの韓国』亜紀書房
尹学準著『朝鮮の詩ごころ』講談社
尹学準著『タヒャンサリの歌』丸善

[川村湊　著作リスト]

（単著のみ）

『異様の領域—川村湊評論集』国文社、1983年
『批評という物語—川村湊評論集』国文社、1985年
『〈酔いどれ船〉の青春—もう一つの戦中・戦後』講談社、1985年
　（復刊・インパクト出版会、2000年）
『わたしの釜山』風媒社、1986年
『音は幻—川村湊評論集』国文社、1987年
『ソウルの憂愁』草風館、1988年
『アジアという鏡—極東の近代』思潮社、1989年
『紙の中の殺人』河出書房新社、1989年
『異郷の昭和文学—〈満州〉と近代日本』岩波新書、1990年
『言霊と他界』講談社、1990年
　（復刊・講談社学術文庫、2002年）
『近世狂言綺語列伝—江戸の戯作空間』福武書店、1991年
『マザー・アジアの旅人—シンクレティズム紀行』人文書院、1992年
『海を渡った日本語—植民地の「国語」の時間』青土社、1994年
『南洋・樺太の日本文学』筑摩書房、1994年
『戦後文学を問う—その体験と理念』岩波新書、1995年
『〈大東亜民俗学〉の虚実』講談社選書メチエ、1996年
『満洲崩壊—「大東亜文学」と作家たち』文藝春秋、1997年
『戦後批評論』講談社、1998年
『文学から見る「満洲」—「五族協和」の夢と現実』吉川弘文館、1998年
『生まれたらそこがふるさと—在日朝鮮人文学論』平凡社選書、1999年
『作文のなかの大日本帝国』岩波書店、2000年
『ソウル都市物語—歴史・文学・風景』平凡社新書、2000年
『風を読む水に書く—マイノリティー文学論』講談社、2000年
『妓生—「もの言う花」の文化誌』作品社、2001年
『日本の異端文学』集英社新書、2001年

川村湊（かわむらみなと）
1951年北海道生まれ。
現在、法政大学国際文化学部教授。

韓国・朝鮮・在日を読む

2003年7月25日　第1刷発行

著　者　川　村　　湊
発行人　深　田　　卓
装幀者　藤　原　邦　久
発　行　㈱インパクト出版会
東京都文京区本郷2-5-11　服部ビル
Tel03-3818-7576　Fax03-3818-8676
E-mail：impact@jca.apc.org
郵便振替　00110-9-83148

シナノ